CRM für Online-Shops

W0180883

Olga Walter

CRM für Online-Shops

Make Big Data Small – Erfolgreiches Customer Relationship Management im E-Commerce

mitp

Bibliografische Information der Deutschen Nationalbibliothek

Die Deutsche Nationalbibliothek verzeichnet diese Publikation in der Deutschen National-
bibliografie; detaillierte bibliografische Daten sind im Internet über <http://dnb.d-nb.de>
abrufbar.

Bei der Herstellung des Werkes haben wir uns zukunftsbewusst für umweltverträgliche und
wiederverwertbare Materialien entschieden.
Der Inhalt ist auf elementar chlorfreiem Papier gedruckt.

ISBN 978-3-95845-033-2
1. Auflage 2016

www.mitp.de
E-Mail: mitp-verlag@sigloch.de
Telefon: +49 7953 / 7189 - 079
Telefax: +49 7953 / 7189 - 082

Lektorat: Sabine Schulz
Sprachkorrektorat: Petra Heubach-Erdmann
Coverbild: © grgroup @fotolia.com
Satz: III-satz, Husby, www.drei-satz.de
Druck: Medienhaus Plump GmbH, Rheinbreitbach

Widmung und Dankeschön gehen an Michaela Richter (www.paleo360.de)

Liebe Michaela, dieses Buch sei dir gewidmet ☺

Ohne dich hätte sich die Möglichkeit für mich gar nicht ergeben, dieses Buch zu schreiben.

Du warst eine sensationelle Mentorin und bist noch immer eine großartige Inspiration.

Danke schön!

Inhaltsverzeichnis

Einleitung

Wer kennt sie nicht, die Geschichte von Target, der US-Einzelhandelskette, die die Schwangerschaft einer 23-jährigen jungen Dame korrekt vorhersagte, bevor ihr eigener Vater davon erfuhr?

Ja richtig, ein Data-Mining-Analyst des US-Riesen hat herausgefunden, dass, wenn eine Kundin ungefähr 25 Produkte in Korrelation kauft, sie mit an Sicherheit grenzender Wahrscheinlichkeit schwanger ist. Mehr noch: Über die Mengen, die von den einzelnen Produkten gekauft werden, kann innerhalb eines kleinen Zeitfensters sogar bestimmt werden, wann das Kind zur Welt kommen wird. So gibt es beispielsweise viele Kundinnen, die Seife und Watte kaufen. Wenn manche aber schlagartig große Mengen an parfümfreier Seife und Groß-Packungen an Watte zusammen mit Desinfektionsmittel und Waschlappen kaufen, ist es sehr wahrscheinlich, dass sie kurz vor ihrer Entbindung stehen. Sobald ein solches Muster auf eine Kundin zutrifft, wird ihr ein sogenannter »Pregnant Prediction«-Score verliehen und entsprechende Werbung für Babyprodukte aller Art zugesandt.

So eben auch geschehen bei der 23-jährigen Amerikanerin, die Bodylotion, eine Handtasche, die leicht zu einer Wickeltasche vergrößert werden konnte, Zink- und Magnesiumtabletten und eine kleine, blaue Wolldecke gekauft hatte. Ihr Vater, der eine entsprechende Werbe-E-Mail gesehen hatte, war entrüstet darüber, dass man seine Tochter, die noch zur Highschool ging, jetzt schon dazu ermuntern möchte, über eine Schwangerschaft nachzudenken. Er hat sich daraufhin beim lokalen Target-Marktleiter beschwert. Als der Marktleiter den Vater eine kurze Weile danach erneut kontaktierte, um sich ein zweites Mal in aller Form zu entschuldigen, gab der Vater zu, dass ihm wohl einige Vorkommnisse in seiner Familie entgangen seien und er derjenige wäre, der sich bei ihm entschuldigen müsse. Seine Tochter erwarte tatsächlich in fünf Monaten ein Kind.

Welch Bilderbuchgeschichte für alle Marketers und CRM-Verantwortlichen dieser Welt, vor allem für all diejenigen, die sich im E-Commerce oder in der Online-Welt bewegen.

Der Grund, dass man heutzutage solch genaue Vorhersagen treffen kann, sind die enormen Datenmengen, die wir alle täglich produzieren. In den Jahren 2000 bis

2002 wurden genauso viele Daten produziert wie in den gesamten 2000 Jahren davor. Laut einer IDC-Studie (International Data Corporation, der weltweit führende Anbieter von Marktinformationen auf dem Gebiet der Informationstechnologie) von 2012 verdoppelt sich das weltweite Datenvolumen mittlerweile alle zwei Jahre. Da wird dann auch schlagartig klar, dass das Buzzword »Big Data«, das seit einigen Jahren in aller Munde ist, durchaus seine Berechtigung hat.

Welche Bedeutung Daten heutzutage haben, zeigen uns die unzähligen Geschäftsmodelle, die ihre eigentliche Leistung kostenlos anbieten, nur um als »Nebeneffekt« Nutzungsdaten zu sammeln, die dann über individualisierte Werbung am Ende zur Monetarisierung und damit zu einem tragfähigen Geschäftsmodell führen. Nicht das Produkt selbst führt also zum Erfolg (und damit zum Gewinn), sondern das »Nebenprodukt Daten«, das bei der Nutzung einer Seite oder einer Dienstleistung generiert wird. Wirtschaftlich betrachtet, ist dies eine enorme Veränderung, die ein ebenso enormes Umdenken einfordert, um ihr gerecht zu werden. Nicht ohne Grund beginnen mittlerweile sogar Webshops, deren originäres Geschäftsmodell der Handel mit Waren ist, Werbe-Inventar an externe Seiten zu verkaufen. Entwicklungen, die vor fünf Jahren noch undenkbar gewesen wären – externe Links auf der eigenen Seite zu platzieren. Heute dienen sie dazu, die oft geringen Margen im E-Commerce abzufangen, sodass es mittelfristig durchaus sein kann, dass neben dem Webshop und dem Handel mit Waren an sich die Vermarktung von Daten ein erheblicher Baustein im Monetarisierungsmodell eines Online-Händlers werden wird.

Daten, und damit Informationen, sind zum eigenen Wirtschaftssektor geworden und werden – wenn man der Prognose der Wissenschaft Glauben schenken mag – bis ins Jahr 2050 die Wirtschaftssektoren Produktion und Dienstleistung in ihrem Anteil an der Gesamtwirtschaft endgültig eingeholt haben. Im Handel haben sie sich mittlerweile zum Wettbewerbsfaktor etabliert. Sie sind eine Quelle für Wettbewerbsvorteil und werden es in Zukunft noch mehr sein. Im Markt durchsetzen wird sich derjenige, der die besseren Informationen über seine Kunden und solche, die es werden sollen, hat. Anfang der 90er Jahre wurde dies bereits prognostiziert und genau in dieser Realität leben wir heute (Nefiodow 1990).

Und dennoch, obwohl wir uns dessen alle bewusst sind – oder zumindest glauben, dass wir uns dessen bewusst sind –, werden Daten heute noch lange nicht so selbstverständlich genutzt, wie wir uns das vielleicht wünschen würden, auch wenn das so offen natürlich keiner kommuniziert. Das eingangs genannte Beispiel ist zwar in aller Munde und wird so selbstverständlich in Gesprächen erwähnt, als wäre es fast schon wieder »von gestern«, aber in Wahrheit fragen wir uns doch alle: Wie machen die das? Wie schafft man es, richtige Vorhersagen über seine Kunden zu treffen? Wie gelingt es, die Kunden in verschiedene Segmente mit spezifischen Eigenschaften und Bedürfnissen (im Sinne von Bedarf) einzuteilen? Und wie nutzt man diese Segmente und das erlangte Know-how in der täglichen Arbeit? Wie übersetzt man es inhaltlich aber vor allem auch technisch/strukturell in regelmäßige Kampagnen, ohne dabei den Überblick zu verlieren und um nachhaltig dem Prozess der Erfolgsmessung und anschließenden Optimierung zu folgen?

Eine Antwort darauf ist häufig die meist aufwendige Implementierung einer hochkarätigen CRM-Software. Ein Ansatz, der zunächst einmal sehr zeit-, kosten- und ressourcenintensiv ist und ohne jegliche CRM-Erfahrung im Vorfeld meist selten zum gewünschten Erfolg führt. (Dazu mehr am Ende des Buches, in Kapitel 17.) Ihr größter Nachteil ist dabei aber, dass ein solch großartiges Tool stets eine Blackbox ist, die auf Basis meist nicht nachvollziehbarer Algorithmen Produkt-Affinitäten von Kunden berechnet und Alarm schlägt, wenn ein Kunde dabei ist, abzuwandern. Was herauskommt, sind eben solche Segmente, die dann mit entsprechenden Kampagnen versorgt werden müssen. Selbst wenn sich daraus der monetäre Erfolg einstellt, so bleibt eine Frage unbeantwortet, nämlich die nach dem »warum (funktioniert die Kampagne)«. Eben weil sich Algorithmen und Berechnungsweisen der Software oder des Tools nicht nachvollziehen lassen. Man vergibt mit dem unmittelbaren Einsatz solcher Tools somit die Chance, selbst die Key Business Driver des eigenen Unternehmens und der eigenen Kunden zu identifizieren und zu lernen, wie sich diese in monetären Erfolg übersetzen lassen.

Der Ansatz in diesem Buch ist daher ein anderer. Besinnen wir uns zurück auf »Tante Emma« und versuchen wir selbst, am besten zu verstehen, welche Kunden oder Nutzer unser eigenes Produkt hat.

Genau hier setzt dieses Buch an. Es erklärt praxisnah und pragmatisch, wie Sie sich Schritt für Schritt an Ihre (wahrscheinlich enorme) Datenbasis heranwagen können und so Ihre Kunden von Analyse zu Analyse besser verstehen werden. Effizient und schnell, so tickt die Online-Realität heute. Und so müssen neue Themen auch behandelt werden. Daher wird im Buch ein sehr pragmatischer Ansatz gewählt und nicht selten findet das allseits bekannte Pareto-Prinzip seine Anwendung. Sei es bei der statistischen Genauigkeit eines A/B-Tests oder bei der Anzahl der Kunden, die wir tatsächlich analysieren können. Wenn wir in 20% unserer Zeit 80% der relevanten Informationen erhalten können, so ist das im Praxis-Alltag die effizienteste Art, voranzukommen. Denn wie hat schon Warren Buffet, ein amerikanischer Großinvestor und Unternehmer, gesagt:

> »Es ist besser, ungefähr richtig zu liegen, als exakt falsch«

Was genau verstehen wir in diesem Buch unter Customer Relationship Management – CRM?

Abb. 1: CRM abstrakt formuliert

Zunächst geht es um die *kompromisslose* Orientierung *aller* Geschäftsprozesse und *Werbemaßnahmen* am Kunden, wobei wir uns im Buch ausschließlich um die Werbemaßnahmen, also um kundenorientiertes Marketing kümmern. Ziel ist es, durch eine dauerhafte Kundenbegeisterung Kundenloyalität zu generieren und so den Wert der Kunden über den gesamten Lebenszyklus der Geschäftsbeziehung besser auszuschöpfen, um langfristiges und nachhaltiges Wachstum sicherzustellen.

Ausschlaggebend dabei ist, dass alle kundenbezogenen Entscheidungen auf *systematische Datenanalyse* statt auf Bauchgefühl gestützt werden. Basierend auf den Kundensegmenten und den entsprechenden Kauf- und Verhaltenshistorien sollen den Kunden die passenden Produkte und Services zur richtigen Zeit angeboten werden. Themen wie Geburtstags-E-Mails, Kundenkommunikation auf Augenhöhe oder Kommunikationsstrategien über Social Media, die landläufig häufig unter dem Begriff CRM bekannt sind, werden in diesem Buch nicht näher beleuchtet, sie werden vielmehr als Grundvoraussetzung angesehen.

Was wissen Sie, nachdem Sie das Buch gelesen haben?

Um seine Kunden glücklich zu machen, muss man zunächst wissen, *wer* seine Kunden überhaupt sind und *wann* sie *welche Bedürfnisse (im Sinne von Bedarf)* haben, um ihnen anschließend mit den richtigen Werbemitteln und Services die richtigen Produkte anzubieten und so eine positive Customer Experience zu erzeugen.

Teil I des Buches zeigt zunächst auf, welche Daten und Tools dafür vonnöten sind, und gibt grundlegende Einblicke in das Thema Datenstrukturen, Datenbanken und Datenspeicherung sowie einen Überblick über die Minimum-Anforderungen an das System-Setup, um mit dem Thema CRM – wie hier im Buch beschrieben – durchstarten zu können (siehe Abbildung 2, oben).

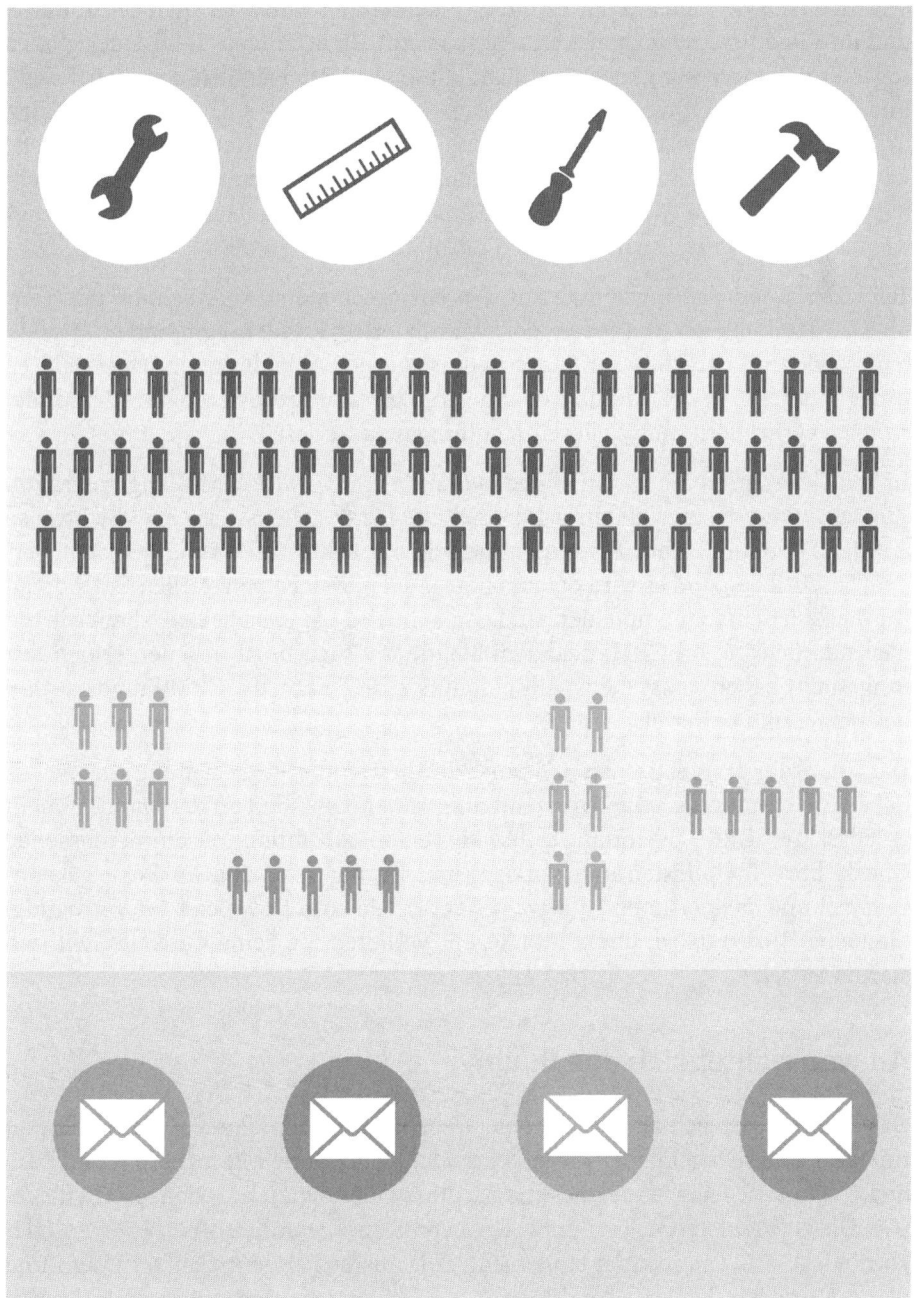

Abb. 2: Überblick über den Inhalt des Buches

In **Teil II** des Buches (siehe Mittelteil der Abbildung 2) geht es darum, wie man mittels der richtigen Thesen und Analysen aus der *einen* Kundengesamtheit einzelne sinnvolle Kundensegmente identifiziert, die ähnliche Kaufverhaltensweisen und Bedürfnisse haben. Gibt es einen erkennbaren Lifecycle, dem die Kunden und ihre Bedürfnisse folgen? Verdient man mit allen Kunden Geld? Oder gibt es sogar Kunden, die man lieber gar nicht hätte? Was ist eigentlich ein guter Kunde und woher weiß ich, ob meine Kunden zufrieden sind? All das und noch einige mehr Fragen werden im zweiten Teil des Buches beantwortet. Es wird erläutert, wie sich Kundenqualität und -zufriedenheit überhaupt objektiv messen und nachhaltig tracken lassen. Wie sich Churn-Wahrscheinlichkeiten berechnen lassen und wie man durch Cross Analytics Daten normiert.

Teil III erläutert dann, wie man aus den entsprechenden Analysen die richtigen Maßnahmen ableitet und jedem der identifizierten Kundensegmente mit gezieltem Marketing gerecht wird (siehe Schlussteil der Abbildung 2). Dabei geht es unter anderem darum, Kunden zu aktivieren bzw. zu reaktivieren, ihre Abwanderung zu verhindern und Weiterempfehlungen zu fördern.

In **Teil IV** erfahren Sie abschließend, worauf es im CRM-Praxis-Alltag ankommt. Zunächst wird dabei noch einmal die richtige Herangehensweise bzw. Sichtweise auf das Thema erläutert. Es werden die größten Fehler, die häufig gemacht werden, beschrieben und es wird darauf eingegangen, welche personellen Ressourcen für dieses Thema zu empfehlen sind. Zudem wird ein Ausblick gegeben, wie die nächsten Schritte im CRM, nachdem Sie die im Buch beschriebenen erfolgreich umgesetzt haben, aussehen. Außerdem werden aktuelle CRM-Trends näher beleuchtet und bewertet.

Dank der sehr pragmatischen und umsetzungsorientierten Gestaltung des Buches haben Sie damit eine echte Unterstützung, einen Leitfaden an der Hand, um ein erstklassiges CRM in Ihrem Unternehmen einzuführen. Zusammenfassende Check- bzw. To-do-Listen und Vorlagen für Testings etc. sind im Buch gekennzeichnet und stehen Ihnen auf www.howtocrm.de zum Download zur Verfügung. Sie helfen Ihnen dabei, direkt loszulegen. Verlieren Sie keine wertvolle Zeit und starten Sie *jetzt*!

An wen richtet sich das Buch?

Das Buch richtet sich an alle, die eine Website (Webshop, Portal, Community, ...) mit idealerweise regelmäßig wiederkehrenden, registrierten Besuchern (User, Kunden, Visitors etc.) haben und diese nachhaltig und erfolgreich an sich binden möchten. Diese Webseiten sollten entweder bereits seit geraumer Zeit bestehen oder zumindest, was damit meist einhergeht, eine ausreichende Anzahl an Usern und damit Userdaten haben. Grund hierfür ist, dass erst ab einer gewissen kritischen Menge an Usern bzw. Daten CRM mit der nötigen, erfolgssteigernden Effizienz umgesetzt werden kann. Davor eignet sich das sogenannte Gießkannenprinzip häufig besser. Wann diese kritische Masse erreicht ist, richtet sich nach Geschäftsmodell und Seitentyp. Wann immer Sie aber das Gefühl haben, Ihren Kunden mit One-to-all-Marketingkampagnen nicht mehr gerecht zu werden, aber vor einem großen Fragezeichen stehen, wie Sie diesen Zustand ändern sollen, dann sollten Sie sich dieses Buch unbedingt zu Gemüte führen. Das Buch wird Ihnen auch helfen, wenn Sie Ihre Kunden generell besser kennenlernen möchten, und zwar nach nachhaltig messbaren Kriterien.

Es richtet sich allgemein also an alle Performance-orientierten Online-Unternehmen und Mitarbeiter derselben, die lernen möchten, wie man Kundendaten effizient und richtig analysiert und daraus konkret Maßnahmen zur Steigerung des wirtschaftlichen Erfolgs ableiten und umsetzen kann.

Aufbau des Buches

Das Buch ist grundsätzlich in vier thematische Teile untergliedert.

Teil I: Einführung in Daten und Tools

Im ersten Teil des Buches erhalten Sie zunächst einen Überblick über die verschiedenen Daten, die Ihnen in Ihrem Unternehmen potenziell vorliegen. Dabei wird auch darauf eingegangen, wie die Datenspeicherung in Datenbanken genau erfolgt bzw. aussieht und wie Web-Analytics-Daten im Gegensatz dazu in Cookies & Co. gespeichert werden. Neben den Daten, die Ihnen per se vorliegen, erfahren Sie, wann es sinnvoll ist, weitere Daten über Kunden zu erheben. Dabei erhalten Sie Tipps und Beispiele von erfolgreichen Datenerhebungen und lernen, wie Sie ein dafür geeignetes Formular erstellen. Es wird auch beschrieben, wann und warum es sinnvoll sein kann, Incentives für die Preisgabe von Daten einzusetzen und worauf dabei zu achten ist. Das letzte Kapitel des ersten Teils befasst sich im Detail mit dem für CRM unverzichtbaren Werbemedium – der E-Mail. Es wird erläutert, warum diese so entscheidend ist und welche Anforderungen ein E-Mail Service Provider (ESP) erfüllen muss, damit Sie mit dem im Buch beschriebenen CRM starten können. Abschließend finden Sie eine Checkliste, die noch einmal zusammenfassend aufführt, was notwendig ist, damit Sie die im Buch beschriebenen Analysen und Maßnahmen direkt umsetzen können. Also welche Daten Ihnen vorliegen müssen, was Ihr Data Warehouse bereitstellen können muss und welche Anforderungen Ihr ESP erfüllen muss.

Teil II: Daten analysieren

Der zweite Teil des Buches befasst sich ausschließlich mit der Analyse vorhandener Daten. Dabei gleicht er einem strukturierten, sehr praxisorientierten Leitfaden, an dem Sie sich entlangarbeiten können, um so Schritt für Schritt an die relevanten Informationen zu kommen. Zunächst geht es darum, einzelne Kundengruppen samt ihrer Bedürfnisse (im Sinne von Bedarf) innerhalb der Kundengesamtheit zu identifizieren, mit dem Ziel, für jedes Segment ein Kundenprofil, das alle relevanten Informationen enthält, zu erstellen. Im nächsten Schritt folgen unternehmensweite Analysen, die den Zustand des Unternehmens aus der CRM-Brille betrachtet darlegen. Dabei geht es um Kennzahlen bezogen auf die Kundengesamtheit, um Kohortenanalysen und um Sortimentsanalysen. Danach steht die Berechnung der Kundenqualität an. Das heißt, wie kann man die so oft genannten »guten« und »schlechten« Kunden tatsächlich anhand objektiver Kriterien berechnen. Es werden dafür verschiedene Modelle vorgestellt: RFM-Score, Margenbetrachtung und CLV. Die so berechnete Kundenqualität wird dann im Kontext mit den eingangs identifizierten Kundensegmenten betrachtet. Die nächste Analyse sind die sogenannten Cross Analytics. Dabei wird versucht, Learnings kleinerer Kundengruppen mit allgemeinen Kriterien zu verknüpfen, um diese so auf die Kundengesamtheit übertragen zu können. Die letzte Analyse beschäftigt sich dann mit dem Churn Management. Das heißt, es wird berechnet, mit welcher Wahrscheinlichkeit Kunden wieder kaufen, wann sie dabei sind, abzuwandern, und wann sie schlussendlich als inaktiv betrachtet werden können und damit reaktiviert werden sollten. Das letzte Kapitel im dritten Teil hilft abschließend dabei, all jene Fragen über Kunden zu klären, die durch all die genannten Analysen noch nicht beantwortet werden konnten. Es geht hier also um den sinnvollen und effektiven Aufbau von Kundenumfragen sowie die Anregung, Kunden im Rahmen von Fokusgruppen persönlich einzuladen und gezielt zu befragen. Abschließend werden alle hier genannten Analysen noch einmal zusammengefasst dargestellt und mithilfe des CRM Data Cubes ihre Beziehung zueinander erläutert.

Teil III: Maßnahmen ableiten

Der dritte Teil des Buches beschäftigt sich damit, aus den erstellten Analysen die richtigen Maßnahmen und Kampagnen abzuleiten. Dabei wird eingangs im Kapitel »CRM-Roadmap« erklärt, was alles zu tun ist und wie man die anstehenden Themen vernünftig priorisiert. Außerdem wird das für das CRM entscheidende Thema Testing ausführlich beleuchtet. Es werden Hilfestellungen gegeben, um richtig und effizient zu testen. Danach wird auf die relevanten CRM-Maßnahmen eingegangen. Im Detail geht es dabei um das richtige Messaging, um das Begleiten eines Lifecycles sowie das Thema Kunden zu (re-)aktivieren bzw. aktiv zu halten, also um Churn Management. Das nächste Kapitel des dritten Teils behandelt das Thema Gutscheine ausführlich, das heißt, wie und wann setzt man diese ein. Was gibt es zu beachten und vor allem, wie bewertet man ihren Erfolg richtig. Ein weiterer Punkt ist das Thema Weiterempfehlungen. Wie sollte ein Empfehlungsprogramm aussehen, welche Maßnahmen eignen sich und wie erstellt man ein entsprechendes Targeting dafür. Bevor es dann abschließend in einer kritischen Betrachtung darum geht, ob One-to-one-Marketing tatsächlich für jedermann der richtige Ansatz ist, steht davor noch das Thema Print-Werbung an. Für Online-Shops und Pure Player im ersten Moment etwas ungewöhnlich, aber durchaus sinnvoll, wie die Erläuterungen im Kapitel zeigen. Um Print-Tests sinnvoll und erfolgreich aufzusetzen, wird auch hier die genaue Vorgehensweise beschrieben.

Teil IV: Die richtige Herangehensweise und ein kleiner Ausblick

Teil IV geht zu Beginn direkt auf die richtige Herangehensweise im CRM ein. Es wird auf einer übergeordneten Ebene beschrieben, mit welcher Einstellung und Erwartungshaltung an das Thema heranzugehen ist. Es wird weiter ausführlich darauf eingegangen, warum es so wichtig ist, sich zunächst »hands-on« an das Thema heranzuwagen, bevor man aufwendige Tools und Software miteinbezieht. Auch auf die Rolle des Top-Managements wird eingegangen. So erhalten Sie als CRM-Manager bzw. -Verantwortlicher eine Hilfestellung, wie Sie das Thema im Unternehmen und bei Ihrem Management richtig platzieren, um es erfolgreich umsetzen zu können. Dieser Teil des Buches ist sehr entscheidend. Daher empfehle ich Ihnen dringend, ihn zu lesen. Vor allem, wenn Sie ein Skeptiker der im Buch beschriebenen pragmatischen Herangehensweise sind, sollten Sie das unbedingt tun – vielleicht sogar zuallererst, bevor Sie in die Details einsteigen. Daneben wird außerdem beschrieben, welche personelle Ausstattung für das Thema nötig ist, und es werden ganz konkret Tipps für die tägliche CRM-Arbeit gegeben. Abschließend behandelt der vierte und letzte Teil des Buches die CRM-Zukunft. Das heißt, was steht für Sie und Ihr Unternehmen als Nächstes an, wenn Sie die im Buch beschriebenen Analysen und Maßnahmen umgesetzt haben, also im Wesentlichen der Rollout auf weitere Kanäle. Ebenso werden kursierende Trends im CRM beschrieben und bewertet.

Anhang

Im Anhang des Buches finden Sie abschließend noch zwei kleinere Themen. Nämlich zum einen, was dabei zu beachten ist, wenn Sie heute ein Start-up sind, aber in Zukunft CRM betreiben möchten, und zum anderen das Thema Datenschutz.

Downloads zum Buch

howtoCRM.de

Bevor Sie nun mit dem Lesen starten, noch ein Hinweis zu Downloads, die ergänzend zum Buch zur Verfügung stehen. An einigen Stellen kommen To-do- und Checklisten zum Einsatz. Damit Sie direkt mit Ihrer CRM-Arbeit starten können, ohne solche Listen erst aufwendig abtippen zu müssen, stehen Ihnen diese auf www.howtoCRM.de zum Download zur Verfügung. Gleiches gilt für die im Buch beschriebenen Arbeitsdokumente, die Ihnen die tägliche CRM-Arbeit deutlich erleichtern werden. Auch diese stehen für Sie zum Download bereit. Alle Downloads sind mit dem Symbol gekennzeichnet, das Sie hier sehen.

Nun wünsche ich Ihnen viel Spaß beim Lesen und erfolgreichen Implementieren von CRM in Ihrem Unternehmen.

Wenn Sie Kritik, Fragen oder Anregungen zum Buch oder generell zum Thema haben, so freue ich mich auf eine Nachricht unter:

infozumbuch@howtocrm.de

Teil I

Einführung

## Kapitel 1

Fundament des eCRM: Daten

Wie eingangs bereits erwähnt, geht es im CRM nicht nur darum, Produkte zu verkaufen, sondern darum, (Kunden-)Bedürfnisse zu befriedigen. In Zeiten vor der Net Economy war dies relativ einfach. Denn Tante Emma wusste, dass Frau Müller drei Mal die Woche zu ihr kam, um ihr Lieblingsbrot zu kaufen und sich von der Auswahl an frischem Obst inspirieren zu lassen, wohingegen Herr Maier immer nur freitags vorbeikam, um auf dem Nachhauseweg noch schnell die Milch fürs Wochenende zu besorgen. Tante Emma hatte also den Vorteil, dass sie ihre Kunden persönlich kannte und sich ihre Gewohnheiten, nicht zuletzt aufgrund der begrenzten Anzahl an Kunden, die bei ihr einkauften, merken konnte. Kam ein neuer Kunde, konnte sie sich mit ihm unterhalten und so sehr schnell auch eine Einschätzung über seine Bedürfnisse vornehmen.

In der Online-Welt haben wir nicht den persönlichen Kontakt zu unseren Kunden. Wir sehen nicht, wie sie aussehen, mit welcher Persönlichkeit wir es zu tun haben. Wir wissen nicht, ob sie alleine leben oder Kinder und Familie haben. Wir wissen auch nicht, wie alt sie sind, und wir kennen die Motivation, die hinter ihrem Einkauf steckt, nicht. Stellte dies vor einigen Jahren noch eine große Herausforderung dar, online – ohne persönlichen Kontakt – die Bedürfnisse seiner anonymen Kunden zu erahnen, stehen uns heute zwei Dinge zur Verfügung, um das zu tun: Daten und die Tools, um diese Daten auszuwerten.

Wie Hänsel und Gretel eine Körner-Spur durch den Wald gelegt haben, hinterlässt heute jeder einzelne Nutzer seine digitale Spur auf unserer Seite. Wir kennen jede einzelne Bewegung, die er auf unserer Seite macht, wie lange er sich auf einer Produktdetailseite aufhält, ob er die Suchfunktion nutzt oder aber direkt über die Hauptnavigation zum gewünschten Produkt gelangt. Ob er sich, bevor er ein Produkt in den Warenkorb legt, 20 ähnliche Produkte angesehen hat oder ob er sich entschieden zu seinem Wunsch-Artikel geklickt hat und diesen im Anschluss gekauft hat. Schließt er seinen Website-Besuch mit einem Kauf ab, kennen wir auch seinen Namen und seinen Wohnort. Wir wissen sogar Dinge, die sich Tante Emma wohl nicht einmal zu fragen wagte, beispielsweise wie solvent ein Kunde ist. Bonitätsprüfungen im Check-out machen es möglich. Ebenso wissen wir, ob ein Kunde in einer wohlhabenden Wohngegend residiert oder in einem sozial schwachen Umfeld wohnt. Wir wissen, wie oft er kauft, wann er zuletzt gekauft hat und was in seinem Warenkorb war. Wie viel Umsatz und Gewinn er uns schon eingebracht hat usw. Die Liste ist schier endlos.

Wo uns also früher der persönliche Kontakt geholfen hat, die Bedürfnisse unserer Kunden zu identifizieren, sind es heute die Daten, die uns dabei helfen.

Im Umkehrschluss bedeutet das: ohne Daten – kein CRM.

1.1 Big Data (Problem)

Als es IBM 1980 das erste Mal gelang, die magische Speicherkapazität einer Festplatte von 1 GB zu überschreiten, hatte diese die Größe eines Kühlschranks, wog 250 kg und hatte die Kapazität von ganzen 2,52 GB. Heute, im Jahr 2015, tragen wir locker mal 64 GB in Form eines kleinen USB-Sticks in unserer Hosentasche umher.

Jeder deutsche Konsument verfügt im Schnitt über 2,5 internetfähige Devices. Kein Wunder, dass auch die Menge der Daten, die wir als Nutzer täglich generieren, stetig ansteigt.

Zum einen generieren wir also immer mehr Daten, zum anderen lassen sich immer mehr Daten speichern. Diesem rasanten, sich exponentiell entwickelnden, technologischen Fortschritt haben wir es demnach zu verdanken, dass es uns an einem nicht fehlt: an Daten. Die Voraussetzungen für uns als Online-Händler und Online-Geschäftstreibende, gutes CRM zu machen, sind also mehr als gegeben. Jetzt müssen wir es nur noch *tun*.

Wir tracken also jede einzelne User-Bewegung, jeden Klick, jede Suchanfrage. Speichern jede Kundenservice-Anfrage und jede Bestellung. Speichern, wann der Kunde zuletzt bei uns auf der Seite war und was er dort gemacht hat. Großartig. Könnte man meinen. Jedoch tritt mittlerweile immer häufiger das Problem auf, dass uns *so viele* Informationen zur Verfügung stehen, dass es uns nicht mehr gelingt, diese mit adäquatem Aufwand so zu analysieren und zu interpretieren, dass wir am Ende verwertbare Informationen erhalten. Das ist die eine Seite der (Problem-)Medaille. Die andere ist, dass wir die Daten zu einem Kunden oft gar nicht so einfach analysieren *können*, da diese in verschiedenen Systemen gespeichert sind und in unterschiedlichen Formaten vorliegen, die sich nicht miteinander verknüpfen lassen. Will heißen, obwohl uns theoretisch all diese Informationen über einen Kunden vorliegen, gelingt es uns (noch) nicht, sie zu *einem* vollständigen User-Profil zu aggregieren. Warum das so ist und welche Daten uns im Einzelnen zur Verfügung stehen, wird in den nächsten Abschnitten erläutert.

1.2 CRM-Daten

Ziel im CRM ist es, den Lebenszyklus unserer Kunden – hinsichtlich Länge und Wert – maximal auszuschöpfen, um so Umsatz bzw. Marge und damit den

Gesamterfolg des Unternehmens zu steigern. Um dieses Ziel zu erreichen, ist es wichtig, dass wir unsere Kunden durch unseren Service und unsere Produkte auf Dauer begeistern und so ihre Loyalität gewinnen. Damit dies gelingt, versuchen wir herauszufinden, welche Bedürfnisse ein Kunde heute hat und welche er in Zukunft haben wird, um diese ideal und proaktiv bedienen zu können. Wir möchten die Kunden aktiv halten und verhindern, dass sie abwandern. Der Lebenszyklus soll maximal ausgeschöpft werden. Hat ein Kunde schon zu lange nicht mehr bei uns eingekauft, so ist es unsere Aufgabe, ihn zu reaktivieren.

Sieht man sich alle diese Themen genauer an, so stellt man fest, dass sie sich allesamt am Kaufverhalten ablesen lassen bzw. darin widerspiegeln. Das Kaufverhalten eines Kunden samt seiner Historie ist das mächtigste Instrument, um potenzielle Käufe in der Zukunft und die Loyalty eines Kunden vorherzusagen. Es sagt uns, was unsere Kunden kaufen, wie viel sie dabei ausgeben, in welcher Kombination sie Dinge einkaufen und in welchen Zeitabständen sie das tun. Die effektivste Art also, Kunden zu segmentieren, ist auf Basis ihrer Kaufhistorie.

1.2.1 Transaktionsdaten

Transaktionsdaten stellen demnach den elementaren Bestandteil des CRMs dar. Es sind alle Informationen, die bei einer Transaktion – also bei Bestellungen – anfallen. Sie beinhalten die gesamte Kaufhistorie eines jeden Kunden. Sie werden im ERP-System abgespeichert und sind im Gegensatz zu Web-Analytics-Tools die einzig zuverlässige Quelle, wenn es darum geht, Kaufverhalten exakt zu analysieren. Warum? Webanalyse-Tools nehmen aufgrund ihrer Integration eine Order schon dann als getätigt wahr, wenn der »jetzt kaufen«-Button angeklickt wurde. Dass ein Produkt aus der Bestellung im Nachhinein vom Händler mangels Lieferbarkeit storniert wird oder die Vorkasse-Zahlung vom Kunden nicht geleistet wird und die Bestellung damit nie ausgeliefert wird, *weiß* die Webanalyse nicht. Daher ist es – wenn es um die exakte Analyse von Bestellverhalten geht – wichtig, sich aus den Informationen in Datenbanken zu bedienen.

Transaktionsdaten geben uns des Weiteren nicht nur Aufschluss darüber, wann ein Kunde was gekauft hat, sondern auch Meta-Informationen, die aus der Kaufhistorie entnommen werden können. Wir wissen, ob Kunden hochpreisig oder eher günstig einkaufen. Wir können sehen, welche Produktkategorien und damit Produktgruppen besonders wichtig sind, und wir können diese in Relation zum Kunden-Lebenszyklus betrachten, um Bedarfspotenziale zu identifizieren und auszuschöpfen. Sie dienen dazu, den Customer Lifetime Value von Kunden zu berechnen, und bilden die Grundlage für die Bewertung, ob Kunden »gut« oder »schlecht« sind (siehe hierzu Kapitel 6). Wir wissen, wie oft unsere Kunden kaufen und ob sie für uns rentabel sind. Wir wissen im Umkehrschluss aber auch, wie lange sie schon nicht mehr bei uns gekauft haben, das heißt, ob sie bereits inaktiv sind oder eben gerade dabei, abzuwandern.

Wichtig

Transaktionsdaten sind das wichtigste Gut im CRM.

1.2.2 Retourenquoten

Auch sie gehören zu den Transaktionsdaten, werden aber meist erst im zweiten Schritt betrachtet, da sie weniger über den Kunden an sich als mehr über den Wert des Kunden für das Unternehmen verraten.

Denn die Bewertung eines Kunden, der nach Umsatz, Anzahl der Bestellungen, Höhe des durchschnittlichen Warenkorbs, Aktivität etc. eine hervorragende Bilanz aufzeigt, kann sich nach Betrachtung seines Retouren-Verhaltens gänzlich ins Negative umschlagen. Grund hierfür sind nicht nur die durch Retouren nicht erwirtschafteten Umsätze, sondern vor allem die Kosten der Retoure an sich: Versandkosten, Wiederaufbereitung und Wieder-Einlagerung.

Wichtig ist daher, dass man bei Betrachtung der Anzahl der Bestellungen immer auch die Anzahl der Retouren mit berücksichtigt und in Reportings zu Transaktionsdaten von Kunden gesondert mit ausweist. Neben der reinen Anzahl der Retouren sollte, wie bei den Bestellungen auch, der Wert der Retoure abgebildet sein. Vereinfacht lässt sich dies mit nur einer Kennzahl ausdrücken: der Wert der Retoure prozentual zum Bestellwert. So lässt sich mit nur einem Blick beurteilen, ob der Kunde trotz vieler Retouren immer noch rentabel ist bzw. sein kann. Um dies final beantworten zu können, ist eine weitere Information notwendig: die Kosten einer Retoure. Exakt lassen sich diese meist nicht bestimmen, weshalb man einen Pauschal-Wert zu Hilfe nehmen kann.

1.2.3 Personenbezogene Kundendaten

Neben den Transaktionsdaten gehören selbstverständlich auch die an die Person eines Kunden gebundenen Daten zu den elementaren CRM-Daten. Diese sind zumeist konstant und ändern sich während des gesamten Kunden-Lebenszyklus nicht. Folgende Informationen zählen in den meisten Fällen dazu:

- E-Mail-Adresse
- Anrede (Geschlecht)
- Vorname
- Nachname
- Anschrift

Die E-Mail-Adresse ist heute zumeist Minimum-Anforderung, wenn man in einem Online-Shop bestellen oder sich auf einem Portal registrieren möchte, und dient häufig als eindeutiges Identifikationsmerkmal eines Kunden. Weitere Informationen wie Anrede, Vor- und Nachname werden oft erst im zweiten Schritt abgefragt, da sie für die Ansprache sekundär relevant sind.

Warum wird eigentlich nach der Anrede gefragt?

Für alle, die sich schon mal gefragt haben, warum etwas so Antiquiertes wie die Anrede heutzutage noch abgefragt wird, obwohl man Kunden doch sowieso meistens mit dem Vornamen anspricht: Mit dem Feld »Anrede« gibt man der Datenbank ein Kennzeichen für das Geschlecht eines Kunden und kann damit authentischere Ansprachen in automatisierten Briefen oder E-Mails erstellen, wie zum Beispiel »Hallo liebe Anna« oder »Herzlich willkommen lieber Hans«. Das Wort »liebe« oder »lieber« kann nur automatisch verwendet werden, wenn man das Geschlecht des Kunden kennt. Da es für den Kunden vermutlich komisch wäre, direkt nach seinem Geschlecht gefragt zu werden, hat sich die Frage nach der Anrede durchgesetzt. Damit lassen sich neben der personalisierten Ansprache auch geschlechtsspezifische Analysen durchführen, wie zum Beispiel die Unterschiede im Kaufverhalten von Männern und Frauen.

Mit ein bisschen Kreativität lassen sich für das Feld »Anrede« – je nach Geschäftsmodell – auch nettere, weniger förmliche Formulierungen finden, wie zum Beispiel »Mama« oder »Papa« auf Baby-Shops oder Elternportalen.

Die Anschrift eines Kunden erfährt man meist erst, nachdem dieser seine erste Bestellung getätigt hat. Eine vorherige Abfrage bereits bei Registrierung wirft meist Fragen nach der Notwendigkeit auf und kann zu falschen Eingaben oder Abbrüchen führen.

Älteren Online-Shops, die noch aus Zeiten des traditionellen Distanzhandels via Katalog kommen, liegen oft noch folgende Informationen vor:

- Telefonnummer
- Geburtsdatum
- Kundennummer

Gerade Letztere ist tatsächlich noch ein Relikt aus »alten Tagen« und dabei leider noch oft das einzige Identifikationsmerkmal eines Kunden. Sollte das in Ihrem Unternehmen auch noch der Fall sein, so ist es spätestens jetzt an der Zeit, diese – zumindest aus dem Frontend – zu verbannen. Kein Kunde kennt sie auswendig und muss sie grundsätzlich erst aufwendig auf irgendwelchen Rechnungen suchen. Das nervt und ist schon gar nicht zeitgemäß. Sie lässt sich im Frontend einfach durch die E-Mail-Adresse ersetzen und kann dennoch im Backend zur internen Kundenverwaltung weiter genutzt werden.

Telefonnummer und Geburtsdatum werden häufig ebenfalls noch aufgrund historischer Gewohnheiten abgefragt. Gibt es keine geschäftsspezifischen Gründe dafür, das heißt, versprechen Sie sich keine entscheidenden Vorteile davon, Ihre Kunden nach Alter zu segmentieren oder Ähnliches, sind auch diese Felder von jeglichen Formularen aus Usability-Gesichtspunkten zu entfernen (siehe auch Abschnitt 2.2).

1.3 Web-Analytics- und weitere Daten

Neben den Transaktions- und Personendaten gibt es noch (unzählige) weitere Daten, die uns über Kunden zur Verfügung stehen. Den wichtigsten und größten Part nehmen dabei wohl die Web-Analytics-Daten ein.

1.3.1 Analytics-Daten

Darunter verstehen sich nahezu alle Daten, die vom User nicht aktiv eingegeben oder genannt wurden. Im Wesentlichen sind darunter die Bewegungsdaten auf einer Website bzw. im Webshop gemeint. Sie liegen uns, kumuliert gespeichert, an einer Stelle vor und sind unter anderem Daten wie:

- In welche Kategorien wurde geklickt?
- Welche Banner wurden geklickt?
- Welchen Klickpfad wählt der User, um zu seinem Produkt zu kommen?
- Von welcher Seite kam der User zu uns (Referer)?
- Wie lange hält sich der Kunde auf bestimmten Seiten auf?
- Welche Produkte legt er sich in den Warenkorb?
- Auf welchen Seiten bricht der Kunde ab und verlässt uns?
- Welche Produkte bestellt der Kunde tatsächlich?

> **Vorsicht**
>
> Die Webanalyse weiß nicht, ob ein Kunde die bestellten Artikel tatsächlich auch kauft. Es kann sein, dass er seine Bestellung im Nachhinein storniert oder aber den Artikel retourniert.

Auch die Webanalyse verfügt also über Transaktionsdaten, jedoch – wie bereits eingangs erläutert – nicht in allzu zuverlässiger Weise.

Webanalyse-Daten sind daher insofern spannend, als dass uns das Klick- und Surfverhalten verrät, wofür sich ein Kunde aktuell interessiert und wie er unser Produkt, die Website oder den Online-Shop nutzt. Nachteil aus CRM-Sicht ist jedoch, dass die Bewegungsdaten in der Regel anonymisiert vorliegen, man also die Kunden in ihrer Gesamtheit analysieren kann, jedoch nicht weiß, ob es sich beim jeweiligen Nutzerprofil um Kunde A oder Kunde B handelt. Demnach sind anschließende, personalisierte Kampagnen auf Basis des Kaufverhaltens häufig schwer realisierbar.

> **Hinweis**
>
> Abhilfe schafft an dieser Stelle der Login der Kunden. Ist der Kunde eingeloggt, lässt sich einerseits sein Nutzerverhalten gezielt aufzeichnen, andererseits kann er beim nächsten Besuch (indem er sich einloggt) wiedererkannt werden und Anzeigen bzw. Werbemittel können auf der Seite personalisiert ausgespielt werden.

Idealerweise ließen sich CRM- und Webanalyse-Daten miteinander verknüpfen, um ein möglichst vollständiges Bild vom Kunden zu erhalten. Warum das nicht so einfach möglich ist, wird in Abschnitt 1.4 deutlich, wenn es um die Arten der Datenspeicherung geht.

1.3.2 Werbemittelkontakt- und Responsedaten

Neben dem Klick- & Surfverhalten auf der Website hinterlässt der Kunde auch Spuren, wenn er Werbemittel einer Website sieht (Kontakt) und auf diese reagiert (Response). Das können Banner auf der eigenen Website sein, klassische Display-Banner, die auf fremden Seiten geschaltet werden, Facebook Ads, AdWords-Anzeigen oder auch E-Mail-Kampagnen. Getrackt werden bei diesen Werbemitteln, *wer* was gesehen hat (Ad Impression) und *wer* darauf *wie* reagiert hat (Clicks und Conversions) – jedoch alles anonymisiert. Im Display- bzw. Anzeigenbereich gehören Impressions, Clicks und Conversions zum Standard-Reporting und werden – wie die Webanalyse-Daten auch – mithilfe von Cookies abgespeichert. Im E-Mail-Marketing – und das ist ein entscheidender Vorteil, wenn es um CRM geht – liegen die Response-Daten gekoppelt an die E-Mail-Adresse des jeweiligen Kunden vor. Im Backend eines jeden E-Mail Service Providers, kurz ESP, lassen sich dann sämtliche Responsedaten auswerten:

- Zustellung
- Bounces
- Öffnungen
- Klicks
- Abmeldungen
- ...

Neben der Verwendung dieser Daten zur Optimierung des Werbemittels und der darin enthaltenen Promotions eignen sich diese Daten hervorragend dafür, die Kunden und ihr Verhalten zu analysieren. Der entscheidende Vorteil ist an der Stelle, dass man tatsächlich Personen – technisch ausgedrückt: E-Mail-Adressen – analysieren, anschließend segmentieren und entsprechend werblich bearbeiten kann, was bei Daten, die über Cookie IDs anonymisiert gespeichert werden, so nicht der Fall ist.

> **Wichtig**
>
> Das Medium E-Mail ist aufgrund der Koppelung an die E-Mail-Adresse eines Kunden und damit an eine (in den meisten Fällen) natürliche Person ein elementarer Baustein im CRM. Mehr dazu lesen Sie in Kapitel 3.

1.3.3 Erhobene (Profilierungs-)Daten

Darunter sind alle Daten zu verstehen, die zusätzlich zu den für die Transaktion notwendigen Daten mit abgefragt bzw. erhoben werden. Sie dienen zur Profilierung der einzelnen Kunden. Welche Informationen dies im Einzelnen sein können, hängt ausschließlich vom Geschäftsmodell und den angebotenen Produkten ab. Bei einem Baby-Shop kann dies zum Beispiel das Alter des Kindes sein, das dem Händler verrät, wann der Kunde potenziell welche Produkte benötigt. Für ein Fitness-Portal kann es von Interesse sein, welche Motivation der User hat, die Seite zu besuchen. Geht es um Gewichtsreduktion, Muskelaufbau oder hat der User gesundheitliche Probleme und interessiert sich deshalb für Fitness? In allen Fällen hilft diese Zusatzinformation dem Seitenbetreiber, den Kunden besser einzuordnen, und gibt ihm Aufschluss darüber, für welche Produkte und Informationen sich der User zu welcher Zeit interessieren könnte.

Wann die Erhebung zusätzlicher Profilierungsdaten sinnvoll ist und was dabei zu beachten ist, wird ausführlicher in Kapitel 2 beschrieben.

1.3.4 Net Promoter Score

Ziel des CRM ist es, durch die Befriedigung von Kundenbedürfnissen Kundenzufriedenheit und damit Loyalität zu generieren, die am Ende dazu führt, den Customer Lifecycle besser auszuschöpfen. Nun ist es aber leider so, dass »Zufriedenheit« keine rationale, objektiv berechenbare Kennzahl ist, die wir uns neben all den anderen Key Performance Indicators – kurz: KPIs – anschauen könnten. Nein, Zufriedenheit ist schlicht ein Gefühl – und Gefühle lassen sich bekanntlich schwer messen.

Dankenswerterweise hat jedoch der amerikanische Wirtschaftsstratege und Harvard-Absolvent Frederick F. Reichheld Anfang der 2000er eine Methode entwickelt und veröffentlicht, die den »weichen« Faktor Kundenzufriedenheit messbar macht: den *Net Promoter Score* – kurz NPS.

Er basiert auf einer einzigen simplen Frage, die *jedem* Kunden nach *jeder* Transaktion gestellt wird: »Wie wahrscheinlich ist es, dass Sie [Namen der Website] an Ihre Freunde oder Kollegen weiterempfehlen?« Als Antwortmöglichkeit steht dem Kunden eine Skala von 0 (»sehr unwahrscheinlich«) bis 10 (»äußerst wahrscheinlich«) zur Verfügung. Die Berechnung des Scores erfolgt dann wie in Abbildung 1.1 dargestellt.

Net Promoter Score = % Promoters - % Detractors

Abb. 1.1: Berechnung Net Promoter Score

Kunden, die auf die Frage mit 7 oder 8 geantwortet haben, werden in der Berechnung ignoriert. Sie gelten als passiv zufriedene Kunden (Passives). Man könnte auch sagen, dass diese Werte darauf hindeuten, dass diese Kunden weder richtig begeistert waren noch total unzufrieden. Sie sind also indifferent bzw. neutral eingestellt. Es kann daher nicht davon ausgegangen werden, dass sie tatsächlich je eine Weiterempfehlung aussprechen würden. Kunden, die mit 9 oder 10 antworten, werden als Promoters bezeichnet. Sie scheinen mit der Transaktion sehr, sehr zufrieden gewesen zu sein. Im Gegensatz zu den Detractors, Ihren Kritikern, jenen, die einen Wert zwischen 0 und 6 angegeben haben. Hier ist davon auszugehen, dass sie an irgendeiner Stelle (sehr) unzufrieden waren. Subtrahiert man nun vom prozentualen Anteil der Promotors den prozentualen Anteil der Kritiker, so erhält man den NPS. Er ist demzufolge ein Wert zwischen plus 100 und minus 100.

Berechnung eines NPS

Befragt wurden 100 Kunden

40 Kunden antworten mit 9, 10

35 Kunden antworten mit 7, 8

25 Kunden antworten mit 0 bis 6

Man ignoriert zunächst die 35 % der indifferenten Kunden und subtrahiert die 25 % der Kritiker, also der Detractors von den 40 % der Promotors. So erhält man einen NPS von 15.

Was verrät uns dieser NPS von 15 nun? Am Tag 1 der Erhebung sagt er noch nicht viel, denn der NPS ist eine relativ zu betrachtende Kennzahl. Das heißt, sie ist nur dann aussagekräftig – und das ist das Hauptargument der NPS-Kritiker –, wenn man sie kontinuierlich im Zeitverlauf beobachtet oder aber mit dem NPS-Benchmark der eigenen Branche vergleicht. Damit Letzteres möglich ist, muss sichergestellt werden, dass das Umfragedesign identisch ist. Das heißt, der Wortlaut der Frage sowie die Bezeichnung der Skala muss immer identisch der Vorgabe angewandt werden. Neben der Bezeichnung »sehr unwahrscheinlich« und »äußerst wahrscheinlich«, darf zudem noch ein veranschaulichendes Symbol wie ein lachendes oder trauriges Smiley verwendet werden. In der Gesamtanmutung darf man sich bezüglich Farben, Schriften etc. am eigenen CI anlehnen. Die Online-Apotheke `www.apo-discounter.de` hat beispielsweise die Darstellung in Abbildung 1.2 im Einsatz.

Abb. 1.2: NPS-Abfrage von `apo-discounter.de`

Möchte man sich nun den NPS Benchmark der eigenen Wettbewerber ansehen, so gibt es leider keine offizielle Seite, die die NPS-Werte all seiner Nutzer sammelt. Man muss sich daher selbst ein bisschen auf die Suche begeben, um Veröffentlichungen von Unternehmen bzgl. ihres NPS zu finden. Die Webseite `www.npsbenchmarks.com` ist dabei sehr hilfreich. Sie sammelt sämtliche Links über Veröffentlichungen zu Net Promoter Scores. Über eine Suchfunktion lässt sich dort bequem nach Unternehmen oder Branchen suchen. Da sich der NPS vor allem in den USA und in Großbritannien durchgesetzt hat, finden sich primär

Veröffentlichungen amerikanischer und englischer Firmen. Im März 2015 wurden im amerikanischen E-Tailment und im Retail folgende Zahlen veröffentlicht. Sie geben bereits einen ersten Anhaltspunkt zur Bewertung des eigenen NPS.

Branche	Unternehmen	NPS
E-Tailment	Netflix	68
	YouTube	59
	Spotify	46
	Amazon Instant Video	38
Consumer Brand	Amazon Shopping	69
	Zappos.com	57
	Target	43
	eBay	38
	Walmart	37

Tabelle 1.1: Net Promoter Scores im Vergleich, März 2015

Aber auch ohne Vergleich von direkten Konkurrenten oder Branchenkollegen ist der NPS »Gold wert«, *wenn* man ihn kontinuierlich erhebt *und* nachhaltig beobachtet. Er ist schlicht Gradmesser für die Zufriedenheit der eigenen Kunden. Ein Wert, der sonst auf keine andere Weise messbar ist. Dadurch, dass er nach *jeder* Transaktion abgefragt wird, hat man einen kontinuierlichen Überblick über den idealerweise reibungslosen Ablauf aller Geschäftsprozesse. Ein bis zwei Monate nach Beginn der Erhebung sollte sich der Score auf einem gewissen Niveau eingependelt haben. Stellt man dann bei einem wöchentlichen Review fest, dass sich der NPS konstant in seiner gewohnten Höhe bewegt, kann man bis zu einem gewissen Maße sicher sein, dass alles seinen gewohnten Gang geht und kein Grund zur Sorge besteht. Stellt man eine Steigerung fest, so ist dies ein Beleg dafür, dass Optimierungen in den Geschäftsprozessen, im Service oder Marketing erfolgreich ihr Ziel erreicht haben. Entwicklungen nach unten erfolgen oft sprunghaft und geben damit sofort einen Hinweis darauf, dass es an einer Stelle im Geschäftsablauf erhebliche Probleme zu geben scheint. Meist hängt dies mit plötzlich auftretenden Problemen bei der Warenlieferung oder -verfügbarkeit zusammen, da der NPS unmittelbar nach Zustellung der Bestellung erhoben wird. Der NPS liefert hier zwar keine Antwort auf die Frage, *was* schiefläuft, gibt jedoch den entscheidenden Hinweis darauf, dass an irgendeiner Stelle dringender Handlungsbedarf besteht.

Um sich der tatsächlichen Aussagekraft des eigenen NPS bewusst zu sein, sollte man regelmäßig überprüfen, wie viel Prozent der Kunden eine Bewertung abgeben. Ist dieser Prozentsatz zu klein, sinkt leider auch die Aussagekraft des Scores. Das sollte man im Hinterkopf haben.

Neben der Überwachung der Kundenzufriedenheit kann der Score auch zu Analyse- und Segmentierungszwecken eingesetzt werden. Zu wissen, welcher Kunde vom eigenen Produkt überzeugt ist und welcher dem eigenen Produkt eher kritisch gegenübersteht, ist eine sehr wertvolle Information. Geht es zum Beispiel um die Incentivierung von Weiterempfehlungen an Freunde, so ist die Conversion, was »echte« Weiterempfehlungen angeht, bei Promotoren – also begeisterten Kunden – meist deutlich höher. Passiven Zufriedenen kann man z. B. mit kleinen Aufmerksamkeiten dazu verhelfen, sich begeistern zu lassen. Kunden hingegen, die dem Unternehmen kritisch gegenüberstehen, sollte man beispielsweise eher keine Aufforderung zur Bewertung der Websites auf externen Portalen zusenden.

Damit Sie den NPS im CRM auch nutzen können, ist es wichtig, ihn in der Kundendatenbank mit abzuspeichern und fortlaufend zu aktualisieren.

Tipp

Implementieren Sie den NPS *jetzt*. Beim Start helfen kostenlose bzw. sehr günstige Online-Umfragetools wie z. B. `surveymonkey.de`. Sie bieten bereits NPS-Umfrage-Vorlagen. Sie müssen lediglich die Kampagne mit dem Link zur Umfrage aufsetzen, die jedem Kunden nach der Zustellung jeder Bestellung zugeschickt wird. So etablieren Sie Ihren eigenen NPS, während Sie Ihr weiteres CRM aufsetzen, und können ihn dann direkt zur Analyse und Segmentierung nutzen, sobald Sie so weit sind.

1.4 Grundlagen der Datenspeicherung

Warum sich CRM und Web-Analytics-Daten nicht (einfach) verknüpfen lassen und worauf bei Datenerhebungen wie Profilierungsdaten oder NPS zu achten ist, wird klar, wenn man sich die Datenspeicherung und deren Formate genauer ansieht. Weil Daten zudem für uns als CRM-Marketers unser Werkzeug sind, ist es essenziell, zumindest einen groben Überblick über diese verschiedenen Arten der Datenspeicherung und deren Formate zu haben.

1.4.1 Storage von CRM-Daten: Datenbanken

Transaktionsdaten sowie kundenbezogene Basisdaten usw. werden in Datenbanken abgespeichert. Die am häufigsten angewendete Form von Datenbanken ist die relationale Datenbank. Dabei handelt es sich um ein tabellenbasiertes Datenbankmodell, was sich seit den 1970er Jahren zu einem etablierten Standard entwickelt hat, der bis heute gilt.

Im Kern besteht eine solche Datenbank aus beliebig vielen einzelnen Tabellen, die mathematisch korrekt »Relationen« genannt werden und damit Namensgeber sind. Jede Zeile (auch »Tupel« genannt) einer solchen Tabelle ist *ein* Datensatz. Die Spalten einer Tabelle werden Attribute genannt. Jeder Datensatz, also jede Zeile einer Tabelle, hat einen eindeutigen Schlüsselwert, also einen »key«. Dieser kann aus einem Attribut bestehen (z. B. Product ID) oder aber einer Attributmenge (z. B. Order ID und Product ID). Diese Keys sind immer eindeutig und existieren nur ein einziges Mal. Mithilfe der Keys können die verschiedenen Tabellen miteinander verknüpft werden und so beliebige Analysen und Auswertungen erstellt werden. Zum Abfragen der Daten wird überwiegend die Datenbanksprache SQL (Structured Query Language) eingesetzt.

Um zu verstehen, in welcher Form uns die Daten zur Verfügung stehen, schauen wir uns einmal einen möglichen Datensatz einer relationalen Datenbank an, wie sie von den meisten Online-Shops und Websites verwendet wird.

Die Bezeichnungen der einzelnen Felder können dabei natürlich variieren und sind hier nur beispielhaft aufgeführt.

Customer ID	Order ID	Timestamp Order	Total Amount	Total Revenue	Delivery Fee
1	0001	10.06.2015 15:47:08	4	68,90	0,00
2	0002	10.06.2015 15:50:28	2	18,98	4,95
3	0003	10.06.2015 15:51:10	3	36,80	0,00
...					

Tabelle 1.2: Mögliche Ordertabelle einer relationalen Datenbank

In Tabelle 1.2 sehen wir also, dass der Kunde mit der eindeutigen Customer ID 1 am 16.06.2015 um 15.47 Uhr eine Bestellung mit der eindeutigen Bestellnummer 0001 getätigt hat. Diese Bestellung bestand aus 4 Artikeln, die in Summe 68,90 € kosteten. Versandkosten hat der Kunde dabei nicht bezahlt.

Order ID	Product ID	Units	Unit Cost	Total Cost
0001	21	1	4,95	4,95
0001	90	2	24,90	49,80
0001	34	1	14,15	14,15
0002	48	1	3,80	3,80
0002	23	1	15,18	15,18
0002	Delivery Fee	1	4,95	4,95
...				

Tabelle 1.3: Mögliche Order Item-Tabelle einer relationalen Datenbank

Eine zweite Tabelle (Tabelle 1.3) beschreibt genauer die Inhalte der jeweiligen Orders. Die Bestellung mit der `Order ID` 0001 enthielt also ein Mal das Produkt mit der ID 21 zum Preis von 4,95 €. Sie enthielt weiter zwei Mal das Produkt mit der ID 90, das zum Einzelpreis von 24,90 € und damit zum Gesamtpreis von 49,80 € gekauft wurde, und zuletzt noch das Produkt mit der ID 34, das 14,15 € gekostet hat. Anhand des Attributs `Order ID` können diese beiden Tabellen zur Analyse verknüpft werden und wir wissen nun nicht mehr nur, *dass* Kunde 1 bestellt hat, sondern wir wissen jetzt auch, *was*.

Wenn wir nun noch tiefer gehend analysieren möchten, z. B. wie viel Marge uns ein Kunde mit dieser Bestellung eingebracht hat, ziehen wir eine dritte Tabelle hinzu, die `Product`-Tabelle (siehe Tabelle 1.4). Sie verrät uns alle möglichen Einzelheiten zu unseren Produkten. Hier sehen wir beispielsweise den `Price Sale` und den `Price Purchase`, also Einkaufs- und Verkaufspreis. Wenn wir diese in unserer Analyse voneinander subtrahieren, erhalten wir nach Adam Riese die Produkt-Marge. Das machen wir für alle Produkte, die unser Kunde 1 je gekauft hat, kumulieren diese Werte und kennen nun die Lifetime-Marge des Kunden 1. Weiter verrät uns die Tabelle im Beispiel hier, in welchen Kategorien sich die gekauften Produkte befinden. Wir können also auch Auswertungen darüber erstellen, in welchen Produktkategorien einzelne Kunden(-gruppen) besonders viel oder wenig einkaufen.

Product ID	Price Purchase	Price Sale	Main Category	Sub Category
21	2,30	4,95	Technik	USB-Sticks
23	7,80	15,18	Haushalt	Dekoration
34	6,50	14,15	Haushalt	Textilien
48	1,00	3,80	Garten	Leuchtmittel
90	12,20	24,90	Hobby	Basteln

Tabelle 1.4: Mögliche `Product`-Tabelle einer relationalen Datenbank

Neben den Order- und Produktdaten werden auch all die kundenbezogenen Basisdaten in einer solchen Datenbank, der Kundendatenbank, abgespeichert. Sie sieht meist wie folgt aus:

Customer ID	E-Mail-Adresse	Anrede	Vorname	Nachname
1	mueller@web.de	Frau	Klara	Müller
2	maier@gmail.com	Herr	Hans	Maier
3	schulze@gmx.de	Herr	Klaus	Schulze

Tabelle 1.5: Mögliche `Customer`-Tabelle einer Webshop-Datenbank

1.4.2 Storage von Web-Analytics-Daten

Web-Analytics-Daten werden direkt auf der Website bzw. dem Webshop »mitgeschrieben«. Dafür gab und gibt es verschiedene Möglichkeiten.

Logfile

Bekannte Begriffe in der Webanalyse sind Logfile- oder Clickstream-Analyse. Aber was genau steckt dahinter? Auch wenn das Logfile-Tracking immer seltener genutzt wird, sollte man sich einmal kurz zu Gemüte führen, wie das Prinzip funktioniert.

Was ist ein Logfile?

Vereinfacht ausgedrückt ist ein Logfile eine Datei, in der ein Webserver alle seine Aktivitäten protokolliert, d.h. jede Anfrage, die der Server erhält, sowie die entsprechende Antwort, die er auf eine Anfrage zurückgibt. Gibt ein User also eine URL in seinen Browser ein, entspricht das der Anfrage (Request) an den Webserver. Daraufhin erscheint die entsprechende Webseite im Browser, was die Antwort des Webservers (Response) ist. Zeitgleich dokumentiert der Webserver in seiner Protokolldatei (Logfile) den Vorgang.

Demnach werden in der Logfile-Analyse schlicht alle Informationen analysiert, die in der Logfile-Datei mitprotokolliert wurden.

Im Detail können das folgende für das CRM relevante Daten, sein:

- Aufrufdatum und Uhrzeit
- URL der aufgerufenen Datei
- IP-Adresse des Aufrufenden
- Browser und Betriebssystem des Aufrufenden (User Agent)
- Referer (unmittelbar vor dem Aufruf besuchte Seite)
- Cookie
- und viele weitere, die jedoch im CRM keine Rolle spielen

Das Prinzip des Page Tagging

In der Webanalyse jedoch viel häufiger verbreitet ist neben der serverseitigen Datensammlung via Logfile die clientseitige Datensammlung über das sogenannte Page Tagging. Das bedeutet, dass nicht der Webserver mitprotokolliert, welche Requests und Responses getätigt werden, sondern dass der Browser eines Nutzers die Benutzertätigkeiten sowie Browsereinstellungen mitschreibt. Diese Art der Datensammlung basiert auf JavaScript und kann weit umfangreichere Benutzungsdaten mitprotokollieren. Sie hat zudem den Vorteil, dass sie die Daten aus Kunden- und nicht aus Serversicht sammelt.

Wie funktioniert das Prinzip des Page Tagging?

Stark vereinfacht lässt sich das Prinzip des Page Tagging wie folgt erklären: Zunächst weiß nur der Browser über seine Einstellungen (z.B. Sprache, Bildschirmgröße etc.) und die Bewegungsdaten seines Nutzers Bescheid. Damit diese Information aber auch zum Server – also Webseiten-Betreiber – gelangt, benötigt man die sogenannten Page Tags. Sie sind kurze Code-Snippets, die in den Quellcode *jeder* Unterseite einer Website integriert werden. Von dort übermitteln sie die auf der jeweiligen Seite zu verzeichnenden Benutzungsdaten an den Betreiber der Website.

Folgende Informationen (im CRM-Kontext) lassen sich über Page Tagging sammeln:

- Mausklicks und Mausbewegungen
- die aktuelle Cursor-Position
- Tastatureingaben im Browserfenster
- eingegebene Inhalte in Formularfelder
- Anzahl der Links innerhalb einer Seite
- Sprache des Browsers (Deutsch, Englisch etc.)
- u.v.m.

Sowohl beim Page Tagging also auch bei der Logfile-Analyse bleibt eine Herausforderung: die Verknüpfung der User-Profile. Wie erkennt man einen User, der letzte Woche bereits auf der Website war, heute wieder?

IP-Adressen

Sie schienen lange der Schlüssel der User-Identifikation zu sein, da sie die sogenannte Absenderadresse eines PCs im Web ist. Problem dabei ist nur, dass sich IP-Adressen von Nutzern immer wieder ändern können oder, wenn beispielsweise vom Firmencomputer aus gesurft wird, nach extern nur eine IP-Adresse für alle Mitarbeiter verwendet wird.

Wie funktionieren IP-Adressen?

Die IP-Adresse (Internet-Protokoll-Adresse) ist sozusagen die Absenderadresse eines Rechners. Der Webserver benötigt sie, um einerseits den anfragenden Rechner eindeutig zu identifizieren, und andererseits, um zu wissen, an wen er die Antwort zurückschicken muss. Sie ist also essenziell dafür, dass die Kommunikation zwischen Rechner und Webserver überhaupt funktioniert.

Sie scheint der ideale Identifier zu sein, der die verschiedenen Logfile-Daten und so verschiedene Seitenbesuche an verschiedenen Tagen immer dem richtigen Rechner und damit wahrscheinlich auch dem richtigen User zuordnet. Leider ist dem nicht so, da ein Rechner jedes Mal, wenn er sich über Modem oder Telefonleitung ins Internet einwählt, eine neue IP-Adresse zugeteilt bekommt. Dies findet heutzutage zwar kaum noch statt, aber auch bei dauerhaft verbundenen DSL-Netzwerken ändert sich die IP-Adresse von Zeit zu Zeit automatisch. Ein User kann also unter mehreren IP-Adressen in Logfiles auftauchen. Umgekehrt kann, z.B. in einem Firmennetzwerk, immer dieselbe IP-Adresse auf externen Seiten auftauchen, obwohl in Wahrheit unzählige verschiedene Nutzer dahinter stecken.

Cookies

Wer oder was also hilft nun bei der User-Identifikation? Cookies!

Was genau sind Cookies?

Cookies sind kleine Textdateien, die von einer Website auf dem Rechner eines Nutzers gespeichert werden. Die Website kann darin zum Beispiel speichern, welche Spracheinstellung ein Nutzer auf der Seite getroffen hat. Besucht dieser Nutzer die Website ein paar Tage später erneut, so kann die Website ihr gespeichertes Cookie auslesen und direkt die entsprechende Sprachauswahl auf der Seite anzeigen. Wichtig zu wissen: Eine Website kann nur ihre eigenen Cookies auslesen. Ein von Amazon abgespeichertes Cookie auf dem Rechner eines Kunden kann beispielsweise von Zalando nicht ausgelesen werden.

Im Cookie kann pro Nutzer eine eindeutige ID gespeichert werden, die auch – abhängig von der Cookie-Laufzeit – nach einigen Tagen oder Wochen wiedererkannt wird. Standardmäßig haben Cookies eine Laufzeit von 30 Tagen, sie kann aber auch deutlich länger sein. Nach dieser Laufzeit kann – sofern bei einem erneuten Besuch kein weiteres Cookie gesetzt wurde – die User-ID nicht mehr nachvollzogen werden. Dennoch stellen Cookies eine zuverlässige Methode der Nutzeridentifikation dar. *Ein* großes Problem haben Cookies jedoch, sie können vom Nutzer gelöscht oder gar gänzlich unterbunden werden. Fest steht, dass dies auch von einem gewissen Prozentsatz der Internetnutzer gemacht wird. Die Frage ist nur, wie groß dieser Anteil ist. Verbreitet ist das Ritual, Cookies von Zeit zu Zeit einfach zu löschen. Wie viele Nutzer dies aber tatsächlichen tun, ist nicht bekannt und schwer herauszufinden. comScore, ein US-Marktforschungsinstitut, kam in einer Studie auf folgende Zahlen: Rund ein Drittel der Nutzer löschen ihre Cookies in regelmäßigen Zeitabständen, etwas mehr als 10 % unterbinden sie gänzlich. Dennoch, alle übrigen Nutzer, und das ist immerhin die deutliche Mehrheit, lassen sich anhand von Cookie-IDs erkennen.

1.5 Kundenverhalten 3.0

Achtung: Bei sämtlichen Analysen, egal ob Webanalysen oder Datawarehouse-Analysen, muss man sich über eines im Klaren sein: Das Kundenverhalten hat sich in den letzten Jahren – vor allem durch die rasante Entwicklung internetfähiger Devices – elementar verändert und wird es in Zukunft noch viel schneller tun. Häufig vergisst man dies im Marketer-Alltag und verfällt immer wieder in alte Denkmuster. Vor allem bei der Interpretation von KPIs und den semantischen Rückschlüssen darauf ist es jedoch entscheidend, stets im Hinterkopf zu behalten, wie sich Kunden im Jahr 2015 verhalten.

1.5.1 Realität Cross Device

2,5 Devices pro Kunde – das ist die eingangs bereits kurz erwähnte Zahl, die Roland Berger im German Digitalization Report 2014 nennt, wenn es darum geht, wie viele Devices deutsche Konsumenten heutzutage haben. Diese Zahl entstammt der Umfrage unter allen deutschen Internetnutzern, was knapp 77% der Bevölkerung sind. Woher das kommt? Zunächst einmal wohl ganz simpel von der Tatsache, dass es faktisch immer mehr Geräte gibt, die uns mit dem Internet verbinden können, und dass sich diese immer besser dazu eignen, darüber auch tatsächlich im Internet zu surfen oder einzukaufen. PC, Laptop, Tablet und Smartphone gehören mittlerweile zum Standard. Aktuell aufkommende Wearables wie die Apple iWatch zeigen, in welche Richtung sich der Trend noch entwickeln wird. Neben der Anzahl der Devices ist aber nicht nur die Zeit, die wir im Internet verbringen, angestiegen, sondern und vor allem die *mobile* Internetnutzung.

Aber was bedeutet das nun für uns als CRM-Marketers? Zunächst einmal müssen wir erkennen, dass sich das Verhalten, wie Kunden unsere Produkte – also Webshops und Websites – nutzen, grundlegend verändert hat. Sie nutzen diese nicht nur häufiger, sondern in verschiedenen Kontexten auch auf verschiedenen Devices. So haben sich viele schon gewundert, warum sich die mobile Conversion nach dem Launch einer mobilen Website oder der Einführung einer responsive Website nicht entsprechend erhöht hat. Die Antwort liegt wohl in der Tatsache, dass sich das Nutzerverhalten nicht 1:1 von Desktop auf mobil übertragen lässt und es für den Kunden kein Entweder-Oder (mobil oder Desktop) gibt, sondern ein *Und*. Je nach Aufenthaltsort, zur Verfügung stehender Zeit, Art und Intention eines Seitenbesuchs wird zum Smartphone, Tablet oder Notebook gegriffen. Aus Webanalyse-Sicht würden wir hier drei Nutzer sehen, tatsächlich verbirgt sich dahinter nur ein Kunde.

1.5.2 So kauft ein Kunde heute

Durch den rasanten Anstieg von Devices und deren Nutzung hat sich das Kundenverhalten drastisch verändert. Schauen wir uns mal am Beispiel Zalando an, wie der Kaufprozess eines Sneakers aussehen kann.

Eine Kundin sitzt vormittags im Büro und checkt kurz ihre privaten E-Mails. Dabei findet sie einen Sale-Newsletter von Zalando. Sie öffnet ihn und findet einen Link zur Marke Nike. Sie klickt darauf und landet aus dem Newsletter heraus auf der Nike-Sneaker-Seite, gefiltert nach Sale-Artikel. Ihr Chef kommt in ihr Büro und sie schließt reflexartig den Browser. Eine Stunde später in der Mittagspause ruft sie Zalando direkt auf, klickt dort auf den Sale-Banner und filtert nach Nike. Sie stöbert etwas herum, schaut sich ein paar Produkte an, aber es sind zu viele, um sie alle jetzt anzusehen, schließlich ruft die Arbeit. Am Abend fährt die Dame in der U-Bahn nach Hause und hat ihr Smartphone in der Hand. Sie checkt ihre Facebook-Timeline und stößt dabei auf eine generische Werbeanzeige von Zalando, die den Sale anteasert. Da fällt es ihr wieder ein: die Sneakers. Sie stöbert also auf der mobilen Zalando-Seite und schaut sich diverse Schuhe an. Als ihre Fahrt zu Ende ist, steckt sie ihr Handy in die Tasche, beeilt sich, dass sie es noch zum Supermarkt schafft, kauft Lebensmittel ein, kommt zu Hause an, ist ziemlich geschafft vom Tag. Dann kocht sie und kann sich um 21 Uhr endlich auf ihrer Couch vor dem Fernseher entspannen. Im nächsten Werbeblock sieht sie einen Zalando-Werbespot und da fällt es ihr wieder ein, sie wollte ja noch die Sneakers bestellen. Sie schnappt sich ihr iPad, öffnet Zalando, gibt in der Shopsuche direkt die Bezeichnung ihrer Nike-Sneaker ein, sieht sich ein letztes Mal die Bilder auf der Produktdetailseite an, geht zum Check-out und kauft die Schuhe.

Als Leser dieser Geschichte erscheint das sehr nachvollziehbar und sicher findet sich der ein oder andere von uns darin wieder. Aus Sicht der Datenanalyse gestaltet sich das Ganze jedoch etwas schwieriger:

Zunächst tracken wir im ESP-System die Öffnung des Zalando-Sale-Newsletters sowie den Klick auf das Nike-Banner.

Das Webanalysetool verzeichnet im selben Moment einen Zugriff vom Firmen-PC auf der Nike-Sale-Landingpage, der dem Sale-Newsletter entstammt, sowie einen Bounce auf der Landingpage nach kürzester Zeit.

> *In einer ersten Interpretation würden wir sagen, der Newsletter hat seinen Job erfüllt, der Betreff hat zur Öffnung geführt, der darin enthaltene Banner zum Klick. Die Landingpage jedoch scheint suboptimal gewesen zu sein, da sie direkt gebounct ist.*

Eine Stunde später würde das Web-Analytics-Tool einen wiederkehrenden Besuch desselben PCs erfassen, diesmal aber mit der Quelle direct sowie das Browsen durch verschiedene Produkte, jedoch ohne Conversion.

> *Man würde hier nun sagen, dass der Kunde aus dem Newsletter zwar wiederkam, um sich die Produkte erneut anzusehen, aber zur Conversion führt auch dieser zweite, initial vom Newsletter getriggerte Besuch nicht.*

Am Abend verzeichnet das Facebook-Ad-Backend einen Klick auf die Sale-Anzeige von einem beliebigen User X, der ohne Conversion endet. Im gleichen Moment verzeichnet das Webanalyse-Tool einen mobilen Zugriff aus der Quelle Facebook Ad sowie einige Browse-Aktivitäten auf der Seite, aber auch diese ohne Conversion.

Interpretieren würde man hier nun, dass die Facebook Ad zwar Klicks zieht, aber keine Conversion bringt. Ebenso würde man sagen, dass die mobile Site zwar Visits hat, aber schlecht konvertiert.

Nach Ausstrahlung des TV-Spots würde das – falls vorhanden – TV-Tracking einen Visit mit Conversion protokollieren und diese Conversion damit auch dem TV-Spot zurechnen. Das Web-Analytics-Tool würde ebenfalls einen Visit verzeichnen, der von einem Tablet kam und über die Product-Search sehr schnell zur Conversion führte.

Handelt es sich in der Realität also um eine Person, die zu verschiedenen Tageszeiten von verschiedenen Devices aufgrund unterschiedlicher Trigger auf einen Shop zugreift und am Ende kauft, sehen wir in der Analyse drei Nutzer, die auf drei verschiedene Werbemittel reagiert haben, wovon nur eines tatsächlich zur Conversion geführt hat. (Theoretisch ließen sich die Conversion am Ende mit der Newsletter-Öffnung am Anfang aufgrund der E-Mail-Adresse matchen. In der Praxis ist der manuelle Aufwand der Analyse an der Stelle leider viel zu hoch, sodass das Ergebnis den Aufwand kaum rechtfertigt.) Wenn man sich dieses Userverhalten nun mal vor Augen führt und bedenkt, dass dieser Case vielmehr die Normalität abbildet, als eine Ausnahme darstellt, so wird klar, vor welchen Herausforderungen wir in den Cross Device Analytics stehen.

## Kapitel 2

Daten erheben

Daten, die man durch die Transaktion selbst bzw. durch die Webanalyse nicht erhält, die jedoch als essenziell oder zumindest äußerst hilfreich für den Umgang mit seinen Kunden eingestuft werden, müssen zusätzlich erhoben werden.

2.1 Knowing is better than calculating

Das in der Einleitung geschilderte Beispiel von Target, der US-Einzelhandelskette, die die Schwangerschaft einer 23-jährigen Kundin via Berechnungen herausgefunden hat, bevor ihr eigener Vater davon wusste, sowie die stetig wachsenden »Daten-Berge« und das zunehmende Know-how in Sachen Datenanalyse und Data Mining verleiten uns oft zur Annahme, wir könnten *alles* über unsere Kunden errechnen. Das mag theoretisch auch so sein. In der Praxis ist das jedoch oft nicht so einfach. Oft verfügt man (noch) gar nicht über ausreichend Kundendatensätze, als dass man verschiedene Merkmale oder Eigenschaften mit ausreichender statistischer Wahrscheinlichkeit berechnen könnte. Manchmal fehlt aber auch schlicht das Know-how, dies zu tun und dabei zuverlässige, valide Ergebnisse zu erhalten. Oft ist es daher der schnellere und am Ende auch zuverlässigere Weg, die entsprechenden Informationen einfach beim Kunden zu erfragen. Dabei gilt es lediglich, ein paar Grundregeln bzgl. Validität, Datenformat und Usability zu beachten. Danach helfen die erhobenen Daten zudem dabei, Look-alike-Kunden zu identifizieren, die die gewünschte Angabe nicht gemacht haben, aber ein ähnliches Profil aufweisen.

Wenn man also die Chance hat, Daten im Registrierungs- oder Newsletter-Anmeldeprozess abzufragen, sollte man dies unbedingt tun.

2.2 Datenerfassung über Formulare

In aller Regel werden zusätzliche Profil-Daten eines Kunden im Registrierungsprozess oder aber bei der Newsletter-Anmeldung mit abgefragt.

2.2.1 Was ist bei Formularen zu beachten?

Ziel eines Formulars ist es, von möglichst vielen Kunden möglichst viele (ehrliche) Antworten zu bekommen. Wie gelingt es aber, so vielen Kunden und Nutzern wie möglich die gewünschten Informationen zu entlocken?

Entscheidend ist dabei grundsätzlich die Einstellung, die ein Kunde im Moment der Anmeldung oder Registrierung gegenüber der Seite hat. Diese hängt wiederum von der Intention, also dem Grund ab, warum sich der Nutzer registriert. Meldet sich ein Nutzer beispielsweise bei Weight Watchers an, so wird seine Bereitschaft, möglichst viele Informationen von sich preiszugeben, sehr groß sein. Warum? Weil er Hilfe und Unterstützung bei einem für ihn sehr wichtigen Thema, nämlich beim Abnehmen, *möchte*. Und ihm ist bewusst, dass ihm Weight Watchers nur helfen kann, wenn er gewisse Informationen preisgibt. Ähnliches passiert, wenn sich ein Nutzer aktiv bei einem Online-Baby-Club anmeldet. Zunächst einmal erfolgt diese Anmeldung *freiwillig* und *proaktiv*. Die Motivation dahinter ist zumeist das Ergattern von Werbegeschenken und Willkommenspaketen mit vielen kleinen Nettigkeiten für das erwartete Baby. Auch an dieser Stelle wird es wohl kein großes Problem sein, alle relevanten Daten über das Baby zu erhalten. Die beiden Gründe sind einfach: Die Kundin *will* sich dort freiwillig anmelden und ihr ist klar, dass sie ihre Geschenke passend zum Status Ihrer Schwangerschaft nur bekommen kann, wenn der Baby-Club das voraussichtliche Entbindungsdatum kennt.

Es sind also zwei Dinge entscheidend dafür, ob man als Nutzer gewillt ist, seine Daten wahrheitsgemäß (!) zu nennen oder nicht:

1. Der Kunde meldet sich *aus freiem Willen* bzw. *auf eigenen Wunsch* auf einer Seite an.

2. Es gibt für den Kunden einen *triftigen* Grund, bestimmte Informationen preiszugeben.

Was aber passiert nun bei Online-Shops? In einem Online-Shop möchte ein Kunde in erster Linie einkaufen. Dafür *muss* er sich meist registrieren. Es ist also ein latenter Zwang vorhanden, der Punkt eins schon mal ausschaltet.

Um wenigstens Punkt zwei zu erfüllen, dem Kunden also einen berechtigten Grund zu geben, bestimmte Informationen preiszugeben, lassen sich viele Shops die verschiedensten Dinge einfallen. Am häufigsten treten Begründungen auf wie: »Damit wir Sie besser beraten können« oder »Damit wir Ihnen persönliche Angebote zusenden können«. Für das Abfragen des Geburtsdatums werden oft gesetzliche Gründe genannt, wie »damit Sie bei uns bestellen können, müssen Sie mindestens 18 Jahre alt sein«. Diese sind zumindest ein Anfang, jedoch ist hier eindeutig noch Potenzial vorhanden. Der subtile Vorwurf der Kunden bleibt: »Ihr wollt mich doch nur mit Werbung überhäufen.«

Tipp

Kommunizieren Sie die *echten* Mehrwerte, die ein Kunde durch die Angabe von Informationen erhält. Welche Formulierung für Sie konkret zur höchsten Conversion führt, finden Sie am besten in einem A/B-Test heraus.

Hat das Formular eine überschaubare Länge und wirft keine der abgefragten Daten Fragen auf – »warum sollte ich das angeben« –, so profitiert man häufig von der Routine, einfach alle Felder der Reihe nach auszufüllen, ohne bewusst darüber nachzudenken.

Bei der Konzeption von Formularfeldern gilt es also, Folgendes zu beachten:

- Fragen Sie den Kunden nur nach Informationen, die ihm im Kontext mit Ihrem Produkt logisch erscheinen.

  Verlangen Sie keine Informationen, die nicht in direktem Bezug zu Ihrem Produkt stehen. Die Frage nach dem monatlichen Haushaltsnettoeinkommen ist bei einer Anfrage für einen Kredit völlig in Ordnung, beim Kauf einer neuen Jeans jedoch ein absolutes No-Go.

- Die Länge des Formulars muss im Verhältnis zum gekauften Produkt stehen.

  Kauft man einen Schnuller und Pampers, ist man nicht bereit, dafür ein seitenlanges Formular auszufüllen. Beantragt man hingegen einen Kredit, mag das schon auf deutlich mehr Akzeptanz stoßen.

- Vermeiden Sie Pflichtfelder.

  Ziel muss immer die Transaktion bleiben. Vermeiden Sie Pflichtfelder für nicht transaktionsrelevante Informationen.

- Fragen Sie nur Informationen ab, die Sie anschließend auch *nutzen*.

  Verzichten Sie hingegen auf Infos, die »nur« interessant sind.

2.2.2 Das Konzept der mehrstufigen Datenerhebung

Unabhängig davon, ob Ihr Formular am Ende sehr lang ist oder eine durchschnittliche Länge hat, kann eine mehrstufige Datenerhebung gerade bei Newsletter-Anmeldungen sinnvoll sein, da hier die Legitimation fehlt, Daten über die E-Mail-Adresse hinaus abzufragen.

Im ersten Schritt der Newsletter-Anmeldung wird also tatsächlich nur die E-Mail-Adresse abgefragt. Sie ist schließlich die einzig notwendige Information für den Versand. Der Bestätigungslink in der Double-Opt-in-E-Mail führt dann auf eine Landingpage, auf der weitere Informationen wie z.B. Vor- und Nachname, Interessen oder Ähnliches erfragt werden können. Da zu diesem Zeitpunkt das Engagement des Kunden mit dem Shop oder der Website schon deutlich größer ist und zumal die Entscheidung *für* den Newsletter an der Stelle bereits getroffen ist, ist die zu erwartende Conversion sehr viel höher.

Wie immer gilt: Eruieren Sie Ihren eigenen Königsweg via A/B-Testing.

2.2.3 Daten richtig speichern

Neben dem Sammeln bzw. Erfassen der Daten ist das Speichern der Daten in einer verwertbaren Form entscheidend. Elementar ist zunächst, dass die in einem

Registrierungs- oder Anmeldeprozess abgefragten Daten am jeweiligen Nutzer oder Kunden in der Kundendatenbank abgespeichert werden. Eine Änderung in einem Formularfeld hat also auch immer eine Änderung im Backend der Datenbank zur Folge.

Eine mindestens genauso große Rolle spielt die Form, in der die Daten abgespeichert werden. Hierbei ist stets zu beachten, dass sich der Datensatz zur späteren Segmentierung eignet. Ein einfaches Beispiel zeigt, warum.

Beispiel

Ein Babyportal bietet einen gesonderten Content-Newsletter an, der abhängig von der Schwangerschaftswoche – kurz SSW – News zum Entwicklungsstatus des noch ungeborenen Babys informiert. Dafür muss bei der Anmeldung die SSW angegeben werden. Die Schwangere meldet sich am 1.1. für den Newsletter an und gibt an, in der 18. SSW zu sein.

In der Datenbank würde man ihr nun folgende Werte vergeben:

```
Opt In Content NL = Ja
SSW = 18
```

Um das Problem an dieser Stelle deutlich zu machen, versuchen wir, ein Segment zu erstellen, das den Newsletter der SSW 22 versendet.

Nach kurzem Überlegen werden Sie feststellen, dass dies mit dem vorhandenen Datensatz nicht möglich ist.

Maximal denkbar wäre ein Segment à la

»SSW = 18« »war vor« »4 Wochen«

Das würde aber mindestens noch ein weiteres Attribut, nämlich

```
Timestamp SSW = 1.1.
```

erfordern. Das Segment könnte dann wie folgt aussehen:

»SSW = 18« *und* »Timestamp SSW« »war vor« »4 Wochen«

Damit ließen sich die Segmente bilden, jedoch müssten Sie – ausgehend von *jeder* SSW – alle weiteren NL-Segmente bauen, da Sie nie wissen, in welcher SSW sich der Kunde anmeldet.

Das Problem im genannten Beispiel ist, dass der Datensatz der SSW statisch ist. Um einen solch statischen Datensatz zur Segmentierung zu nutzen, wird mindestens ein Timestamp benötigt, jedoch auch dann kann das Bilden von Segmenten zwar möglich, aber immer noch sehr komplex sein.

Um das genannte Problem zu vermeiden, wäre es einfacher, direkt nach dem voraussichtlichen Entbindungsdatum zu fragen. Ein entsprechendes Segment dazu sähe dann wie folgt aus:

»Entbindungsdatum« »wird sein in« »18 Wochen«

Auf diese Art müssen Sie maximal so viele Segmente bauen, wie Sie Newsletter haben, nämlich 40.

Das Entbindungsdatum ist in diesem Fall ein eindeutiges Datumsfeld, das unabhängig vom Betrachtungszeitraum immer die richtige Information liefert.

Bei der Überlegung, in welcher Form Sie Informationen der Kunden erfragen, sollten Sie das stets in Hinterkopf behalten.

2.3 K.o.-Kriterium Validität – Vorsicht bei Incentives

Ausschlaggebend beim Erfassen von Daten ist deren Validität.

Wichtig

Eine valide Datenbasis ist das A und O eines erfolgreichen CRM. Darauf basieren *alle* späteren Analysen und anschließenden Maßnahmen. Schleichen sich in die Datenbank fehlerhafte Daten ein, *kann* Ihr CRM nur scheitern.

Das Risiko falscher Angaben steigt oft mit dem Einsatz von Incentives. Dennoch sind sie häufig der einzige Weg, Kunden in nennenswerter Anzahl dazu zu ermuntern, Daten preiszugeben. Die Möglichkeiten zur Vergabe von Incentives sind vielseitig.

Geht es darum, die Preisgabe von Geburtstagen zu incentivieren, wird häufig eine Geburtstagsüberraschung angekündigt. Dabei ist das Incentive logisch perfekt mit dem gewünschten Datensatz verknüpft.

Leider lassen sich solche Ideal-Kombinationen nur selten finden. Daher werden Daten oftmals auch im Zuge der Newsletter-Anmeldung erfasst. Dabei wird dann nicht die Angabe der Informationen selbst incentiviert, sondern die Anmeldung zum Newsletter. Das ist auch richtig so. Schließlich ist es subtiler, einen Zehn-Euro-Gutschein für die Anmeldung zum Newsletter zu vergeben als beispielsweise für die Preisgabe seiner Interessen.

Gleiches wird meist für die Teilnahme an Umfragen genutzt. Je nach Länge und Priorität der Umfrage werden am Ende der Umfrage oft hochpreisige Gewinne in

Form einer Verlosung in Aussicht gestellt. In diesem Fall dient die Incentivierung dazu, die abgegebenen Antworten zu personalisieren.

So wunderbar sich Incentivierungen also dazu eignen, die Datenquantität zu erhöhen, umso mehr stellen sie eben ein Risiko für die Datenqualität dar. Das Incentive gibt dem Kunden zwar den Grund für die Preisgabe einer bestimmten Information, nicht jedoch den Grund für die *wahrheitsgemäße* Angabe der Information. Denn das Geschenk oder den Gutschein bekommt er auch, wenn er das falsche Datum angibt. Es kann sogar sein, dass das Incentive noch dazu animiert, den falschen Grund anzugeben, z. B. dass man das angekündigte Geburtstagsgeschenk sofort erhält, und nicht erst in ein paar Monaten, am tatsächlichen Geburtstag. Abhilfe schafft an der Stelle, den Rahmen des Incentives klein zu halten, indem man die üblichen Promo-Gutscheine in Höhe von fünf Euro oder zehn Euro mit entsprechendem Mindestbestellwert oder aber günstige Gratis-Artikel anbietet. Alternativ bietet sich im Gegensatz zum garantierten Gutschein oder Gratis-Artikel eine Verlosung an. Dann jedoch muss der mögliche Gewinn deutlich höher sein, wie beispielsweise ein 100-Euro-Einkaufsgutschein ohne Mindestbestellwert. Letztere Variante minimiert zudem auch das Risiko von Missbrauch oder falschen Antworten, da der Aufwand für einen »Vielleicht-Vorteil« zu hoch ist.

Grundsätzlich gilt: Nach Einführung von Incentives sollten die abgegebenen Daten beobachtet werden. Sieht man dabei zum Beispiel – nach Einführung einer Geburtstagsüberraschung –, dass sich die Geburtsdaten in naher Zukunft stark häufen, ist davon auszugehen, dass es sich um falsche Daten handelt.

2.4 Beispiele guter Datenerhebungen

Ein erstes Beispiel für eine einfache und subtile Datenerfassung ist die Anmeldung zum Newsletter von `frontlineshop.de`.

Abb. 2.1: Newsletter-Anmeldung auf www.`frontlineshop.de`

Bereits mit nur einem Klick – den der Kunde sowieso tätigen muss – erfährt der Shopbetreiber, ob es sich um einen männlichen Kunden oder eine weibliche Kundin handelt. Gelöst einfach, indem zwei Call-to-Action-Buttons verwendet werden, einmal für »Men«, einmal für »Women«. Ohne den Kunden also aktiv zu fragen oder ihn aktiv ein Formular ausfüllen zu lassen, wird er sich intuitiv für den auf ihn zutreffenden Button entscheiden und verrät Frontlineshop so – wahrscheinlich unbewusst –, welches Geschlecht er hat. Das gleiche Prinzip wendet im Übrigen auch Zalando an.

Wenn man in der Newsletter-Anmeldung von Frontlineshop weitergeht, so stößt man auf ein zweites, gutes Beispiel. Die Anmeldung wird mit einem 10-Euro-Gutschein belohnt. Diesen erhält man aber erst, nachdem man den Bestätigungslink in der Double-Opt-in-E-Mail angeklickt hat und folgendes Formular (siehe Abbildung 2.2) ausgefüllt hat.

Nach dem Klick erhältst du eine weitere E-Mail mit deinem persönlichen Gutschein-Code, den du beim nächsten Einkauf einlösen kannst. Viel Spaß beim Weitershoppen!

Abb. 2.2: Incentive für Datenerfassung auf www.frontlineshop.de

Das Beispiel zeigt also, wie vordergründig lediglich die Newsletter-Anmeldung incentiviert wird, in Wahrheit aber vielmehr die Preisgabe gewisser Informationen.

Ein gelungenes Beispiel der mehrstufigen bzw. zweistufigen Datenerfassung ist Jako-o, ein Shop für Baby- und Kinderprodukte. Nach erfolgreich abgeschlossener Anmeldung zum Newsletter stößt man auf das Banner, das Sie in Abbildung 2.3 sehen.

Abb. 2.3: Incentive-Banner zur Angabe von Kinder-Geburtsdaten auf www.jako-o.de

Dem Kunden wird hier das Incentive in Aussicht gestellt, dass er ein Geburtstags-Überraschungspaket gewinnen kann – impliziter Teil der Message: wenn er *nur schnell* auf einen der Radio-Buttons unterhalb klickt. Sobald er sich dazu entschieden hat, am Gewinnspiel teilzunehmen, und den entsprechenden Radio-Button anklickt, so erscheint das Formular, das Sie in Abbildung 2.4 sehen.

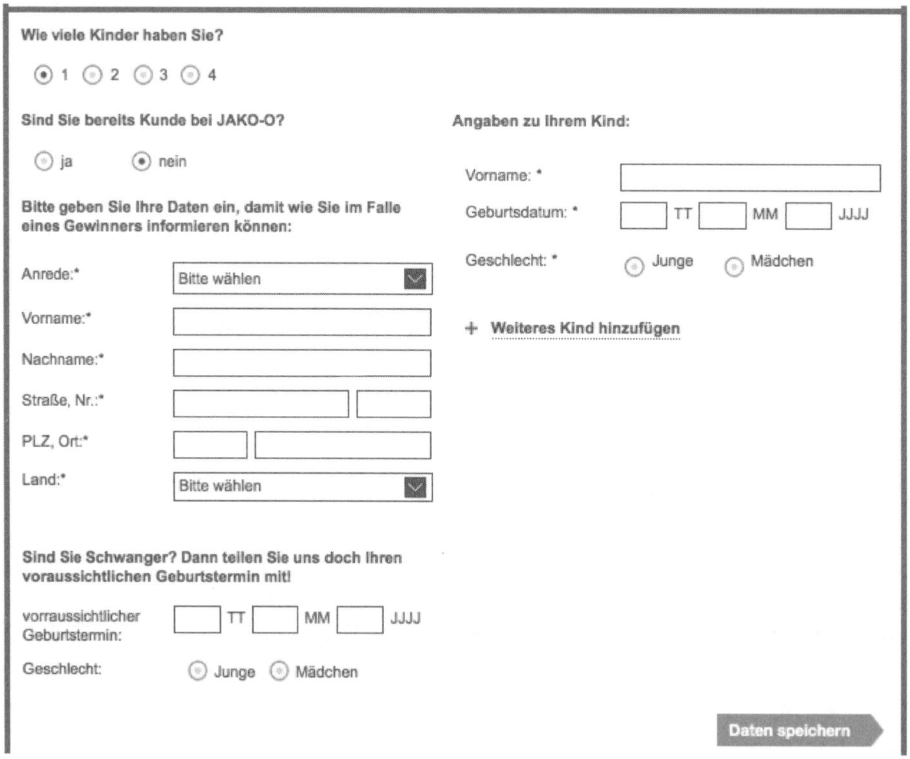

Abb. 2.4: Second-Step-Formular Jako-o

Ein überdimensioniertes Formular klappt auf, auf dem zunächst die Geburtstage der Kinder abgefragt werden. Zudem wird die vollständige Anschrift des Kunden erfasst, damit – im Falle eines Gewinns – selbiger direkt verschickt werden kann. Auch wenn der Nutzer über ein solch überdimensioniertes Formular nicht erfreut sein wird, die Wahrscheinlichkeit, dass er es dennoch ausfüllt, ist hoch. Warum? Der Nutzer hat sich in Schritt eins bereits dafür entschieden, am Gewinnspiel teilzunehmen, da ihm der Aufwand auf den ersten Blick dafür angemessen erschien. Erst im zweiten Schritt war klar, was er tatsächlich dafür tun muss.

Ein schönes Beispiel für die Erfassung von User-Interessen im Zuge der Newsletter-Anmeldung zeigt das Ernährungs-Portal Paleo360.de.

Abb. 2.5: Newsletter-Anmeldung auf www.paleo360.de

Zunächst einmal liegt der Fokus im Anmeldeformular gar nicht auf dem Newsletter an sich, sondern vielmehr auf dem Gratis-E-Book, das man bei der Anmeldung erhält. Dazu hat man bereits bei Anmeldung die Möglichkeit, zu ergänzen, welches Ziel man verfolgt, warum man sich also auf dem Portal informieren möchte. Nach dem Klick auf den Bestätigungslink in der Double-Opt-in-Mail (DOI-Mail) hat man dann die Möglichkeit, seine Interessensgebiete auszuwählen und so sein Profil anzureichern.

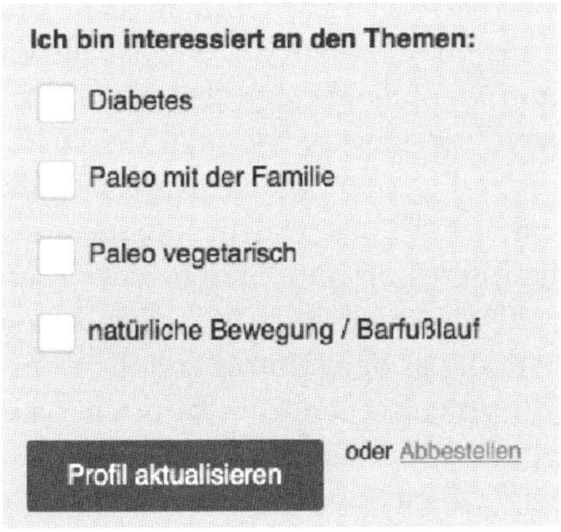

Ich bin interessiert an den Themen:

- Diabetes
- Paleo mit der Familie
- Paleo vegetarisch
- natürliche Bewegung / Barfußlauf

Profil aktualisieren   oder Abbestellen

Abb. 2.6: Anreicherung der Daten auf der DOI-Landingpage

Ein letztes, hervorragendes Beispiel einer Datenerhebung, die gänzlich ohne Formular auskommt, ist der »Dein Zalando«-Shop auf der Startseite von www.zalando.de.

Abb. 2.7: »Dein Zalando«-Shop auf www.zalando.de

Hat man als Nutzer auf Zalando erst mal seinen Shop (Damen, Herren, Kids) gewählt, so findet man dort unterhalb der Werbe-Teaser-Flächen den personalisierten Bereich »Dein Zalando«. Hier zeigt Zalando eigens für auf den jeweiligen Nutzer abgestimmte Produkte. Bei einem Shop wie Zalando, der über eine derartige Produktvielfalt verfügt, ein echter Mehrwert, vor allem, wenn man sich inspirieren lassen möchte. Je genauer Zalando hier den Geschmack des Nutzers trifft, umso höher ist dieser Mehrwert für den Kunden. Und das ist dem Kunden auch bewusst. Aber wie gelingt es Zalando nun, die Interessen und Vorlieben der Kunden herauszubekommen? Dafür wurden intuitive, unaufdringliche Schaltflächen in den personalisierten Shop-Bereich integriert, die es dem Nutzer erlauben, vorgeschlagene Outfits und Produkte aus der Liste zu entfernen. Dies kann über das graue X rechts oben am jeweiligen Produkt gemacht werden. Dazwischen werden Schaltflächen verschiedener Marken angezeigt, die bei Nichtgefallen ebenfalls über ein graues X entfernt werden können oder aber – im Falle, der Kunde mag die Marke – mit »Mag ich« getaggt werden können.

JENNY
Jenny
Mag ich
VAGABOND
Vagabond
Mag ich
Streetstyles

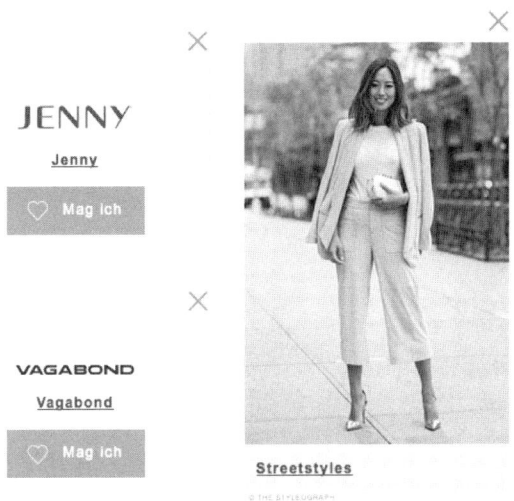

Abb. 2.8: Intuitive Schaltflächen innerhalb des »Dein Zalando«-Shops

Sobald man – im uneingeloggten Zustand – eine dieser Schaltflächen anklickt, wird man aufgefordert, sich anzumelden. Einmal eingeloggt kann man seine eigenen Vorlieben, Marken und Seiten selbst verwalten.

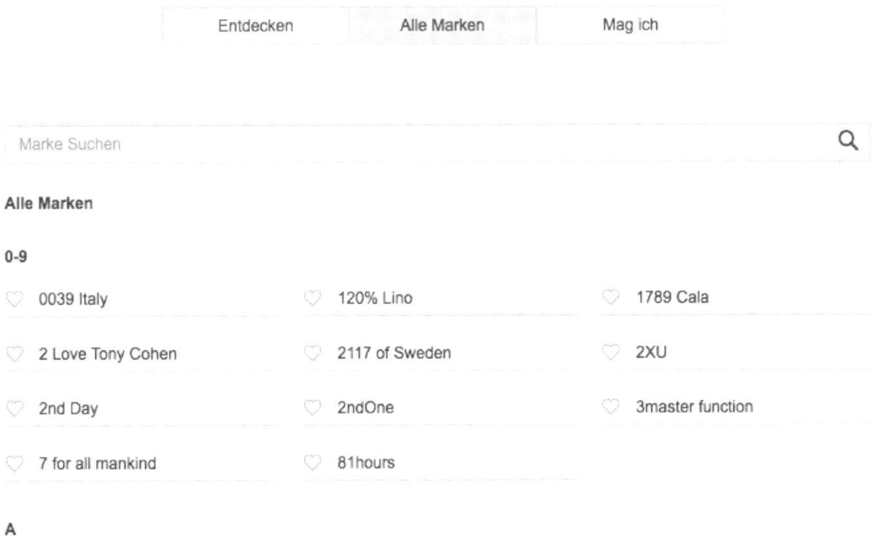

Entdecken
Alle Marken
Mag ich
Marke Suchen
Alle Marken
0-9
0039 Italy
120% Lino
1789 Cala
2 Love Tony Cohen
2117 of Sweden
2XU
2nd Day
2ndOne
3master function
7 for all mankind
81hours
A

Abb. 2.9: Selbstverwaltung des »Dein Zalando«-Shops

Warum ist dies ein solch hervorragendes Beispiel? Nun, Zalando gelingt damit zunächst einmal, dass der Nutzer bereits vor Angabe irgendwelcher Daten den daraus für ihn resultierenden Mehrwert *sieht* – nämlich eine für ihn personalisierte Auswahl aus dem mittlerweile kaum überschaubaren Zalando-Sortiment. Ist dies aus Sicht des Kunden ein wertvolles Feature, meldet er sich dafür gerne *freiwillig* an. Das Incentive zur Datenangabe ist dabei das für den Nutzer bereits sichtbare Produkt an sich – sein personalisierter Shop. Damit hat er zudem einen *triftigen* Grund, seine Daten wahrheitsgemäß anzugeben. Ein Paradebeispiel für sinnvolle Datenerfassung.

howtoCRM.de

2.5   Kurz zusammengefasst

Was gilt es für Sie bisher also zu beachten?

Überprüfen Sie Ihre Formulare

1. Gehen Sie alle Formularfelder in Ihrem Shop oder auf Ihrer Seite durch, diese sind in der Regel:

   ■ Anmeldung zum Newsletter

   ■ Registrierungsformular/Anlegen eines Accounts

   ■ Ggf. sonstige

2. Kategorisieren Sie die abgefragten Informationen nach Relevanz:

   ■ Essenzielle Information

   ■ Nice-to-have-Information

   ■ Unwichtige Information

   Das hilft Ihnen dabei, Ihre Formulare zu bereinigen und im Anschluss neu zu gestalten.

3. Analysieren Sie, wie viel Prozent der User/Kunden aktuell welche Informationen angeben:

   ■ Dabei werden Sie sehen, wie gut Ihre Formulare heute schon sind und wie groß die Bereitschaft Ihrer Nutzer ist, Daten freiwillig preiszugeben.

   ■ Die Zahlen werden Ihnen außerdem Auskunft darüber geben, ob eine Incentivierung notwendig ist oder ob – falls Sie bereits eine Incentivierung nutzen – diese auch funktioniert.

4. Überlegen Sie, ob Ihnen entscheidende Informationen über Ihre User/Kunden fehlen:

   ■ Überlegen Sie, wie Sie diese geschickt in einem Ihrer Formulare abfragen können.

   ■ Entscheiden Sie sich, welches Formular sich dafür am besten eignet.

   ■ Stellen Sie sicher, dass diese neue Information auch am Kunden in der Kundendatenbank gespeichert werden kann, damit sie Ihnen später auch zur Segmentierung zur Verfügung steht.

5. Ordnen Sie Ihre Formulare neu:

    ▪ Entfernen Sie unwichtige Informationen.

    ▪ Ergänzen Sie ggf. neue, essenzielle Informationen.

    ▪ Entscheiden Sie über die Aufnahme von Nice-to-have-Informationen. Sind die Formulare bereits sehr lang, empfiehlt es sich, darauf zu verzichten.

    ▪ Überlegen Sie, ob an der einen oder anderen Stelle eine mehrstufige Datenerhebung sinnvoll ist.

Hinweis

Wann immer Sie dieses Download-Icon im Buch finden, steht Ihnen auf www.howtocrm.de ein Download zur Verfügung. So können Sie direkt schnell und unkompliziert mit Ihrer Arbeit beginnen. ☺

## Kapitel 3

Die E-Mail – das wichtigste Medium

Wer hätte das gedacht, dass ausgerechnet das am häufigsten totgesagte Werbemedium – die E-Mail – unser wichtigster Helfer beim Setup eines erfolgreichen CRMs sein wird. Warum das so ist, wird in diesem Kapitel erklärt. Ebenso wird darin erklärt, welches Minimum-Setup Sie benötigen, um alle im Buch beschriebenen Analysen, Tests und Maßnahmen direkt umsetzen zu können.

3.1   Was macht die E-Mail so genial?

Ihr entscheidender Vorteil ist, dass Sie per Definition durch die E-Mail-Adresse an jeden Kunden *persönlich* geknüpft ist. Man spricht im E-Mail-Marketing also keine Click- oder Nutzerprofile wie beispielsweise im klassischen Anzeigen-Marketing an, sondern man richtet sich gezielt an Personen. Herrn Müller, Frau Schulz etc., die in der Vergangenheit ein bestimmtes Kaufverhalten an den Tag gelegt haben und von denen wir glauben, dass sie z. B. bald inaktiv werden oder in der nächsten Zeit bestimmte Produkte mit einer sehr hohen Wahrscheinlichkeit benötigen. Wenn wir also im Folgenden Kundendaten analysieren und Kundengruppen samt deren Bedürfnisse identifizieren, so sind wir durch das E-Mail-Marketing unmittelbar in der Lage, diese entsprechenden Segmente anhand der E-Mail-Adresse zu bilden und personalisiert anzusprechen.

Ein weiterer Vorteil ist, dass jedes Unternehmen – aufgrund der langen Historie des Mediums – mindestens bereits über ein rudimentäres Setup verfügt, womit sich Werbe-E-Mails an Kunden versenden lassen. Es kann also *sofort* damit begonnen werden, ohne Zeit, IT-Ressourcen oder Geld investieren zu müssen.

E-Mail-Marketing eignet sich hervorragend dafür, durch A/B-Tests mit verschiedenen Test- und Kontrollgruppen personalisierte Ansprachen zu testen. Es ist ideal, um herauszufinden, welche Art der Personalisierung für welches Kundensegment am besten funktioniert und welche Kundengruppe auf welches Messaging wie reagiert. Die Testmöglichkeiten sind schier unendlich. Nicht zuletzt unterstützt durch die Tatsache, dass die Kosten dabei kaum nennenswert sind. Steigen wird der personelle Aufwand, vor allem im Grafik-Bereich. Die Kosten für den Versand der Kampagnen jedoch werden sich kaum verändern.

Ein weiterer großer Pluspunkt der E-Mail als solche ist, dass sich verschiedene, auf unterschiedliche Kundensegmente angepasste Varianten einer Kampagne relativ schnell anlegen lassen. Der operative Aufwand ist auch an dieser Stelle recht überschaubar.

Die schnelle Responsezeit eines Newsletters tut dann noch ihr Übriges und liefert in kürzester Zeit Testergebnisse. So können falsche Thesen schnell ad acta gelegt und interessante Ergebnisse weiter getestet werden. Dabei entstehen in kürzester Zeit und mit überschaubarem Aufwand wertvolle Learnings im personalisierten Umgang mit Kunden. Meist ausführliche Reporting-Möglichkeiten im E-Mail-Service-Provider-Tool – kurz ESP-Tool – helfen bei der Analyse der Ergebnisse. Das standardmäßige Feature, einen individuellen Tracking-Parameter des unternehmensinternen Webanalyse-Tools in jede Newsletter-Kampagne zu integrieren, macht es außerdem möglich, das Verhalten des Newsletter-Empfängers auch auf der Website weiterzuverfolgen.

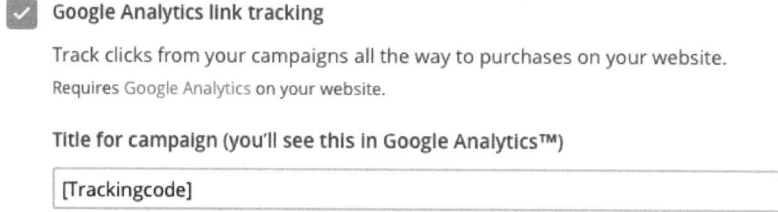

Abb. 3.1: Beispiel Tracking-Parameter-Integration im ESP-System MailChimp

Einziger Nachteil der E-Mail: Man kann immer nur den Teil der Kunden ansprechen, die ein Opt-in für den Newsletter gegeben haben. Daher kann die E-Mail auf keinen Fall das einzige Werbemedium für CRM-Maßnahmen bleiben. Es dient im ersten (großen) Schritt dazu, Kundensegmente und die entsprechenden CRM-Maßnahmen schnell, kostengünstig und risikolos zu testen und daraus entsprechende Learnings und Conclusions abzuleiten. Diese sind dann selbstverständlich auf die weiteren Marketingkanäle wie Webshop, Display-Kampagnen, Printmailings etc. auszurollen. Siehe dazu Kapitel 18.

Die E-Mail macht es möglich: Get started. NOW.

3.2 Minimum-Anforderungen an den E-Mail-Service-Provider

An dieser Stelle detaillierte Informationen über ein geeignetes System-Setup zu geben, wäre nicht möglich. Dafür ist jedes Unternehmen hinsichtlich seiner Ausgangssituation, Zielsetzung, Größe und zur Verfügung stehenden Mittel zu unterschiedlich. Dennoch möchte ich auf einer etwas übergeordneten Ebene ein paar allgemeine Tipps geben, die bei der Auswahl eines Anbieters, einer Software oder eines Tools grundsätzlich zu beachten sind.

3.2.1 Funktionalitäten im E-Mail-Versand

Um vernünftiges CRM via E-Mail-Marketing betreiben zu können, sollten Sie die Möglichkeit haben, Kundensegmente im ESP-System zu bilden, diese darin abzuspeichern und basierend darauf segmentierte Kampagnen zu versenden.

Beispiel

Ihnen liegen im ESP-System nicht nur die E-Mail-Adressen der Empfänger vor, sondern auch die Attribute und Werte, auf Basis derer Sie segmentieren möchten. Beispielsweise das Datum des letzten Kaufs. Damit ließe sich dann folgendes Segment im ESP-System bilden:

»Datum letzter Kauf«

»war vor«

»1 Jahr«

Nach dem Speichern könnten Sie diesem Segment dann direkt eine Reaktivierungskampagne zusenden.

Besteht diese Möglichkeit aktuell noch nicht, so sollte es mindestens möglich sein, eine vorab segmentierte Empfängerliste in das ESP-System hochzuladen und an diese Liste eine Kampagne zu versenden. Siehe dazu Abschnitt 3.3.

Hinweis

Oft sind bestehende Setups grundlegend so aufgebaut, dass die Erstellung der Empfängerliste inhouse erfolgt und diese für jeden Versand ans ESP-System exportiert wird. In dem Fall liegt die Logik bei Ihnen und Sie können direkt auch entsprechend segmentierte Listen exportieren.

Ein weiteres, nützliches Feature, das mittlerweile aber auch zum Standard gehört, ist der A/B-Test. Hierbei ist jedoch zu beachten, dass für die beiden Testvarianten der Kampagne nicht nur Opens, Clicks usw. getrennt voneinander getrackt werden können, sondern auch der Umsatz, den die beiden Test-Kampagnen jeweils generieren. Das kann je nach Integration des ESP-Systems manchmal nicht möglich sein.

Tipp

Ist dies Stand heute nicht möglich, so können Sie einfach zwei getrennte Kampagnen an zuvor manuell zufällig geteilte Empfängerlisten versenden. Damit können Sie an jede Kampagne einen eigenen Webtracking-Code vergeben und so die Umsätze pro Variante getrennt voneinander betrachten. Dies erfordert zwar einen größeren operativen Aufwand, hindert Sie jedoch nicht daran, mit dem A/B-Testing loszulegen.

Ein drittes für den Start wichtiges Feature ist die Anwendung von individuellen Gutscheinen. Ihre Vergabe ist im Allgemeinen mittlerweile deutlich etablierter. Dennoch finden sich immer wieder generische Gutscheine, die für Sale-Aktionen oder Ähnliches verwendet werden. Im CRM jedoch ist es absolut elementar, *ausschließlich* individuelle Gutscheine zu verwenden. Um beispielsweise testen zu können, ob ein Kundensegment besser als das andere auf einen Gutschein reagiert oder nicht, ist es essenziell, sicherzugehen, dass nur dieses spezielle Segment Zugang zu einem bestimmten Gutschein hatte. Ein generischer Gutschein, der sich ohne Kontrolle im Netz verbreiten und von jedermann eingelöst werden kann, ist dabei wertlos. Details zum Umgang mit Gutscheinen werden im dritten Teil des Buches noch näher erläutert. Worauf es hier ankommt, ist jedoch, dass Ihr ESP-System die Möglichkeit bietet, individuelle Gutscheine auch in E-Mail-Kampagnen auszuspielen.

Ein weniger zum Start, aber generell wichtiges Feature eines ESP-Systems ist die Einrichtung automatisierter Kampagnen. Wenn Sie über diese Möglichkeit zum jetzigen Zeitpunkt noch nicht verfügen, sollten Sie dringend Kontakt mit Ihrem E-Mail-Service-Provider aufnehmen und eine mögliche Implementierung besprechen. Damit Sie, sobald Sie Kampagnentypen für Ihre verschiedenen Kundensegmente identifiziert und erfolgreich getestet haben, direkt beginnen können, diese Kampagnen automatisiert anzulegen und zu versenden.

howtoCRM.de

Checkliste ESP-System

Sofort erforderlich

■ Versand an segmentierte Kundengruppen möglich?

■ A/B-Testing mit getrennter Umsatzauswertung pro Variante möglich?

■ Integration individueller Gutscheine möglich?

Mittelfristig erforderlich

■ Anlegen automatisierter Kampagnen möglich?

3.2.2 Grundregeln für einen erfolgreichen Pitch

Auch hier gibt es unzählige, pro Unternehmen individuelle Dinge, die zu beachten sind. Zwei davon jedoch sind allgemeingültig.

Exakte Spezifikation von Use Cases und Anforderungen

Zunächst einmal ist es entscheidend, dass Sie ein exaktes Bild davon haben, welche Anwendungsfälle das Tool oder die Software abbilden muss, und zwar ganz konkret. Anstelle also das Ziel zu formulieren, dass das neue ESP-System in der Lage sein muss, automatisierte Kampagnen zu versenden, sollte eine mögliche Spezifikation lauten: Das System soll in der Lage sein, einem Neukunden x Tage nach Erstkauf eine bestimmte Kampagne zu senden.

Das mag aufwendig erscheinen, zahlt sich aber aus zwei Gründen aus:

1. Sie werden sich im Detail darüber klar, welche Anforderungen Ihr System/ Software/Tool erfüllen muss, und können so fundierter entscheiden, welche Alternative für Sie die beste ist.

2. Sie können die konkret im Pitch besprochenen Use Cases anschließend vertraglich verankern und haben so eine valide Grundlage, wenn es im späteren Verlauf zu Problemen dahin gehend kommt.

Entwicklungsstandort Deutschland

Es gibt viele Kriterien für oder gegen einen Anbieter, die in der Regel von Zielsetzung, Budget und Umfang der Nutzung abhängig und daher sehr individuell sind. Eines jedoch empfiehlt sich für alle und kann daher genannt werden: Es ist der Entwicklungsstandort des Anbieters. Häufig liegt der im Ausland, was in den meisten Fällen bedeutet, dass die Entwicklung des Tools oder der Software auch nicht mehr inhouse stattfindet, sondern outgesourct wurde. Warum ist das problematisch? Nun, wann immer es darum geht, dass technische Bugs vorliegen oder Sie auf die Umsetzung einer spezifischen technischen Anpassung warten, so kann das in einer solchen Konstellation häufig zu langwierigen Prozessen à la »Stille Post« führen. Also vom Kunden zum Key-Account-Manager, dann zu den externen Entwicklern, zurück zum Key-Account-Manager und zurück zu Ihnen als Kunde. Neben der Tatsache, dass Sie wertvolle Zeit in den Abstimmungsprozessen verlieren, riskieren Sie unnötige Fehler in der Kommunikation. Erschwerend kommt die Sprachbarriere hinzu, die gerade in technischen Belangen zu großen Missverständnissen führen kann.

3.3 Datenaustausch Kunden-DB vs. ESP-System

Grundsätzlich gibt es zwei Möglichkeiten, wie ein E-Mail-Service-Provider im Unternehmen integriert ist. Sie unterscheiden sich in der Regel hauptsächlich darin, an welcher Stelle die Segmentierungslogik implementiert ist. Abbildung 3.2 zeigt die beiden Möglichkeiten.

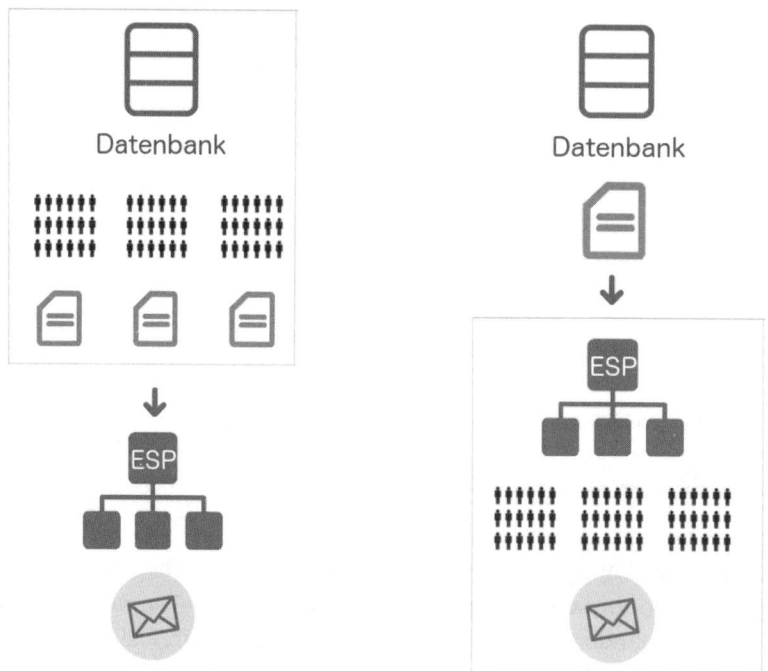

Abb. 3.2: Mögliches Setup eines ESP-Systems

Die Variante auf der linken Seite zeigt, dass das Bilden der Segmente direkt aus der internen Datenbank heraus vorgenommen wird. Daraus werden pro Segment Empfängerlisten generiert, die an das ESP-System exportiert werden. Im ESP-System werden die Listen dann den entsprechenden Kampagnen zugeteilt und versendet. Die Segmentierungslogik findet also inhouse statt, das ESP-System dient »lediglich« dazu, die Kampagnen zu erstellen und zu versenden, wobei Ersteres oft auch in individuellen Inhouse-Systemen umgesetzt wird.

Im rechten Teil der Abbildung ist es genau umgekehrt. Es werden die Kunden-Rohdaten aus der Datenbank an das ESP-System exportiert. Auf einer meist benutzerfreundlichen Oberfläche kann der Marketer dann seine Segmente bauen, abspeichern und direkt Kampagnen versenden.

Über welche der beiden Varianten Sie verfügen, spielt zunächst eine untergeordnete Rolle, solange die Segmentierung funktioniert. Haben Sie bislang noch gar nicht mit Segmenten gearbeitet und an keiner Stelle einen Segmentierungsprozess etabliert, ist die Integration über das ESP-System meist die schneller zu realisierende Variante und daher eindeutig zu empfehlen.

Ein solcher Daten-Austausch-Prozess zwischen Data Warehouse – kurz DWH – und ESP-System funktioniert meist über CSV-Tabellen. Dabei ist in jeder Zeile ein Kunden-Datensatz abgebildet. Die erste Spalte enthält zumeist die E-Mail-Adresse oder die eindeutige (interne) Customer-ID. Die darauffolgenden Spalten enthalten beliebig viele Spalten mit weiteren Attributen über den Kunden, die an das ESP-System übergeben werden sollen, z. B. Datum letzter Kauf, Anzahl der Käufe usw. Die so an das ESP-System exportierten Daten lassen sich dann entsprechend zur Bildung von Segmenten nutzen. Im »Gegenzug« werden dann die Responsedaten aus dem ESP-System heraus an die Kundendatenbank zurückexportiert, sodass diese am Ende über alle Daten verfügt.

Abb. 3.3: Datenaustausch Kundendatenbank vs. ESP-System

Zu beachten ist bei einem solchen Setup, dass Datenexporte immer einer vorher definierten Form entsprechen müssen, um fehlerhafte Exporte im täglichen Automatismus zu vermeiden. Angenommen, es wird genau der in Abbildung 3.3 gezeigte Datenexport übermittelt. So wird im ESP-System eingestellt, dass ein täglicher Import in einem bestimmten Zeitfenster zu erwarten ist. Dieser verfügt über drei Spalten. Die erste Spalte trägt den Spaltennamen `E-Mail`, der Feldinhalt hat folgende Syntax: `...@....de`. Die zweite Spalte heißt `Last Purchase`, der Feldinhalt ist ein Datum. Die letzte Spalte nennt sich `Number Purchases` und enthält als Werte absolute Zahlen. Weicht nur ein Datensatz von dieser Definition beim realen Export ab, so wird der gesamte Export der Datei abgebrochen. Dies ist im Grunde ein Sicherheitsmechanismus und verhindert, dass fehlerhafte Datensätze importiert werden. Das hat aber auch zur Folge, dass sich der Datenimport nicht beliebig einfach anpassen lässt. Das heißt, wann immer neue Attribute hinzukommen, erfordert dies Anpassungen im inhouse erstellten Datenexport sowie extern beim ESP. Daher sollte beim initialen Aufsetzen dieses Prozesses darauf geachtet werden, dass möglichst alle für das Segmentieren relevanten Attribute im Export enthalten sind.

Aufgrund dessen ist dieses Setup mit Sicherheit nicht ganz ideal, bei entsprechender Weitsicht in der Implementierung jedoch völlig ausreichend. Sie können damit also getrost starten.

Quick Check: How to get started!

Welche Daten(-Quellen) sind notwendig, um – wie im Buch beschrieben – mit CRM starten zu können?

Elementar:

- Transaktionsdaten
  - ☐ Bestelldaten: Anzahl, Wert, Items, Datum etc.
  - ☐ Produktdaten: Produkt, Preis, Marge, Kategorie etc.
  - ☐ Retourendaten: Anzahl, Wert etc.
  - ☐ Kundendaten: Obige Daten müssen natürlich mit Kundendaten (E-Mail-Adressen) in Verbindung gebracht werden können.

  Sie sind entscheidend und liefern alle im ersten Schritt relevanten Informationen.

Optional:

- Erhobene Profilierungsdaten

  Machen Sie sich Gedanken darüber, ob es tatsächlich eine oder ggf. auch mehrere Informationen über Ihre Kunden gibt, aus der Sie einen entscheidenden Mehrwert ziehen können. Ein Beispiel wäre hierfür das Kindesalter bei einem Baby-Shop oder -Portal oder die Intention eines Fitness-Portal-Besuchers (Abnehmen vs. Bodybuilding).

Welche technischen Voraussetzungen müssen gegeben sein, um starten zu können?

- Zugriff auf Datenbanken
  - ☐ Ihre Business-Intelligence-Kollegen müssen in der Lage sein, auf diese Daten zugreifen und Abfragen in jeglichen Konstellationen erstellen zu können.
  - ☐ Wichtigster Punkt ist daher der Zugriff auf alle Kunden- und Shop- bzw. Website-Datenbanken, die sämtliche Transaktions-, Sortiments- und Kundendaten abgespeichert haben. Ein Zugriff auf die tatsächlichen Live-Datenbanken wäre dabei natürlich viel zu riskant. Daher handelt es sich meist um eine 1-zu-1-Kopie der Live-Datenbanken, die mindestens ein Mal pro Tag bzw. Nacht mit den Live-Daten synchronisiert bzw. aktualisiert wird, damit man die Analysen nicht auf veraltete Daten stützt.

- ☐ Idealerweise haben Sie die Möglichkeit, über ein entsprechendes Programm direkt selbst einfache SQL-Abfragen in der Datenbank vorzunehmen. Das macht Sie vom häufig größten Bottleneck im CRM, der Business Intelligence – kurz BI –, ein Stück weit unabhängig.

■ Segmentierungen im E-Mail-Marketing

- ☐ Ein segmentierter Versand muss möglich sein.
- ☐ A/B-Tests müssen durchführbar sein.
- ☐ Weitere Anforderungen: siehe Kapitel 3

Welche Werte müssen im Data Warehouse (DWH) vorliegen?

■ Auf Produktebene (Product-ID-Ebene)

- ☐ Marke/Hersteller
- ☐ Produktbezeichnung
- ☐ Zugeordnete Kategorie Ebene 1 (z. B. Hauptkategorie)
- ☐ Zugeordnete Kategorie Ebene 2 (z. B. Unterkategorie)
- ☐ Verkaufspreis
- ☐ (Produkt-)Marge

■ Auf Transaktionsebene (Order-ID-Ebene)

- ☐ Umsatz (pro Order)
- ☐ Marge (pro Order)
- ☐ Einzel-Artikel inkl. der zugehörigen Kategorien (pro Order)
- ☐ Anzahl Artikel pro Bestellung
- ☐ Eingelöster Gutschein/Rabattcode

■ Auf Kunden-Ebene (Customer-ID-Ebene)

- ☐ Anzahl Bestellungen (Lifetime)
- ☐ Anzahl Retouren (Lifetime) – optional
- ☐ Umsatz (Lifetime)
- ☐ Marge (Lifetime)
- ☐ Durchschnittlicher Warenkorbwert pro Bestellung
- ☐ Durchschnittliche Marge pro Bestellung
- ☐ Datum erste Bestellung
- ☐ Datum letzte Bestellung
- ☐ Datum letzter Website-Besuch
- ☐ RFM-Score

■ Allgemein

- ☐ Kosten (Pauschale) einer Bestellung
- ☐ Kosten (Pauschale) einer Retoure

Teil II

Daten analysieren

In diesem Teil:

## Kapitel 4

Kundengruppen identifizieren

Der erste Schritt im CRM ist, herauszufinden, welche Kundengruppen aktuell im Unternehmen vorherrschen. Warum und wie das geht, lesen Sie in diesem Kapitel.

4.1 Warum sollten wir das tun?

Grundsätzlich geht es in Unternehmen immer darum, den Umsatz zu erhöhen und damit den Unternehmenserfolg zu steigern. Groß angelegte Marketingaktionen, die sich an *alle* Kunden richten und zumeist große Rabatte oder Vorteile versprechen, helfen dabei. Sie haben nur ein Problem: Sie sind meist teuer und ihr Erfolg ist kurzfristig. Man erreicht mit ihnen Kunden, die vielleicht von selbst wieder gekauft hätten, und verschenkt dabei wertvolles Budget. Ihr Fokus liegt in erster Linie darauf, den Umsatz kurzfristig zu steigern, Margen und Gewinne bleiben dabei aber oft unbeachtet.

Im CRM ist der Ansatz ein anderer. Wir versuchen, den Lebenszyklus unserer Kunden möglichst lange auszudehnen und den Wert, den die Kunden dabei für das Unternehmen generieren, zu maximieren. Der Wert der Kunden ist dabei nicht (nur) der Umsatz, sondern vielmehr die Marge, der tatsächliche Gewinn, den ein Kunde dem Unternehmen bringt. Im CRM setzen wir das viel zitierte Marketing-Credo »*dem richtigen Kunden zur richtigen Zeit das richtige Produkt zum richtigen Preis*« anzubieten nun (endlich) in die Tat um und achten dabei sogar noch auf eine vernünftige Marge.

Das bedeutet, man betrachtet die Kunden nicht mehr als eine Gesamtheit, die mit zentral gesteuerten Marketingkampagnen versorgt werden – frei nach dem Motto »auch ein blindes Huhn findet mal ein Korn«. Es bedeutet vielmehr, Kunden als Individuen – als eigenständige Kundengruppen – mit unterschiedlichen Bedürfnissen, Interessen und Motivationen zu betrachten, die zu unterschiedlichen Zeitpunkten mit unterschiedlichen, auf ihr Lifecycle-Stadium und ihre Bedürfnisse angepassten, Kampagnen bespielt werden, um so gezielt den Wert jeder einzelnen Kundengruppe zu steigern. Mit dieser Art der gezielten Aussteuerung von Aktionen ist einerseits sichergestellt, dass Marketing-Budget nur in diejenigen Kunden investiert wird, die es gerade benötigen, andererseits lassen sich dabei auch gezielt Kampagnen einsetzen, die Faktoren wie den Vertrieb von Produkten mit hoher Marge fördern. Durch das gezielte, bedarfsgesteuerte Angebot steigt dabei außerdem der Erfolg der einzelnen Aktionen. Man denke an einen Sportartikel-Hersteller, der dem Tennisspieler die neueste Tennis-Kollektion anbietet und dem Fußballfan die Trikot-Neuerscheinungen.

Dabei entsteht ein großartiger und äußerst wichtiger Nebeneffekt: Indem man Kunden bedarfsorientiert immer dann gezielt die Produkte anbietet, die sie zum einen gerade in diesem Moment benötigen, die ihnen dadurch zum anderen aber auch einen echten Mehrwert bieten, erzeugt man als Online-Shop oder Website Begeisterung aufseiten seiner Kunden. Diese Begeisterung – sofern sie sich durch den gesamten Leistungsprozess bis zu Lieferung und Nutzung des Produkts durchzieht – wird nachhaltig zu einem Differenzierungsmerkmal gegenüber der Konkurrenz und generiert Kundenloyalität. Letztere trägt dazu bei, dass Kunden anfangen, freiwillig wieder zu kaufen, und teure Kampagnen immer seltener notwendig werden.

Ziel ist es also, durch gezielte bedarfsorientierte Kampagnen wertvolles Marketingbudget an der richtigen Stelle einzusetzen und so gleichzeitig den Wert – also den Umsatz bzw. die Marge – jeder einzelnen Kundengruppe zu steigern, um so in Summe den Erfolg der gesamten Unternehmung nachhaltig zu steigern.

Um das tun zu können, liegt der erste Schritt darin, vorhandene Kundengruppen samt ihrer Interessen und Bedürfnisse zu identifizieren.

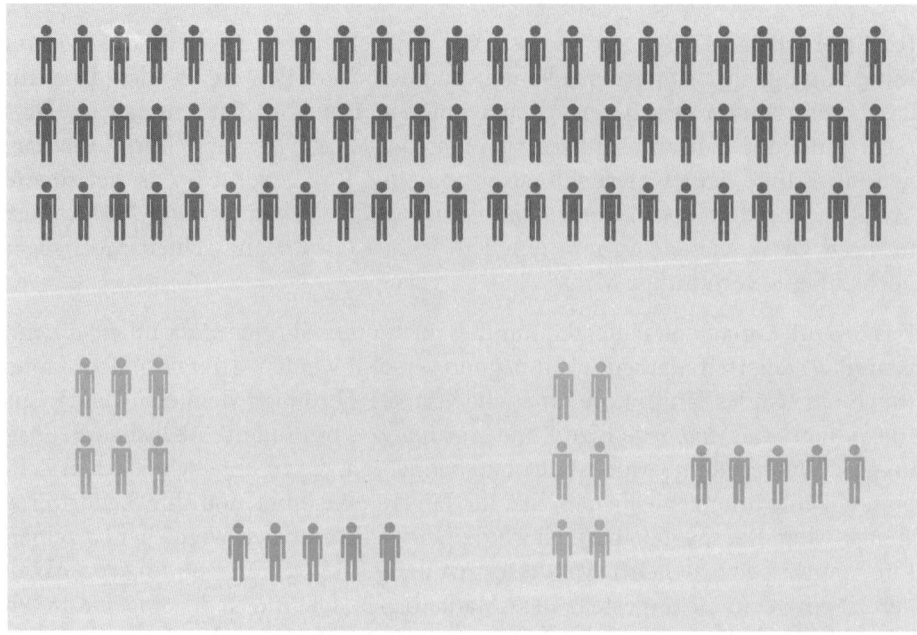

Abb. 4.1: Identifikation von Kundengruppen

Ist dies gelungen, kann man sich für jede einzelne dieser Kundengruppen gezielt Maßnahmen und Kampagnen implementieren, die den Wert, also den Umsatz bzw. die Marge der jeweiligen Gruppe entsprechend erhöhen. Das kann durch gezielte Angebote, aber auch durch Cross-Selling- und Upselling-Mechanismen geschehen.

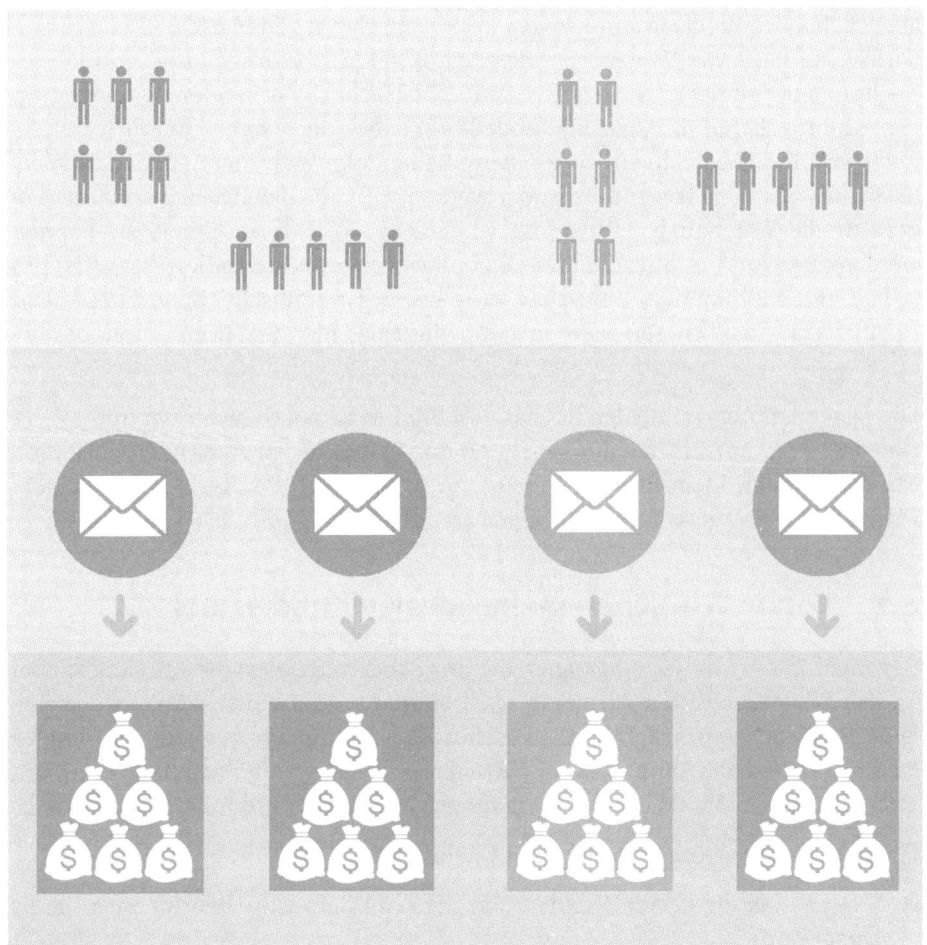

Abb. 4.2: Auf Kundengruppen abgestimmte Maßnahmen zur Wertsteigerung

Im in der Einleitung des Buches genannten Beispiel der US-Supermarkt-Kette Target ist eine solch identifizierte Kundengruppe »Schwangere Kundinnen«, die ab Erkennung mit entsprechenden Werbe-Maßnahmen rund um die Themen Schwangerschaft, Stillen, Babynahrung usw. versorgt wird. Die richtigen Kunden (Schwangere) erhalten damit zur richtigen Zeit (zum Zeitpunkt ihrer Schwangerschaft) die richtigen Produkte (Produkte, die in der Schwangerschaft benötigt werden) zum richtigen Preis (meist in Verbindung mit Rabatt-Coupons).

Um die Kundengruppen zu identifizieren und anschließend gut mit ihnen arbeiten zu können, steht zu Beginn eine kurze Definition der Idealkunden an. Diese dienen dazu, ein realistisches CRM-Ziel-Szenario zu erstellen, und beschreiben einen realistischen Soll-Zustand, der anschließend mit dem eruierten Ist-Zustand abgeglichen werden kann und so den CRM-Fahrplan ergibt. Anschließend geht es darum, auf Basis von Webanalyse, diversen Basis-Auswertungen und mithilfe von Stichproben, fundierte Thesen über aktuell tatsächlich vorhandene Kundengruppen zu formulieren. Ein Scoring-Modell hilft dabei, die – wahrscheinlich vielen – identifizierten Thesen in eine priorisierte Reihenfolge zu bringen, in der sie analytisch auf wahr oder falsch untersucht werden. Um aus den Thesen konkrete Fragen an die Datenanalyse/Business Intelligence (BI) formulieren zu können, werden diese im Anschluss mit jeweiligen Key Performance Indicators (KPIs) hinterlegt, um sie quantitativ messbar zu machen. Nach abschließender Veri- bzw. Falsifizierung der Thesen werden dann die final identifizierten Kundenprofile erstellt.

Die folgenden Abschnitte des Buches beschreiben nun also, wie man mithilfe der Daten und mit entsprechenden Analysen im Unternehmen vorhandene, relevante Kundengruppen identifiziert, bevor es im dritten Teil des Buches darum geht, Maßnahmen für diese Kundengruppen zu entwickeln.

4.2   Vorab: Wie sehen meine idealen Kunden aus

Bevor wir in die Analyse einsteigen, die uns dabei hilft, relevante Kundengruppen zu identifizieren, dürfen wir vorab noch einmal kurz »Wunschkonzert« spielen. Dies dient dazu, einmalig ein realistisches Zielszenario zu erstellen, wie ein idealer Kunde aussehen kann, was im CRM also erreicht werden soll bzw. kann, und zwar ausgehend von Ihrem Geschäftsmodell bzw. Ihrem Produkt.

Folgende Fragen sollte man sich dabei stellen:

- Welche sind die besten Kunden, die man mit dem aktuellen Businessmodell haben kann?
- Welchen Bedarf haben (und decken) sie im eigenen Shop?
- Welche Wiederkaufsraten sind realistisch?
- Wie lange kann ein realistischer Lebenszyklus eines Kunden sein?

Diese Überlegungen dienen zum einen dazu, den Status quo, der sich aus den späteren Analysen ergeben wird, besser einordnen zu können, zum anderen geben sie ein realistisches Zielbild für die CRM-Bemühungen an.

4.2.1 Was sieht mein Geschäftsmodell vor

Das Geschäftsmodell an sich bzw. die Produkte, die man vertreibt, geben bereits einen relativ stabilen Rahmen vor, in dem sich ein Kunde bewegen kann. Will heißen, wenn man einen Online-Shop für Lebensmittel betreibt, so ist der Bedarf der potenziellen Kunden an den angebotenen Produkten per se schon mal viel höher und »notwendiger«, als wenn man online Sportartikel und Kleidung verkauft. Der Online-Lebensmittel-Shop kann also von einer deutlich höheren potenziellen Frequenz seiner Kunden ausgehen als der Sport-Shop. Ebenso unterscheiden sich, abhängig davon, welche Produkte man verkauft, Zahlen wie der durchschnittliche Warenkorb pro Kunde und Bestellung, seine erzielte Marge oder der durchschnittlich erzielte Umsatz pro Jahr. Sind beispielsweise 300 Euro Jahresumsatz pro Kunde für einen Bastelshop schon sehr gut, wäre das für einen Möbel-Anbieter jedoch eher noch an der unteren Grenze des Möglichen.

Abhängig von den angebotenen Produkten ist auch die Kundenstruktur. Bedient man »nur« eine Nische, so ist die Kundenstruktur meist homogener und die Kunden weisen im Schnitt ein relativ ähnliches Kaufverhalten auf. Webshops und Seiten mit eher generischen Angeboten haben es oft mit einer heterogeneren Kundschaft zu tun. Dabei lassen sich oft vier bis fünf verschiedene Idealkunden-Gruppen definieren, die aus einer unterschiedlichen Motivation heraus einkaufen und verschiedene zu befriedigende Bedürfnisse haben.

To-do

Überlegen Sie sich anhand Ihres Geschäftsmodells vier bis fünf Idealkunden-Gruppen.

Nehmen Sie dafür die folgenden Fragestellungen zu Hilfe:

- Welche sind die besten Kunden, die man mit dem aktuellen Businessmodell haben kann?
- Welchen Bedarf haben (und decken) sie im eigenen Shop?
- Welche Wiederkaufsraten sind realistisch?
- Wie lange kann ein realistischer Lebenszyklus eines Kunden sein?

4.2.2 Wie oft und was kaufen diese Kunden bei mir ein

Haben Sie Ihre vier bis fünf Idealkunden-Gruppen definiert, sollten Sie folgende zwei Punkte noch genauer spezifizieren:

1. Kaufverhalten
2. Produkte

Kaufverhalten

Beim Kaufverhalten geht es in erster Linie darum, zu definieren, wie regelmäßig die definierten Gruppen bestellen könnten und in welchen Zeitabständen. Also drei bis vier Mal pro Jahr oder ein Mal pro Monat. Ihr Geschäftsmodell und die von Ihnen angebotenen Produkte werden eine realistische Einschätzung zulassen.

Zweiter wichtiger Punkt ist die Überlegung, wie hoch ein durchschnittlicher Warenkorb sein kann. Hier unterstützt die Überlegung, für wen die Einkäufe erledigt werden, z. B. für den Eigenbedarf oder die gesamte Familie.

Produkte

Daneben steht die Definition der Produkte an, die diese Kunden kaufen können. Hierbei empfiehlt es sich, nicht auf Einzel-Produktebene zu gehen, sondern sich mehr auf Unterkategorien oder auch Hauptkategorien – je nach Shop- bzw. Datenstruktur – zu beziehen. Definieren Sie konkret die Produktkategorien, die Kunden realistisch bei Ihnen beziehen. Man denke an dieser Stelle an den Sportartikel-Verkäufer. Es wäre unrealistisch anzunehmen, dass ein Kunde in allen Sportbereichen tätig ist und seinen gesamten Bedarf dort deckt.

Nachdem Sie diese zwei Punkte erledigt haben, liegt Ihnen ein sauber definiertes Zielbild für Ihr CRM vor. Gleichzeitig haben Sie einen Referenzrahmen, um die aktuelle Situation, die mit den nachfolgend beschriebenen Analysen genau ausgewertet wird, zu bewerten und einzuordnen. Das heißt beispielsweise, wie nahe sind Ihre besten Kunden heute schon am Idealkunden dran oder wie viel Potenzial ist an der Stelle noch vorhanden.

Um dies etwas greifbarer zu machen, hier zwei Beispiele am Exempel eines Sportartikel-Shops:

Folgende Idealkunden-Gruppen wären unter anderem denkbar:

- Top-Kunde Runner
- Top-Kunde Skiing

Sie würden folgendes Kaufverhalten aufweisen:

- Top-Kunde Runner:
  Kauft vier bis sechs Mal im Jahr
  davon zwei Mal jährlich ein Großeinkauf: Lauf-Schuhe, Lauf-Kleidung
  Dazwischen kauft er Trend-Items: ein neues Laufshirt, eine neue Laufjacke und/oder nützliche Accessoires: eine Stirnlampe, eine Leuchtjacke oder neue Laufsocken
- Top-Kunde Skiing:
  Kauft drei bis vier Mal pro Jahr
  primär im Herbst/Winter

Kauft zu Saisonbeginn eine neue Grundausstattung: Skischuhe, Ski, Skistöcke, Skikleidung

Kauft im Laufe des Winters Skiunterwäsche, Accessoires wie Socken, Ski-Brille, Handschuhe, Mütze etc.

Bedient sich von den typischen Skiing Brands wie Bogner, Ziener etc.

Um diese semantischen Definitionen, die für Sie als Marketer wichtig sind, um ein besseres Verständnis von diesen Kunden zu erhalten, für die Analyse etwas übersichtlicher zu gestalten, übertragen Sie die Kern-Informationen abschließend am besten in eine Tabelle.

Kundengruppe	Kaufhäufigkeit pro Jahr	Durchschn. Warenkorb	Kategorien
Top-Kunde Runner	4–6 ganzjährig	150 €	Laufschuhe, Laufkleidung, Laufaccessoires
Top-Kunde Skiing	3–4 primär Herbst/Winter	400 €	Ski-Equipment Ski-Kleidung Ski-Accessoires Brands: Bogner, Ziener

Tabelle 4.1: Beispiel Idealkunden-Übersicht

4.3 Wie lassen sich Kundengruppen identifizieren

Nachdem nun klar ist, wie der bzw. die Idealkunden aussehen würden, geht es nun darum, zu erarbeiten, welche Kundengruppen im Status quo tatsächlich vorhanden sind. Sie sind eine elementare Grundlage für die Umsetzung von CRM-Maßnahmen. Ein späterer Vergleich mit den eben beschriebenen Idealkunden zeigt zudem das vorhandene Soll-Ist-Gap und gibt damit die Marschrichtung vor.

Die Antwort auf die Frage, welche Kundengruppen aktuell im Unternehmen vorhanden sind, findet man, indem man die in Kapitel 1 beschriebenen Daten analysiert, die uns über unsere Kunden zur Verfügung stehen.

Die Frage ist jedoch häufig: **Wie und wo beginnt man mit der Analyse?** Denn die Frage, »welche Kundengruppen liegen uns vor«, ist bei Weitem zu generisch, als dass sie ein BI-Analyst mit einer Datenanalyse je beantworten könnte.

Es geht also darum, konkretere bzw. gezieltere Fragen zu stellen. Aber welche? Denn eines ist wohl entscheidend für eine effiziente und erfolgreiche Analyse: die *richtige* Frage. Diese zu finden, ist nun unsere Aufgabe, und um nicht in ein willkürliches Frage-Antwort-Raten zu verfallen, benötigen wir dafür einen Fahrplan! Und der sieht so aus wie in Abbildung 4.3 gezeigt.

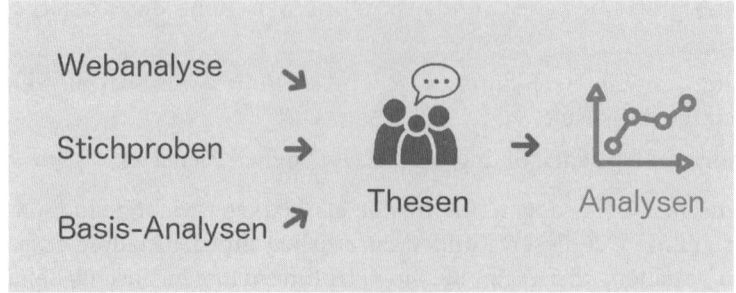

Abb. 4.3: Analyse-Prozess mithilfe von Thesen

Zentrales Element dieses Prozesses ist das Formulieren von Thesen über aktuell existierende Kundengruppen.

Im Gegensatz zum vorangegangenen Abschnitt geht es dabei nun nicht um den Idealzustand – also welche Kunden erstrebenswert sind –, sondern um den IST-Zustand. Dabei ist es unerheblich, ob es gute oder schlechte, wünschenswerte oder zu vernachlässigende Kundengruppen sind. Es ist wichtig, ein realistisches Abbild des Status quo zu geben.

Nur wenn wir eine Idee davon haben, welche Kundengruppen mit welchen (Kauf-)Verhaltensweisen und Bedürfnissen (im Sinne von Bedarf an Produkten) es geben könnte, sind wir in der Lage, die richtigen Fragen an die Datenanalyse zu stellen, um so im Anschluss durch fundierte Analysen herauszufinden, welche Kundengruppen es *tatsächlich* gibt.

Die Thesen dienen also dazu, die richtigen Fragen an die BI-Analysten zu formulieren, damit sie in der Lage sind, eine fundierte Datenanalyse durchzuführen und entsprechende, zahlenbasierte Antworten auf die Fragen zu geben. Durch die Analyse wird die aufgestellte These somit also entweder widerlegt oder aber bestätigt. Ist Letzteres der Fall, haben wir eine Kundengruppe identifiziert und können uns anschließend überlegen, mit welchen Maßnahmen wir gezielt Dauer und Wert Ihres Kunden-Lebenszyklus steigern können.

Aber noch mal einen Schritt zurück: Um die Thesen zu formulieren, gibt es – wie Abbildung 4.3 zeigt – verschiedene Möglichkeiten. Grundsätzlich kann es natürlich gut sein, dass Sie aufgrund Ihrer Erfahrung im Unternehmen bereits Ideen für mögliche Thesen haben. Diese können Sie dann direkt als solche definieren und niederschreiben. In Ergänzung dazu sollten Sie sich die folgenden drei »Hilfsmittel« zunutze machen, um auch auf diejenigen Kundengruppen zu stoßen, von denen Sie bisher keine Kenntnis hatten.

1. Die Webanalyse

    Vor allem, wenn Sie keinerlei Idee haben, mit welchen Kunden oder Nutzern Sie es zu tun haben, und im Falle, Sie betreiben keinen Online-Shop, sondern ein Portal oder eine Content-Website, wird Ihnen die Webanalyse einen guten Einblick darüber geben, welche Nutzer sich auf Ihrer Seite bewegen, vor allem aber, *wie* sie sich darauf bewegen, wie sie die Seite also nutzen.

2. Basis-Analysen

   Hierbei wird in erster Linie das Kaufverhalten im Sinne von Produkt-Abverkäufen angeschaut. Dabei geht es um den Absatz im Allgemeinen und um die bei Erstkäufen vorrangig nachgefragten Produkte im Speziellen und damit mehr um die Kunden an sich und ihren Bedarf.

3. Stichproben

   Und zwar von einzelnen, innerhalb gezielter Gruppen zufällig ausgewählten Kunden, die Sie im Detail näher betrachten. Das heißt, Sie gehen tatsächlich in das Backend eines einzelnen Kunden und sehen sich an, was er kauft, wie oft, wie viel er retourniert, wie lange die erste Bestellung zurückliegt, wie lange die letzte etc. Erfahrungsgemäß sind zehn bis 15 Stichproben nötig, um relevante Thesen formulieren zu können. Alles, was Sie dafür benötigen, ist ein Zugang zum Kunden-Backend (meist handelt es sich um den Zugang zu dem Tool, dessen sich auch der Kundenservice bedient) und entsprechende Kunden-Listen der gezielten Gruppen, die im folgenden Abschnitt genau beschrieben werden.

4.4 Thesen erarbeiten

Im Folgenden wird im Detail erläutert, wie Sie sich durch die bereits angekündigten Maßnahmen Thesen über potenzielle Kundengruppen erarbeiten.

4.4.1 Webanalyse

Um mithilfe der Webanalyse eine Vorstellung von vorhandenen Kunden zu bekommen und davon, *wie* sie Ihre Seite nutzen, hilft folgende Herangehensweise.

Angaben über die Besucher

Einen ersten Eindruck über Ihre User erhalten Sie, wenn Sie sich die Informationen im Bereich Zielgruppe – so lautet die Bezeichnung in Google Analytics – ansehen. Darin finden Sie folgende Angaben:

Demografische Angaben zu Ihren Nutzern

- Verteilung des Geschlechts
- Verteilung von Altergruppen

Geografische Verteilung der Nutzer

- Zugriffe aus einzelnen Ländern
- Zugriffe aus Regionen/Städten innerhalb eines Landes

Vorsicht

Um tatsächlich regionale Unterschiede in der Nutzung Ihrer Seite sehen zu können, ist es stets wichtig, die Bevölkerungszahlen der jeweiligen Regionen zu betrachten. Häufig sind die Zugriffe aus Großstädten oder den Bundesländern NRW, Bayern und Baden-Württemberg am stärksten. Dort leben schlicht aber auch mehr Menschen als in anderen Regionen.

Ein nächster spannender Punkt ist die Betrachtung von neuen bzw. wiederkehrenden Besuchern. Das heißt, wie viele Erst-User tummeln sich auf Ihrer Seite, wie viele bekannte »Gesichter« sind dabei? Ein nächster Schritt in der Analyse zeigt die Besuchertreue an, das heißt, wie viele Sitzungen hatten User überhaupt und wie viele Tage sind seit dem letzten Besuch vergangen? Das gibt Auskunft darüber, wie regelmäßig Ihre Seite bzw. Ihr Shop genutzt wird. Ein letzter spannender Punkt in diesem Bereich ist die Splittung der Website-Nutzung in Devices. Das heißt, wie viele der Besucher kommen über Mobile, Desktop oder Tablet? Das gibt Ihnen Insights darüber, wo und wie User Ihr Angebot nutzen.

Besucherquellen

Haben Sie einen ersten Eindruck darüber gewonnen, wer Ihre Besucher sind, ist ein zweiter spannender Schritt, zu sehen, wie diese Besucher überhaupt auf Ihre Seite gelangt sind. Dabei empfiehlt sich ein Blick in die Keyword-Analysen der Suchmaschinenoptimierung sowie der bezahlten Kampagnen. Er zeigt Ihnen, wonach Ihre User gesucht haben, bevor sie auf Ihrer Seite gelandet sind. Also beispielsweise direkt nach Ihrer Brand, generell nach der Leistung, die Sie anbieten, oder aber nach einzelnen Produkten, die Sie verkaufen. In jedem Fall erfahren Sie an dieser Stelle eine ganze Menge über Ziel und Intention Ihrer Nutzer beim Aufsuchen Ihrer Seite. Zusammen mit den demografischen Informationen ergibt das schon ein wesentlich genaueres Bild über die User und vielleicht schon die ersten Ansätze für das Formulieren von Thesen.

Verhalten der Besucher

Noch spannender aber wird es, wenn Sie sich die Analysen des Besucherverhaltens genau ansehen. Dabei sehen Sie zunächst, wie lange die User durchschnittlich auf der Seite verweilen und wie viele Seiten sie sich dabei im Schnitt ansehen. Wie genau die User auf der Seite vorgehen, wird klar, wenn man sich den Verhaltensfluss ansieht. Das heißt, über welche (Einzel-)Seiten steigen sie in die Website ein, welche Seiten folgen und wann kommt idealerweise der Checkout. Daneben können Sie sich außerdem ansehen, wie sich die Nutzer auf einer einzelnen Seite, z. B. der Startseite verhalten, das heißt, wo sie klicken. In Google Analytics nennt sich dies InPage-Analyse. In anderen Tools tauchen häufig Begriffe wie Heat- oder

Klickmaps auf. Zuletzt ist dann noch die Analyse der Site Search spannend, also der shop- oder seiteninternen Suche. Interessant ist dabei zum einen, wie viele Nutzer davon überhaupt Gebrauch machen. Zum anderen aber vor allem auch, nach welchen Begriffen dabei am häufigsten gesucht werden.

Conversions

In dieser letzten Betrachtung aus der Webanalyse ist vor allem der Bereich interessant, der zeigt, welche Produkte von den Kunden am häufigsten gekauft werden. Was also sind Ihre Top-Seller? Bevor es im nächsten Abschnitt des Kapitels um die detaillierte Beschreibung der Absatz-Analyse geht, hilft der Blick in die Webanalyse, schon einmal vorab Top-Seller und Kernsortiment zu eruieren.

Im Rahmen dieser initialen Webanalyse sind Sie sicher auf Hinweise und Ansätze gestoßen, die es Ihnen ermöglichen, relevante Thesen zu formulieren. Notieren Sie sich Ihre Ergebnisse und Insights, damit sie im weiteren Verlauf nicht verloren gehen.

> **Tipp**
>
> Legen Sie sich ein Keynote- oder PowerPoint-Dokument an, in dem Sie zunächst Ihre Thesen, später aber auch all Ihre Insights, Learnings und weitere Fragestellungen dokumentieren. So gehen keine Informationen verloren und Sie haben stets einen Überblick über den Fortschritt Ihrer Arbeit.

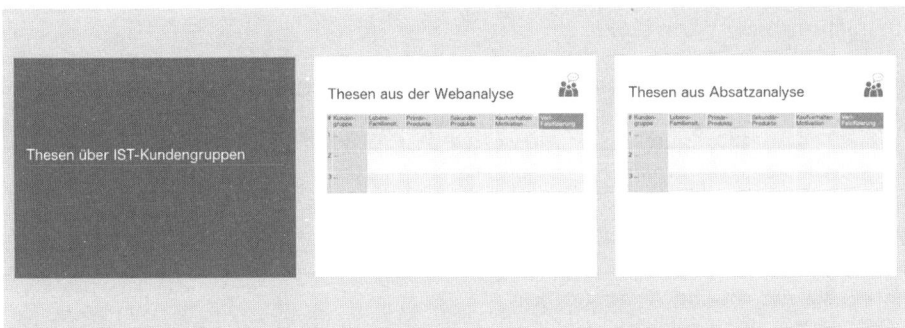

howtoCRM.de

Abb. 4.4: Vorschau eines Progress-Dokuments

4.4.2 Basis-Analysen

Diese Basis-Analysen beschäftigen sich in erster Linie mit dem Kaufverhalten der Kunden und damit mehr mit dem Kunden als Person als mit seinem Verhalten. Zum einen damit, welche Produkte allgemein am häufigsten bezogen werden, zum anderen damit, welche Sortimente vor allem Erstkäufe verursachen. Da – wie

Sie in Kapitel 1 gesehen haben – die Datenbanken die zuverlässigste Quelle für Transaktionsdaten sind, entstammen diese Analysen allesamt dem Data Warehouse (DWH). Beim Erstellen dieser Analysen wird es vor allem spannend, wie nahe die Ergebnisse an den von Ihnen definierten Idealkunden liegen. Im Rahmen dieses Soll-Ist-Vergleiches erkennen Sie, welches Gap und damit auch welche Potenziale und Probleme Stand heute vorliegen.

Absatz-Analyse

Wie bereits im vorigen Teil in der Webanalyse angedeutet, ist eine der spannendsten Analysen die der Produkte, die Ihre Kunden am häufigsten bei Ihnen beziehen. Es steht daher die Analyse des Kernsortiments (aus Kundensicht) an. Die Grundlage dafür bildet eine Auswertung über die Top-Seller-Produkte. Idealerweise betrachten Sie die obersten 10 % der meistverkauften Produkte im letzten Jahr. Mit der Beschränkung auf die Top 10 Prozent halten Sie den Umfang der Auswertung im Rahmen und stellen sicher, dass sie nicht zu unübersichtlich wird, ohne dabei relevante Informationen zu verlieren. Ist Ihr Sortiment noch sehr klein, so können Sie die Betrachtung auch auf die Top 20 Prozent erhöhen.

Der Betrachtungszeitraum von einem Jahr sollte mindestens eingehalten werden, allein schon um saisonale Unterschiede zu berücksichtigen. War die Sortimentsstruktur in der Vergangenheit relativ stabil, das heißt, gab es wenige Änderungen oder Neuzugänge im Produktportfolio, so kann der Betrachtungszeitraum auch bis auf drei Jahre ausgedehnt werden. Von einem noch längeren Betrachtungszeitraum ist abzuraten, da sich sowohl Kunden als auch Produkte über eine so lange Zeit zu stark verändern, wodurch die Aussagekraft der Analyse mit steigendem Betrachtungszeitraum sinkt.

Rang	Produkt-ID	Marke/ Hersteller	Produkt- bezeichnung	Hauptkategorie	Unterkategorie
1	7563	Nike	Air Max	Schuhe	Sneakers
2	9837	Levi's	Jeans 501	Hosen	Jeans
3	...	...	...	...	...

Tabelle 4.2: Ansicht einer Absatz-Analyse

Das Ausgabeformat der Auswertung ist dabei eine einfache Excel-Tabelle oder zumindest ein Format, das sich im Anschluss mit Excel bearbeiten lässt. Das unterstützt später dabei, die Daten noch weiter zu analysieren.

In der Ergebnis-Datei sollte neben der eindeutigen Produkt-ID (EAN etc.) auf jeden Fall auch die Produktbezeichnung mit aufgeführt sein. So sehen Sie direkt in der Ergebnisliste, um welche Produkte es sich handelt, und müssen dies nicht erst im Shop- oder PIM-System nachschlagen.

Hinweis

Bis hierhin ließe sich diese Auswertung auch aus dem Webanalyse-Tool erstellen. Jedoch sind die Exportmöglichkeiten – was weitere Attribute angeht – meist beschränkt, weswegen sich der direkte Export aus dem Data Warehouse (DWH) empfiehlt.

Ein weiteres, eigenes Feld für Marke bzw. Hersteller des Produkts hilft dabei, weitere Muster auf einer übergeordneten Ebene zu erkennen. Zum Beispiel Produkte der Marke X sind überdurchschnittlich oft unter den Top-Abverkäufen zu finden.

Grundsätzlich sollten bei Sortimentsanalysen immer auch die ersten beiden Kategorie-Ebenen, denen ein Produkt angehört, mit abgefragt werden. Diese können später über Filter genutzt werden und liefern so weitere Antworten, wie zum Beispiel welche Produkte sind die Wichtigsten innerhalb einer bestimmten Kategorie.

Das Briefing für diese Analyse an Ihre BI oder Ihre Analysten sieht demnach wie folgt aus:

howtoCRM.de

BI-Briefing – Absatz-Analyse

Top 10 Prozent aller Produkte

im letzten Jahr

am häufigsten verkauft wurden

auf Produkt-ID- (EAN- etc.) Ebene

absteigend nach Absatz sortiert

mit den folgenden Attributen:

- Rang
- Produkt-ID (EAN etc.)
- Marke/Hersteller
- Produktbezeichnung
- Hauptkategorie (Kategorie-Ebene 1)
- Unterkategorie (Kategorie-Ebene 2)

First-Order-Trigger

Eine weitere spannende Grundlagen-Auswertung, die beim Entwickeln von Thesen über vorhandene Kundengruppen hilft, ist eine Analyse darüber, welche Produkte die Kunden initial dazu bewegen, in Ihrem Shop einzukaufen. Also zu erfahren, warum Kunden überhaupt zu Kunden werden. Um diese Frage zu beantworten, muss man sich die Zusammensetzung der Erstkäufe ansehen. So lassen sich Motive erkennen bzw. eben Thesen darüber entwickeln, *warum* Kunden im eigenen Webshop einkaufen.

Die Auswertung gestaltet man am besten so, dass man pro Produkt den prozentualen Anteil berechnet, zu dem es an Erstbestellungen beteiligt ist. Auch hier nicht zu vergessen: der Export aller relevanten Attribute aus den vorangegangenen Sortimentsanalysen. Das Ergebnis sieht dann beispielsweise wie folgt aus:

Rang	Produkt-ID	Produkt	Hauptkategorie	Unterkategorie	Anteil an Erstorders
1	7392	...	...	...	4,20%
2	4095				3,27%
3	1284				3,13%
4	7385				2,89%
5	9884				2,05%
6	0243				1,76%
7	3418				1,75%
8	2834				1,71%
9	5233				1,51%
10	2290				1,47%
11	7594				1,42%
...					

Tabelle 4.3: Beispiel einer First-Order-Trigger-Analyse auf Produktebene

Neben der Betrachtung auf Einzelproduktebene sollte auch hier eine zweite Analyse erstellt werden, die die Beteiligung ganzer Kategorien an Erstkäufen darstellt. Dadurch wird deutlich, welcher Sortimentsbereich im Fokus der Erstkäufer steht.

Pro Top-Kategorie für Erstorders lassen sich dann die einzelnen Produkte dahinter analysieren.

Betrachtung der Haupt- oder Unterkategorien?

In der Regel eignet sich die Betrachtung der Unterkategorien, da die darin enthaltenen Produkte meist homogener sind und sich daher eher semantische Rückschlüsse auf die Motivation der Erstkäufe ziehen lassen.

Eine Möglichkeit, sich der Interpretation dieser – im ersten Schritt riesig erscheinenden – Datentabellen anzunähern, ist folgende:

Zunächst ziehen Sie die Auswertung auf Kategorie-Ebene heran, die z.B. wie in Tabelle 4.4 gezeigt, aussehen könnte.

Rang	Kategorie	Anteil an Erstkäufen
1	A	28,6%
2	B	27,8%
3	C	11,2%
4	D	9,2%
5	E	7,5%
6	F	7,0%
7	G	6,9%
8	H	5,8%
9	I	5,6%
10	J	5,5%
11	K	5,4%
12	L	5,3%
13	M	5,0%
14	N	4,9%
15	O	4,6%
16	P	4,1%
17	Q	4,0%
18	R	3,7%
19	S	3,7%
20	T	3,5%
21	U	3,2%
22	V	3,2%
23	W	3,1%
...	...	

Tabelle 4.4: Beispiel First-Order-Trigger-Analyse auf Kategorie-Ebene

Damit Sie sich nachher in der Analyse tatsächlich nur auf die wichtigsten Trigger-Produkte fokussieren können, sollten Sie die Top-Kategorien, die Erstkäufe beeinflussen, definieren.

In der Tabelle ist dies durch die unterschiedlichen Schattierungen zu erkennen. Die Top-Kategorien sind die dunkler schattierten Kategorien A und B (Rang 1 und 2), die mit jeweils knapp 29% und 28% an Erstkäufen beteiligt sind und damit einen deutlich höheren Anteil einnehmen als die nachfolgenden. Die etwas heller schattierten Kategorien C bis G (Rang 3 bis 7) sind alle, die an rund 7% oder mehr der Erstbestellungen beteiligt sind. Sie werden ebenfalls als wichtig erachtet und im nächsten Schritt genauer analysiert. Alle darunter liegenden werden nicht weiter betrachtet.

Um die Grenzen sinnvoll ziehen zu können, hilft die Darstellung der Verteilung als Kurve.

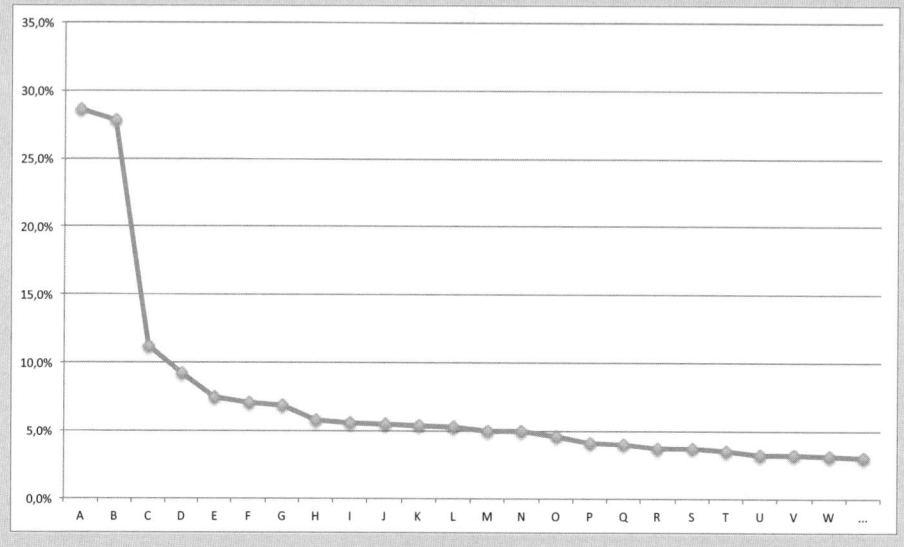

Abb. 4.5: Diagramm-Darstellung der Kategorie-Anteile an Erstkäufen

Nun können Sie im nächsten Schritt die jeweiligen Produkte innerhalb der Top-Trigger-Kategorien genauer analysieren. Hierzu filtern Sie einfach die Auswertung auf Einzelproduktebene nach der jeweiligen Kategorie.

Rang	EAN	Marke	Produkt	Anteil Erstkäufe	Hauptkategorie	Unterkategorie
1	758			4,20%		A
2	874			3,27%		A
4	623			2,89%		A
8	133			1,42%		A
11	479			1,30%		A
14	467			1,22%		A
17	384			0,99%		A
19	065			0,92%		A
27	634			0,89%		A
48	673			0,62%		A

Tabelle 4.5: Einzelproduktebene der First-Order-Trigger-Analyse

Rang	EAN	Marke	Produkt	Anteil Erstkäufe	Hauptkategorie	Unterkategorie
68	665			0,45%		A
75	937			0,43%		A
76	546			0,43%		A
...	...			...		...

Tabelle 4.5: Einzelproduktebene der First-Order-Trigger-Analyse (Forts.)

Im Beispiel der Tabelle 4.5 wurde nach der Top-Kategorie A gefiltert. Dabei sieht man nun, welche Produkte im Detail dafür verantwortlich sind, dass diese Kategorie in Summe an knapp 30% aller Erstkäufe eine Rolle spielt. In diesem Fall wurden – wie die Schattierung zeigt – alle Produkte als »relevant« erachtet, deren Anteil an First-Orders über einem Prozent liegt. Man könnte hier auch nur die ersten drei Produkte wählen, da sie an knapp bzw. deutlich über drei Prozent der Erstbestellungen beteiligt sind. Das muss aber individuell pro Einzelfall entschieden werden und hängt meist davon ab, welche Produkte sich im Ranking befinden.

Generell sieht man an dieser Stelle meist zwei Phänomene. Entweder es gibt tatsächlich vier bis sechs Produkte, die den Hauptteil ausmachen, oder aber jedes Produkt hat für sich nur einen sehr geringen Anteil, der in Summe aber entscheidend ist. Letzteres geschieht meist, wenn es innerhalb einer Kategorie und damit meist innerhalb einer Produktgruppe keinen Marktführer bzw. kein marktdominierendes Produkt gibt.

Praxis-Tipp

Wenn

Sie Kategorien haben, innerhalb derer es keine marktdominierenden Produkte gibt,

dann

legen Sie den Fokus auf die Promotion der gesamten Kategorie statt auf einzelne Produkte.

In diesem Fall sollten Sie künftig also mehr Fokus auf die Promotion der Kategorie an sich als auf einzelne darin enthaltene Produkte legen.

Eine Markierung der Top-Trigger-Produkte ist empfehlenswert. Sie zeigt – nach Entfernen der Filter – auch diejenigen Top-Trigger-Produkte auf, die nicht Bestandteil einer Top-Trigger-Kategorie sind, wie beispielsweise Rang 10 in Tabelle 4.6 zeigt.

Rang	EAN	Produkt	Hauptkategorie	Unterkategorie	Anteil Erstkäufe
1	628			A	4,20%
2	634			A	3,27%
3	854			B	3,13%
4	232			A	2,89%
5	125			C	2,05%
6	768			C	1,76%
7	665			E	1,75%
8	775			G	1,71%
9	836			B	1,51%
10	583			N	1,47%
11	254			A	1,42%
12	257			F	1,32%
13	426			A	1,30%
14	423			E	1,30%
15	441			A	1,22%
16	869			B	1,19%
17	906			D	1,09%
18	776			B	1,06%
19	096			B	1,05%
20	053			A	1,01%
21	463			A	0,99%
22	337			D	0,95%
23	641			B	0,93%
24	742			B	0,93%
25	784			A	0,92%
...	...			...	...

Tabelle 4.6: Gesamtübersicht der Top-First-Order-Trigger

Im Rahmen dieser First-Order-Trigger-Analyse wird sich Ihr Repertoire an Thesen noch einmal deutlich vergrößern.

Praxis-Tipp

Dokumentieren Sie auch nach dieser Analyse Ihre erzielten Learnings in Ihrem Progress-Dokument. Formulieren Sie Ihre neu gewonnenen Insights. Ergänzen Sie weiterführende Fragen.

Das Briefing für die Auswertung der First-Order-Trigger ist in diesem Fall zweigeteilt und sieht wie folgt aus:

BI-Briefing – First-Order-Trigger-Analyse

Teil 1 – Produktebene

Top 10 Prozent aller Produkte, die prozentual am häufigsten in Erstbestellungen gekauft wurden

im letzten Jahr

auf Produkt-ID- (EAN- etc.) Ebene

absteigend nach dem Anteil an Erstorders sortiert

mit den folgenden Attributen:

- Rang
- Produkt-ID (EAN etc.)
- Marke/Hersteller
- Produktbezeichnung
- Anteil an Erstorders in Prozent
- Hauptkategorie (Kategorie Ebene 1)
- Unterkategorie (Kategorie Ebene 2)

Teil 2 – Unterkategorie Ebene

Unterkategorien, die prozentual am häufigsten in Erstbestellungen gekauft wurden

im letzten Jahr

absteigend nach dem Anteil in Erstorders sortiert

mit den folgenden Attributen:

- Rang
- Unterkategorie
- Anteil an Erstorders in %

4.4.3 Stichproben

Bei den Stichproben ist es zunächst entscheidend, dass man gezielt Gruppen auswählt bzw. eingrenzt, innerhalb derer man zufällig Stichproben auswählt. Dazu eignen sich im ersten Schritt sogenannte Top- bzw. Flop-Listen.

Top/Flop-Kunden

Dahinter verbirgt sich der Ansatz, sich die jeweils besten sowie schlechtesten Kunden einer bestimmten Gruppe anzusehen, um einen Einblick zu bekommen, welche Kundentypen heute bereits zu den besten bzw. schlechtesten Kunden gehören. Die relevanten Gruppen bzw. Kriterien, innerhalb derer die besten bzw. schlechtesten Kunden betrachtet werden, sind dabei folgende:

- Anzahl Bestellungen
- Umsatz
- Durchschnittliche Höhe des Warenkorbs
- Marge

Für die Basis-Auswertung dieser Top/Flop-Listen, die Sie von Ihrer BI anfordern müssen, ist es wichtig, dass Ihnen als Attribut diejenige Customer-ID ausgegeben wird, nach der Sie später im Order-Backend suchen können. Die Auswertungen enthalten dabei jeweils die Top 15 Prozent der besten (Top) sowie der Top 15 Prozent der schlechtesten (Flop) Kunden, die im letzten Jahr bestellt haben – und zwar jeweils für jedes der genannten Kriterien. Sobald Ihnen diese Auswertungen vorliegen, machen Sie sich an die Arbeit und sehen sich pro Liste ca. zehn bis 15 Stichproben an. So lange dauert es meist, bis Sie Muster erkennen und sehen, dass sich diese stets wiederholen. Aus diesen Stichproben generieren Sie nun also Thesen über vorhandene Kundengruppen.

Bei den Stichproben der jeweils besten Kunden erkennt man diejenigen Kundengruppen und deren Motive, die man mit dem Status-quo-Angebot und den heutigen Aktivitäten bereits bestens bedient. Die besten Kunden hinsichtlich Absatz, Umsatz und Marge geben damit zugleich ein erstes, realistisches CRM-Zielbild, d.h. eine Idee davon, wohin mittelmäßige bzw. schlechte Kunden entwickelt werden können und sollen. Dies stellt eine Ergänzung durch die bereits von Ihnen frei definierten Idealkunden dar. Durch den daraus resultierenden Soll-Ist-Vergleich identifizieren Sie sogleich Potenziale, die zu heben sind, um die heute bereits schon sehr guten Kunden noch weiterzuentwickeln. Sie sehen außerdem, wie realistisch Ihre Einschätzung bei der Definition der Idealkunden war und ob Sie hinsichtlich Kaufhäufigkeit etc. ggf. zu konservativ oder aber zu optimistisch waren.

Im Vergleich dazu helfen die jeweils schlechtesten Kunden aus diesen Gruppen, Probleme zu erkennen, die diese Kunden daran hindern, sich von schlechten zu guten Kunden zu entwickeln. Auch sie liefern einen Überblick darüber, mit welchen Kundentypen Sie es zu tun haben könnten.

Im Detail verraten Ihnen diese vier Kriterien Folgendes: Die besten Kunden hinsichtlich der Anzahl ihrer Bestellungen sind Ihre tatsächlich besten Kunden, und zwar aus Kundensicht. Das heißt, wenn Sie diese Kunden nach ihrer Einschätzung fragen, ob sie bei Ihnen zu den guten oder schlechten Kunden gehören, wird die Antwort immer »zu den guten natürlich« lauten. Denn Kunden haben von Margen, die sie hinterlassen, beispielsweise keine Vorstellung, sie kennen nur ihr

Kaufverhalten und dies zeugt von einer überdurchschnittlichen Kauffrequenz. Sie sind demnach Ihre treuesten Kunden und das ist es schließlich, wofür wir im CRM unter anderem arbeiten: treue, loyale Kunden. Daher ist diese Analyse für Sie am entscheidendsten.

Umsatz und die durchschnittliche Höhe des Warenkorbs geben meist noch mal weiterführende Hinweise auf das Einkaufsverhalten der Kunden. Man denke an die Typen Vorratskäufer vs. Last-Minute-Bedarfskäufer. Außerdem sind sie meist Ideengeber für mögliche Cross-Selling- und Upselling-Kampagnen.

Die Analyse der Top-Margen-Kunden zeigt Ihnen, welche Kundengruppen es künftig auszubauen gilt, wenn es darum geht, die Profitabilität zu steigern. Ebenso sehen Sie unter den Flop-Kunden, welche Kundengruppen Ihr tatsächlicher Albtraum – also eher zu vermeiden – sind.

Das Briefing an Ihre BI für die Erstellung der Top/Flop-Analysen sieht wie folgt aus.

howtoCRM.de

BI-Briefing – Top/Flop-Analyse

Top-Analysen:

15% der Kunden

auf Kunden-ID- (tbd.) Ebene

die im letzten Jahr

bezogen auf folgende Attribute die besten waren:

- Anzahl der Bestellungen
- Umsatz
- Höhe des durchschnittlichen Warenkorbs pro Bestellung
- Marge
- (Ergibt 4 Dateien)

Flop-Analysen:

15% der Kunden

auf Kunden-ID- (tbd.) Ebene

die im letzten Jahr

bezogen auf folgende Attribute die schlechtesten waren:

- Anzahl der Bestellungen
- Umsatz
- Höhe des durchschnittlichen Warenkorbs pro Bestellung
- Marge
- (Ergibt 4 Dateien)

First-Order-Trigger

Die im vorangegangenen Abschnitt beschriebenen First-Order-Trigger-Analysen können sich ebenfalls dazu eignen, Gruppen für Stichproben zu bilden.

Sind Sie während der Basis-Analyse auf interessante Erstkäufer-Typen gestoßen, also Kunden, deren Erstkauf mit Produkt X oder Marke Y stattgefunden hat, können Sie sich von diesen Kunden Listen exportieren und gezielt Stichproben machen. Dabei erhalten Sie ebenfalls einen tieferen Einblick in die entsprechenden Kundentypen.

4.5 Thesen richtig formulieren

Nach entsprechender Webanalyse, den Basis-Analysen sowie den Stichproben ist es nun wichtig, die Thesen einmalig sauber zu formulieren. Das hilft im Anschluss dabei, die einzelnen Bestandteile der Thesen mit entsprechenden KPIs zu unterfüttern und so analysierbar zu machen. Folgende Eigenschaften sollten Sie dabei genauer spezifizieren:

1. Wer?
   - Finden Sie eine Bezeichnung für die Kundengruppe. Das macht es beim Erarbeiten und im späteren Verlauf einfacher im Dialog mit Sparringspartnern und Kollegen. Es diszipliniert Sie außerdem, Thesen zu Kundengruppen im eigentlichen Sinn zu bilden und nicht zu generisch zu werden (siehe Negativbeispiel unten).

2. Lebens- bzw. Familiensituation
   - Diese Überlegung hilft, sich besser in den Kunden hineinzuversetzen, vor allem, wenn es später an das richtige Messaging geht. Sie impliziert zugleich, für wen diese Gruppe die Einkäufe tätigt.

3. Produkte, die primär gekauft werden
   - Hier beschreiben Sie, welches – wenn vorhanden – das Kernprodukt oder die Kernproduktgruppe ist, die die Kundengruppe hauptsächlich bei Ihnen bezieht.

4. Produkte, die dazu gekauft werden
   - Hier stellen Sie die Überlegung an, welche Produkte – neben den Primär-Produkten – auch noch im Warenkorb landen. Achten Sie aber darauf, dass es hier um eine Ist-Beschreibung geht. Das heißt darum, welche Sekundär-Produkte die Kundengruppen wirklich beziehen und nicht darum, welche zu ihnen passen würden.

5. Kaufhäufigkeit bzw. Motivation
   - Zuletzt stellen Sie noch eine Hypothese darüber auf, wie oft eine Gruppe bei Ihnen einkauft. Das geht meist einher mit der Motivation, die hinter den Einkäufen steckt, wie in den nachfolgenden Beispielen gleich noch genauer ersichtlich wird.

Wichtig

Beim Formulieren der Thesen geht es nicht um die Definition klassischer Personas. Es geht vielmehr darum, sich Gedanken über die Merkmale zu machen, die in direktem Kontext zu Ihrem Produkt – also Ihrer Website bzw. Ihrem Webshop – stehen. Wie eine Kundengruppe beispielsweise wohnt, ist lediglich für Möbel- bzw. Deko-Shops relevant, nicht jedoch für einen Sportartikelanbieter. Gleiches gilt für den Beruf, der ausgeübt wird. Hat dieser direkten Einfluss auf den potenziellen Bedarf am eigenen Produkt, ist eine Definition sinnvoll. Ist dem nicht so, kann darauf verzichtet werden.

Die nachfolgenden Beispiele formulierter Thesen über Kundengruppen in Abbildung 4.5 veranschaulichen die Erläuterungen. Das erste Beispiel bezieht sich dabei auf einen Sportartikel-Anbieter, die nachfolgenden auf einen Lebensmittel-Online-Shop.

Shop	Kundengruppe	Lebens- bzw. Familiensituation	Primär-Produkte	Sekundär-Produkte	Kaufhäufigkeit/ Motivation
Sport	One-Time Price Comparison Shopper	Single	Running-Schuhe	keine	hat nur ein Mal dieses eine Produkt gekauft, weil es am günstigsten war
Lebens-mittel	Regular-Shopper Getränke	Familie oder Paar	Getränke (Wasser, Bier, etc.)	Toilettenpapier, Küchenpapier, Spülmittel	kauft regelmäßig Getränke und haltbare Vorratsartikel, die aufwendig zu transportieren sind
Lebens-mittel	One-Time Event-Shopper	Familie/ Paar/ Single	Party-/ Dinner-Einkäufe	keine	kauft einmalig für eine Party oder eine große Einladung ein, danach nicht mehr
Lebens-mittel	Regular-Shopper Komplett-Bedarf	Familie/ Paar/ Single	Milch, Obst, Gemüse, Joghurt, Saft, Butter, Wurst, Käse, Brot	Kaffee, Marmelade, alkoholische Getränke, Fleisch	erledigt regelmäßig Wocheneinkäufe

Abb. 4.6: Positiv-Beispiele von Thesen über Kundengruppen

Im Gegensatz dazu wäre ein Negativ-Beispiel das folgende:

Negativbeispiel

»Kunden mit vielen Produkten im Warenkorb haben eine höhere Wiederkaufswahrscheinlichkeit.«

Warum ist diese These ein Negativ-Beispiel? Sie ist eben viel zu generisch, um *eine* Kundengruppe zu beschreiben. Sie könnte auf jeden Kundentypus zutreffen und sagt nichts über den potenziellen bzw. tatsächlichen Bedarf dieser Kunden aus. Daraus ließen sich demnach auch keine Maßnahmen zur Steigerung des Kundenwerts ermitteln.

4.6 Scoring-Modell zur Priorisierung der Thesen

Sobald alle Hypothesen gebildet sind, stellt man häufig fest, dass es zu viele sind, als dass man sie sinnvollerweise alle (im ersten Schritt) untersucht. An dieser Stelle muss man also priorisieren. Dabei hilft folgendes Scoring-Modell, in dem Sie Ihre Thesen nach drei unterschiedlich gewichteten Kriterien einordnen.

- Wahrscheinlichkeit – 50%

  Wie wahrscheinlich ist es, dass sich diese These als wahr herausstellt?

- Größe – 30%

  Wie groß schätzen Sie diese potenzielle Kundengruppe im Verhältnis zur Gesamtheit aller Kunden ein?

- Wert – 20%

  Wie wertvoll – im Sinne von Umsatz bzw. Marge – schätzen Sie die jeweilige Gruppe ein?

Dass die Wahrscheinlichkeit dabei am höchsten gewichtet wird, ist klar. Die weitere Analyse einer These, an die Sie selbst nicht glauben, ist wenig zielführend. Die beiden Kriterien Größe und Wert geben jeweils einen Hinweis darüber, wie zuträglich die jeweiligen Gruppen dem Business-Value sind. Da jedoch eine sehr wertvolle Gruppe, die sehr klein ist, einen geringeren potenziellen Value hat als eine weniger ertragreiche, dafür aber größere Gruppe, erhält das Kriterium Größe mehr Gewichtung, nämlich 30% gegenüber dem Kriterium Wert mit 20%. Letzteres lässt sich außerdem weniger exakt einschätzen als der höher gewichtete Faktor Größe.

Vergeben Sie nun jedem der drei Kriterien einen Wert zwischen 1 und 5. Tragen Sie Ihre Thesen zusammen mit ihren Bewertungen strukturiert in eine Excel-Tabelle ein. So erhalten Sie folgendes Ergebnis.

These	Wahrscheinlichkeit 0,5	Größe 0,3	Wert 0,2	Score
A	4	5	3	4,1
B	3	4	4	3,5
C	5	1	5	3,8
...				

Tabelle 4.7: Scoring-Modell zur Priorisierung der Thesen

Das Modell bewertet also eine These (A), die mit einer hohen Wahrscheinlichkeit auf eine sehr große Kundengruppe zutrifft und mit einem mittleren Wert bewertet wird, am höchsten. Eine Gruppe (B), die mit mittlerer Wahrscheinlichkeit existiert, aber auf eine große Anzahl an Kunden mit hohem Wert zutrifft, wird jedoch nachrangig zu jener Gruppe (C) behandelt, die eine sehr hohe Wahrscheinlichkeit sowie einen sehr hohen Wert besitzt, jedoch nur auf eine sehr kleine Menge an Kunden potenziell zutrifft.

Nach der Vergabe der Einzelbewertungen sortieren Sie die Thesen absteigend nach ihrem finalen Score und fertig ist die Priorisierung. Damit ist klar, wo Sie mit Ihrer Analyse beginnen müssen.

4.7 Analysen zur Veri-/Falsifizierung der Thesen

Nach Erstellung aller Thesen, die zwar durch einige Analysen unterstützt wurden, jedoch nach wie Hypothesen sind, müssen diese nun durch eine umfassende Datenanalyse verifiziert oder eben widerlegt werden, um tatsächlich vorhandene Kundengruppen zu identifizieren. Durch die Erarbeitung der Thesen jedoch ist es nun relativ einfach, die *richtigen* Fragen an die Datenanalyse zu stellen.

4.7.1 KPIs pro These

Um eine inhaltlich formulierte These in eine zu analysierende Fragestellung zu übersetzen, müssen die einzelnen Bestandteile der These in überprüfbare Key Performance Indicators – kurz: KPIs übersetzt werden.

Erläutern lässt sich dies am besten anhand eines Beispiels (siehe Abbildung 4.7).

Shop	Kundengruppe	Lebens- bzw. Familiensituation	Indikator-Produkte	Sekundär-Produkte	Kaufhäufigkeit/ Motivation
Lebens-mittel	Regular Shopper Getränke	Karriereorientiert	Getränke (Wasser, Bier etc.)	Toilettenpapier, Küchenpapier, Spülmittel	kauft regelmäßig Getränke und haltbare Vorratsartikel, die aufwendig zu transportieren sind
KPI			Produkt–ID Marken (Unter-)Kategorien	Produkt–ID Marken (Unter-)Kategorien	Anzahl der Bestellungen pro Zeitraum

Abb. 4.7: KPI-Definition für die These »Regular Shopper«

Für die Analyse zunächst entscheidend sind die Produkte, die diese Kundengruppe primär ausmacht. Sie sind das Identifikationsmerkmal dieses Kundentypus. Generische Begriffe wie »Getränke« müssen an der Stelle nun in konkrete Produkt-IDs übersetzt werden. Häufig lassen sie sich auch über die Definition von

Marken oder Shop-Kategorien zusammenfassen. Gleiches gilt für die Sekundär-Produkte. Auch sie müssen über Produkt-IDs, Marken oder Kategorien genau spezifiziert werden.

Dritter Punkt ist die Kaufhäufigkeit. Der Begriff »regelmäßig« muss ebenfalls in eine konkrete Zahl übersetzt werden – in diesem Fall also beispielsweise 1 Mal pro Monat.

Da die Kaufhäufigkeit jedoch durchaus variieren kann, das heißt, die Kundengruppe vom Typus her dieselbe bleibt, auch wenn der Einkauf z. B. nur jeden zweiten Monat stattfindet, kann hier eine generische Abfrage zur Kaufhäufigkeit erstellt werden, die dann Rückschlüsse auf den tatsächlichen Turnus zulässt. Sie sieht wie folgt aus:

howtoCRM.de

BI-Briefing: Standard-Abfrage zur Kaufhäufigkeit

- Pro Kundengruppe/These
- Betrachtungszeitraum: die letzten ein bis drei Jahre
- Anzahl der Kunden in dieser Gruppe (anhand der Primär-Produkte)
- durchschnittliche Anzahl der Bestellungen
- Anzahl der Kunden mit nur einem Kauf (= Erstkauf)
- Anzahl der Kunden mit mehr als drei Käufen (nach Erstkauf)
- durchschnittlicher Warenkorbwert
- durchschnittliche Anzahl der Artikel im Warenkorb

Mit diesen Informationen lässt sich dann erkennen, welche Kauffrequenz tatsächlich vorherrscht. Sie geben außerdem Anhaltspunkte für weiterführende Analysen, wenn beispielsweise die Warenkörbe in Anzahl Items und/oder Wert deutlich höher sind, als die These vermuten ließ.

Außerdem entscheidend für eine potenzielle Kundengruppe ist deren Relevanz, also wie groß die Kundengruppe ist bzw. welches Umsatz-Volumen sie hat.

Denn diese beiden Zahlen entscheiden, ob die Kundengruppe überhaupt groß genug ist, um relevante Wertsteigerungen für das Unternehmen zu ermöglichen und ob dementsprechend tiefgreifendere Analysen vorzunehmen sind. Sie gibt später auch die Priorisierung vor, wenn es an die Maßnahmen-Planung für die jeweiligen Kundengruppen geht.

BI-Briefing: Standard-Abfrage zur Relevanz

- Größe der Kundengruppe (anhand der Identifikation der Primär-produkte)
- erzielter Umsatz der Kundengruppe im betrachteten Zeitraum

Diesen Prozess wiederholen Sie nun für die ersten zehn Ihrer priorisierten Thesen und übergeben sie so an Ihre Business Intelligence zur Analyse.

4.7.2 Analyse

Wie bereits angedeutet, sind die beiden entscheidenden Zahlen aus der Analyse zunächst die Anzahl der in der definierten Gruppe enthaltenen Kunden sowie deren Umsatzvolumen. Erstere sagt zunächst einmal aus, ob sich die These bewahrheitet hat und die Kundengruppe tatsächlich existiert (das heißt, ob in der definierten Gruppe überhaupt Kunden sind) oder eben nicht. Ist Letzteres der Fall, kann die These gestrichen werden. Ist Ersteres der Fall, so ist die Größe der Kundengruppe sowie ihr Umsatz-Volumen ausschlaggebend dafür, wie relevant die Kundengruppe ist. Kundengruppen mit sehr vielen Kunden und einem hohen Umsatzvolumen sind dabei natürlich deutlich relevanter als diejenigen mit weniger Kunden oder einem geringeren Volumen.

Ihr erstes Ergebnis ist nun also ein Ranking an verifizierten (tatsächlich vorhandenen) Kundengruppen absteigend nach ihrer Größe und ihrem Umsatzvolumen und damit ihrer Relevanz. Durch die im vorigen Abschnitt genannten KPIs zur Kaufhäufigkeit liegen Ihnen zu diesen Gruppen bereits weitere Eckdaten und damit Informationen vor.

Der nächste Schritt liegt darin, Maßnahmen und Kampagnen für die jeweiligen Kundengruppen zu entwickeln, die dazu dienen, den Wert dieser einzelnen Gruppen für das Unternehmen zu erhöhen. Dabei ist es sinnvoll, so viele Informationen wie möglich über die einzelnen Gruppen zu haben.

Um bei den bereits beispielhaft definierten Thesen zu bleiben, gehen wir davon aus, dass die Kundengruppe »Regular Shopper Getränke« in relevanter Größe existiert. So ergeben sich direkt zwei relevante Anschlussfragen:

Erstens: Welche weiteren Produkte kaufen Kunden, die Getränke kaufen? Das Ergebnis liefert die Antwort darauf, welche Sortimentsbereiche in entsprechenden Cross-Selling-Kampagnen zuerst getestet werden sollten. Ebenso empfiehlt es sich, explizit die Kunden zu analysieren, die in der Gruppe sind, aber bereits mehr als drei Mal eingekauft haben. Sie sind die Paradebeispiele der Gruppe. Ihr Kaufverhalten kann als Anhaltspunkt dafür dienen, was Kunden der Gruppe, die bisher nur ein Mal gekauft haben, auch interessieren könnte.

Zweitens: Handelt es sich bei dieser Kundengruppe in der Mehrheit um Familien, berufstätige Paare oder doch Singles, die im Formulieren der Thesen außen vor gelassen wurden, weil die Wahrscheinlichkeit aufgrund des eingeschränkten Bedarfs deutlich geringer ist, sodass sich die Inanspruchnahme einer Lieferung womöglich nicht lohnt? Um das herauszufinden, steht eine genauere Analyse der Warenkörbe an. Heißt, in welchen Mengen werden welche Getränke erworben, finden sich darunter (Klein-)Kind-spezifische Getränke etc. Das Ergebnis liefert Antwort darauf, wie Kampagnentests hinsichtlich des Messagings aufzusetzen sind.

Je nachdem, welche Ergebnisse Sie erhalten, kann es sein, dass sich weiterführende Fragen ergeben. Diese können Sie dann in einem weiteren Schritt analysieren. Jedoch nur, wenn Sie aus der Antwort konkret Handlungsschritte ableiten können. Gerne verliert man sich an dieser Stelle nämlich in unendliche Fragestellungen und Auswertungen.

Daher ist es absolut erfolgskritisch, dass bei der Analyse – wie beschrieben – Top-down vorgegangen wird. Sich mit Detailfragen zu einer potenziellen Kundengruppe aufzuhalten, obwohl noch gar nicht klar ist, dass sie tatsächlich existiert und eine relevante Größe hat, ist schlicht ineffizient und am Ende frustrierend.

Es ist außerdem ratsam, die BI-Abteilung oder die Daten-Analysten nicht direkt mit allen zehn Briefings zur Analyse zu »überfallen«. Starten Sie mit den ersten fünf Briefings. Anhand der Ergebnisse sehen Sie dann auch direkt, ob Ihre Briefings exakt genug waren und zu aussagekräftigen Ergebnissen geführt haben oder ob Sie noch nachjustieren müssen.

4.8 Kundenprofile erstellen

Nach erfolgreicher Analyse *wissen* Sie nun, welche Kundengruppen Ihnen in welcher Größe vorliegen, wie oft diese bei Ihnen einkaufen und welchen Bedarf Sie aktuell decken.

Erstellen Sie dementsprechend für jede identifizierte Gruppe ein Profil, indem Sie die Ergebnisse aus der Analyse zusammenfassen. Das wird Ihnen später dabei helfen, entsprechende Maßnahmen und Kampagnen für die relevanten Gruppen zu konzipieren.

Wer	Regular Shopper Getränke
Lebenssituation (=Bedarfsdeckung für)	Familie
Primär-Bedarf	Getränke (Wasser, Bier, Säfte)
Sekundär-Bedarf	Wein, Toilettenpapier, Spülmittel, Küchenpapier, Waschmittel
Motivation	Einkauf erfolgt für die gesamte Familie
	Es werden in erster Linie Artikel gekauft, die schwer oder zu groß zum Transportieren sind und sich auf Vorrat kaufen lassen
# Kunden	20.000, 20%
Umsatzvolumen	3.000.000 EUR
# Kunden mit 1 Order	8.000, 40%
# Kunden mit >3 Orders	6.000, 20%
Avg. # Orders	3
Avg. Warenkorb-Items	8
Avg. Warenkorb-Wert	80 EUR

Abb. 4.8: Kundenprofil nach erfolgreicher Analyse

Dabei tragen Sie der Reihe nach, wie in Abbildung 4.8 dargestellt, die Informationen ein, die Sie über die Kundengruppe in der Analyse herausgefunden haben. Zunächst also, »Wer« die Kundengruppe ist. Im Beispiel gehen wir davon aus, dass sich die These der »Regular Shopper Getränke« bestätigt hat. Aus den in der These angenommenen Primär-Produkten wird der Primär-Bedarf, den diese Kunden haben, das heißt, weswegen sie primär bei Ihnen einkaufen. Die Sekundär-Produkte werden entsprechend zum Sekundär-Bedarf. Das heißt der Bedarf, der »on top« oder »am Vorbeiweg« gedeckt wird. Des Weiteren formulieren Sie die Motivation, die hinter dem Einkauf der Kundengruppen steckt. Das heißt, *warum* deckt diese Kundengruppe genau diesen Teil ihres Bedarfs bei Ihnen. Was also ist die Motivation, genannte Sortimente bei Ihnen zu beziehen? (Der Teil ist zugegebenermaßen nicht rein analytisch zu beantworten, hilft Ihnen aber dabei, sich ein Bild von der Gruppe vor Ihrem geistigen Auge zu machen.)

Der zweite Teil des Profils besteht aus den Zahlen, die Sie aus der Analyse – wie in Abschnitt 4.7.1 beschrieben – hervorgebracht haben. Also:

Gruppengröße und Umsatzvolumen

- Sie geben Ihnen Auskunft über die Relevanz und damit Priorität in der Bearbeitung = Wertsteigerung der Gruppe.

Kunden mit einer Bestellung

- Ist diese Zahl sehr hoch, liegt das größte Potenzial für die Wertsteigerung der Gruppe vor allem im Triggern von Folgekäufen, also in der Steigerung der Kauf*frequenz*.

Kunden mit mehr als drei Bestellungen

- Ist diese Zahl bereits sehr hoch, so liegt das größte Potenzial für die Wertsteigerung mehr im Upselling bzw. in der Steigerung des *Volumens* pro Einkauf.

Average Anzahl Bestellungen, Warenkorbwert und Warenkorb-Items

- Auch diese drei Durchschnittszahlen geben Ihnen jeweils Hinweise darauf, an welcher Stelle Sie ansetzen müssen, z.B. an der Anzahl der Items oder eher am Upselling auf höherpreisige Sortimente.

Achtung

Häufig entsprechen gerade Durchschnittswerte wie die Anzahl der Bestellungen, Warenkorbwert und Warenkorb-Items den Durchschnittswerten *aller* Kunden. Das liegt meist daran, dass das Verhältnis von guten und schlechten Kunden innerhalb einer Kundengruppe dem Verhältnis der gesamten Kundschaft entspricht. Die Kundengruppen teilen dann zwar eine gemeinsame Eigenschaft (sie kaufen alle Getränke), entsprechen aber hinsichtlich Qualität (Items, Warenkorbwert etc.) der durchschnittlichen Gesamt-Kundschaft, sind also noch zu generisch.

Praxis-Tipp

Wenn

die Average-KPIs Ihrer Kundengruppen dem Gesamt-Kunden-Durchschnitt gleich sind,

dann

müssen Sie die Kundengruppen ggf. noch spezifischer definieren bzw. eingrenzen.

Damit ist nun der erste Teil des Kundenprofils erstellt. Dieses Profil ist von nun an im weiteren Verlauf relevant. Zunächst, wenn es um die Beurteilung der Qualität dieser Kundengruppen geht und abschließend bei der Identifikation von Potenzialen und Problemen. Ist das Profil so weit vervollständigt, stellt es die Grundlage für die Konzeption von entsprechenden Maßnahmen zur Wertsteigerung und Bindung dieser Gruppen dar.

## Kapitel 5

CRM-Analysen im globalen Unternehmenskontext

Neben der analytischen Betrachtung der einzelnen Kundengruppen gibt es einige weitere Analysen, die einen Überblick darüber geben, wie das Unternehmen im CRM-Kontext aufgestellt ist. Das heißt, unabhängig davon, ob Sie in der Vergangenheit bereits CRM betrieben haben oder ob Sie erst vorhaben, dies in Zukunft zu tun, lässt sich eine Status-Aufnahme vornehmen, wie gut Ihr Unternehmen in Bezug auf Kundenbindung, Kundenrentabilität und Kundenlebenszeit bzw. Qualität Stand heute ist. Ebenso ist es wichtig, sich einen Überblick darüber zu verschaffen, wie die Sortimentsstruktur heute aussieht. Welche Bereiche sind nachfrageseitig entscheidend, welche sind gewinnbringend? All das werden wir uns in diesem Kapitel genauer ansehen.

5.1   Grundsatzentscheidung Marge oder Umsatz?

Grundsätzlich sollte im Rahmen der CRM-Analyse-Arbeit noch eines einmalig unternehmensweit festgelegt werden: Erfolgen die Erfolgsmessung von Maßnahmen und die Bewertung von guten bzw. schlechten Kunden an der erzielten Marge oder am Umsatz? Das ist eine Grundsatzentscheidung, die getroffen werden muss, um alle nachfolgenden Analysen entsprechend aufzubereiten. Folgende Überlegungen sollten Sie anstellen:

Der Umsatz ist die in der Betriebswirtschaft am häufigsten verwendete Messgröße und wird vom Großteil der Unternehmen als Erfolgskennzahl angesehen. Im nationalen und internationalen Vergleich zwischen einzelnen Unternehmen dient der Umsatz als Kennzahl, der die Größe eines Unternehmens beschreibt. Der Umsatz wird daher vor allem dann herangezogen, wenn es um das Unternehmenswachstum geht. In der Kommunikation nach außen macht das ohne Frage absolut Sinn. Ob es sich aber auch zur internen Bewertung von Kundenqualität oder zur Erfolgsbewertung von Kampagnen eignet, ist fraglich. Es sei denn, das ausschließliche Ziel des Unternehmens ist Wachstum (um jeden Preis). Was nicht heißen soll, dass es im CRM nicht um Wachstum ginge. Im Gegensatz zum Neukundenmarketing, in dem man sich neue Kunden im Wesentlichen durch meist teure Marketingmaßnahmen »erkauft« und so schnelles Wachstum erzeugt, geht es im CRM um nachhaltiges Wachstum durch erfolgreiche Kunden-Bedarfs-Befriedigung, die zu Kundenbegeisterung und damit zu Kundenloyalität führt und dabei gezielt den Wert der Kunden steigert. Nachhaltiges Wachstum impliziert an der Stelle nämlich auch, dass es darum geht, *rentable* Kunden an das Unternehmen zu binden. Die Auskunft, ob dies der Fall ist, kann der Umsatz jedoch nicht beantworten. Weswegen die Empfehlung deutlich Richtung Marge geht.

Eine Information kann der Umsatz jedoch liefern, wenn es darum geht, das Kundenverhalten zu analysieren: In welchem Preisniveau bewegen sich die Kunden? Das heißt, greifen die Kunden zu teuren Markenprodukten oder bevorzugen sie die günstige Alternative?

Die Marge – weil sie dem Kunden unbekannt ist – kann diese Frage nicht beantworten, was folgendes Beispiel veranschaulicht:

Kunde A, der einen Fernseher im Wert von 1.000 Euro kauft, mag glauben, dass er der bessere Kunde ist als sein Nachbar, Kunde B, der einen ähnlichen Fernseher im Wert von 600 Euro einkauft. Es kann jedoch gut möglich sein, dass der teurere Fernseher aufgrund von Markt- und Preisdruck eine deutlich geringere Marge hinterlässt als das günstigere Modell. Das bedeutet, dass der Shop-Betreiber vom Kunden B erst mal mehr hat. Kunde B ist also *wert*voller.

Würde man diese beiden Kunden am Umsatz miteinander vergleichen, so könnte man daran ablesen, dass Kunde A eher qualitätsorientiert ist, wohingegen Kunde B eher preisorientiert ist.

> **Tipp**
>
> Zur *Bewertung* der Kunden empfiehlt es sich eindeutig, die *Marge* heranzuziehen. Zur Analyse des Kundenverhaltens kommt nur der Umsatz infrage.

5.2 Make Big Data Small

Angesichts der überdimensionalen Datenmengen, die uns zur Verfügung stehen, liegt die Kunst in der Datenanalyse meist darin, die wenigen, aber dafür richtigen Zahlen zu betrachten, um den Wald trotz der vielen Bäume noch sehen zu können. Daher ist einer meiner Lieblingsleitsätze: »Make Big Data Small« geworden. Mit nur drei bis vier Zahlen können Sie mehr über den Zustand Ihres Unternehmens sagen als mit so mancher hochkomplexen Auswertung.

5.2.1 Wie viele Kunden haben nur ein Mal gekauft?

Wenn es darum geht, wie oft Kunden kaufen, so wird häufig die Kennzahl »Anzahl Orders pro Monat« (bzw. Woche oder Tag) zurate gezogen. Meist wird dies dann noch nach Neu- und Bestandskundenorders getrennt. Eine ebenfalls gern gesehene Kennzahl ist die »durchschnittliche Anzahl der Orders pro Kunde«.

Beide haben definitiv ihre Berechtigung. Was keine dieser Zahlen jedoch verrät, ist, wie viele Kunden es gibt, die nur ein einziges Mal bestellt haben. Warum aber ist das so wichtig? Kunden, die nur ein einziges Mal bei Ihnen bestellt haben, und danach nie wieder, haben bei dieser einen Bestellung entweder eine einigermaßen schlechte Erfahrung gemacht oder aber ihnen ist Ihr Shop nicht in Erinnerung geblieben, sodass sie beim nächsten Einkauf einfach wieder über eine Suchmaschine nach einem geeigneten Anbieter gesucht haben und dann bei der Konkurrenz gelandet sind. In beiden Fällen gibt es wohl Nachholbedarf. Und in beiden Fällen wurde wertvolles Marketingbudget zur Gewinnung von Neukunden verschenkt.

Ist diese Zahl in Ihrem Fall also sehr hoch, so wissen Sie, dass Sie dringend daran arbeiten müssen, Ihre Erstkäufer zu einem weiteren Kauf zu animieren. So enttäuschend diese Erkenntnis im ersten Schritt auch sein mag, sie birgt ein enormes Potenzial für einen deutlichen Umsatz-Uplift. Sie wissen also bereits, wo Sie ansetzen müssen: beim Triggern der 2. Bestellung.

> ## Vorsicht
>
> Je nach Betrachtungszeitraum handelt es sich um *Ein-Mal*-Käufer (im jeweiligen Zeitraum) oder *Erst*-Käufer (also Neukunden). Letzteres trifft zu, wenn Sie Ihre gesamte Unternehmenshistorie betrachten. Das heißt, alle Kunden, die seit Unternehmensgründung nur ein Mal gekauft haben. Ein-Mal-Käufer müssten demnach dann eigentlich Ein-Mal-im-letzten-Jahr-Käufer heißen oder Ein-Mal-in-den-letzten-fünf-Jahren-Käufer. Näheres zur sinnvollen Auswahl des Analysezeitraums finden Sie am Ende dieses Kapitels.

5.2.2 Wie viele Kunden bringen tatsächlich Gewinn?

Häufig wird nur der Lifetime-Umsatz von Kunden betrachtet. Ist dieser hoch, weiß man, dass der Kunde relativ häufig und/oder sehr hochpreisig einkauft. Allgemein wird er daher als guter Kunde angesehen. Der Umsatz sagt jedoch nichts darüber aus, ob dieser Kunde auch rentabel ist, das heißt, ob er auch tatsächlich zum Gewinn des Unternehmens beiträgt. Es kann nämlich sein, dass er zwar hohe Umsätze realisiert, dies aber mit Produkten von geringer Marge, die nicht einmal dafür ausreicht, die Logistik- und sonstigen Bearbeitungskosten der Bestellungen zu decken. Ein anderes Szenario wäre, dass der Kunden neben den hohen Umsätzen auch viele Retouren generiert. Auch das ist ein Faktor, der einen scheinbar positiven Kunden ins Negative umkehren kann. Wichtig ist also, den tatsächlichen Gewinn zu berechnen, den Kunden generieren.

Wie geht das? Idealerweise berechnen Sie die kumulierte Lifetime-Marge. Diese wird meist – je nach Berechnungsstruktur – in jedem Unternehmen unterschiedlich ermittelt. Manchmal beinhaltet die Lifetime-Marge eines Kunden nur seine erzeugte kumulierte Produktmarge (Verkaufspreis-Einkaufspreis) seiner bis dato getätigten Käufe. Um aber tatsächlich den Gewinn eines Kunden zu berechnen, sind folgende weitere Komponenten entscheidend:

Lifetime-Marge =
kumulierte Produktmarge
+ entrichtete Versandkosten
− Rabatte
− (Kosten pro Bestellung * Anzahl der Bestellungen)
− (Kosten pro Retoure * Anzahl der Retouren)

Hinweis

Vom Kunden bezahlte Versandkosten sind meist am Markt orientierte Pauschalen. Sie entsprechen in den seltensten Fällen den tatsächlichen Logistikkosten pro Paket. Daher werden sie zunächst als Umsatz miteinbezogen. Bei Unternehmen mit outgesourcter Logistik sind die tatsächlichen Kosten meist höher als die veranschlagte Versandkostenpauschale, in Unternehmen mit Inhouse-Logistik ist das meist umgekehrt.

Rabatte beinhalten vom Kunden eingelöste Gutscheine, Rabattcodes oder sonstige Boni.

Tipp

Klären Sie hier einmalig, wie mit Verkaufspreis-Reduzierungen beispielsweise im Sale umgegangen wird. In der Regel wird ein dort gewährter Rabatt von der Produktmarge abgezogen. Es kann aber eben auch über Boni bzw. Rabatte verrechnet werden. Entscheidend ist, dass Sie sich einmalig darüber informieren, wie die Berechnung in Ihrem Unternehmen aussieht, damit Klarheit für künftige Analysen herrscht.

Da sich die Logistik-Kosten selten exakt berechnen lassen, ist es hilfreich, einen Pauschalbetrag herzunehmen und diesen mit der Anzahl der Bestellungen zu multiplizieren. Gleiches gilt für die Retouren.

Tipp

Nicht nervös werden, wenn der Pauschalbetrag für Logistik- und Retourenkosten nur sehr grob oder relativ ungenau vorliegt. Es ist besser, mit einem Schätzwert zu arbeiten, als die Kosten zu ignorieren.

Wie bereits erwähnt: Für den Unternehmenserfolg letztendlich entscheidend ist der Gewinn, den ein Kunde dem Unternehmen beschert. Daher sind gerade die Kunden, die gewinnbringend sind, die wichtigen Kunden, die es weiter auszuschöpfen gilt.

Wenn Sie nun einen nur sehr kleinen Teil an Kunden haben, die Ihnen Gewinn bringen, liegt Ihr erster großer Hebel CRM-seitig im Vertrieb von hoch- bzw. höhermargigen Produkten. Zum Beispiel, indem Sie diesen Kunden einerseits gezielt Produktgruppen promoten, die per se höhere Margen haben, oder aber indem Sie meist margenträchtigere No-Name-Varianten anstelle der Markenprodukte gezielt in den Vordergrund spielen. Sind vermeintlich »gute« Kunden aufgrund enormer Retouren tiefrot, so kann man sich auch gerne mal von ihnen trennen. Wie das geht und warum dieser unpopuläre Weg tatsächlich sinnvoll sein kann, erfahren Sie in Abschnitt 6.4.

5.2.3 Wie viele Kunden haben drei Mal und mehr gekauft

Kunden, die bereits drei Mal oder gar öfter in Ihrem Shop eingekauft haben, sind Ihre Fans. Denn in den Augen dieser Kunden – unabhängig, mit welchem Geschäftsmodell Sie arbeiten – haben Sie auf jeden Fall schon mal etwas sehr richtig gemacht. Drei Mal bestellt nur jemand, der mit Ihrer Leistung entweder *wirklich* zufrieden war, oder aber jemand, dessen Bedürfnis zumindest solide bedient worden ist und der sich an Sie erinnern kann. Unabhängig davon, wie viel Gewinn diese Kunden hinterlassen haben, sie sind bereits sehr gute – im Sinne von *treue* – Kunden. Diese Gruppe ist ein wertvolles Gut, von der Sie – wie Sie später im Buch noch sehen werden – noch eine Menge lernen können.

Ist die Anzahl dieser Kunden sehr klein, so wissen Sie spätestens jetzt ganz sicher, dass Sie sich dringend um die Kundenbindung in Ihrem Unternehmen kümmern müssen. Ist der Anteil dieser »Super-Kunden« bereits heute schon sehr hoch, so liegt Ihr größter Hebel wohl eher in Ihrem Neukunden-Anteil. Dies ist erfahrungsgemäß jedoch eher selten der Fall. Behalten Sie diese Zahl in jedem Fall im Auge, denn in einem Jahr, nach dem Sie Ihr CRM erfolgreich aufgebaut haben, können Sie diese Zahl erneut berechnen und mit dem heutigen Status quo vergleichen.

Vorsicht: Diese Zahl kann nur wachsen

Wenn Sie diese Zahl zu einem späteren Zeitpunkt erneut erheben, *kann* sie nur größer sein als heute, da die absolute Anzahl der Lifetime-Bestellungen eines Kunden nur wachsen *kann*. Das müssen Sie bei der Interpretation berücksichtigen. Sie können die Zahl entweder immer nur pro Kalenderjahr erheben oder aber die Differenz bzw. den prozentualen Anstieg dieser Kundengruppe betrachten.

5.2.4   Neukunden vs. Bestandskunden

Abschließend hilft es, sich noch einmal das Verhältnis von Neu- versus Bestandskunden anzusehen. Dies gibt Ihnen die Information darüber, wie gut Ihre Kundenbindung bis heute funktioniert. Bewusst oder unbewusst. Viel konkretere Rückschlüsse lässt sie nicht zu, sie sollte in der Gesamtbetrachtung jedoch nicht fehlen.

Wenn Sie die Unternehmens-Lifetime-Betrachtung wie im nächsten Abschnitt aufgezeigt vornehmen, so müssen Sie die Neu- vs. Bestandskunden-Auswertung nicht gesondert erstellen. Die Antwort ist dann in der ersten Frage »Wie viele Kunden haben nur ein Mal gekauft« enthalten.

5.2.5   Der richtige Analysezeitraum

Welchen Zeitraum man für die Analyse dieser Zahlen nutzt, hängt davon ab, wie lange das Unternehmen bereits besteht. Ist ein Unternehmen schon zehn Jahre oder länger am Markt, so ist eine Unternehmens-Lifetime-Auswertung weniger hilfreich. Sie könnte das Bild verzerren, wenn z. B. der Großteil der Vielkäufer (>=3 Käufe) das letzte Mal vor fünf Jahren gekauft hat. Dann würde man den Erfolg vergangener Tage auf heute übertragen und so mit falschen Voraussetzungen arbeiten. Hier macht es Sinn, einen kürzeren Zeitraum wie drei bis fünf Jahre zu wählen. Ist ein Unternehmen hingegen noch in der Start-up-Phase, also ein bis fünf Jahre, so kann die gesamte Unternehmenszeit zur Betrachtung dieser KPIs herangezogen werden.

> **Tipp**
>
> Wenn Sie für die Make-Big-Data-Small-Analysen den gleichen Analysezeitraum wählen wie bei den Analysen zu Ihren Kundengruppen in Kapitel 4, so liegt Ihnen direkt jeweils eine Vergleichsbasis von der Analyse aller Kunden zur Analyse einzelner Kundengruppen vor.

Idealerweise stellen Sie dem ausgewählten Zeitraum noch die Betrachtung des letzten Jahres gegenüber. Diese gibt einen Überblick darüber, wie der jüngste Geschäftsverlauf war. Sie stellt außerdem einen Bezugspunkt für die Durchschnittsbetrachtung des längeren Zeitraums dar. Heißt, wenn die Werte des letzten Jahres besser sind als die der Long-Term-Betrachtung, dann hat sich das Geschäft und die Kundenbindung in den letzten Jahren bereits positiv entwickelt. Ist das Gegenteil der Fall, so war die Entwicklung negativ und es ist höchste Zeit zu handeln. Sind die Ergebnisse der beiden Betrachtungen ähnlich, so zeugt dies von einer stabilen, konstanten Entwicklung in den letzten Jahren.

Möchte man als relativ »altes« Unternehmen auf Nummer sicher gehen, kann man sich die Zahlen initial auch in drei Dimensionen ansehen:

- Lifetime
- Last 5 Years
- Last Year

Als Ergebnis erhält man dann eine simple, für alle sofort verständliche Tabelle, die ungefähr wie in Abbildung 5.1 dargestellt aussehen kann, wobei die Anzahl der Spalten eben von der Entscheidung abhängt, welche Zeiträume betrachtet werden.

KPI	Last Year		Last 5 Years		Lifetime	
Anzahl Kunden	100	100%	400	100%	800	100%
1 Bestellung	30	30%	150	38%	400	50%
>= 3 Bestellungen	15	15%	90	23%	120	15%
Kunden mit Gewinn	60	60%	240	60%	500	63%

Abb. 5.1: Mögliche Tabelle der Make-Big-Data-Small-KPIs

5.3 Kohortenanaylse

Die Kohortenanalyse klingt deutlich schlimmer, als sie tatsächlich ist – ganz im Gegenteil, sie ist eine wunderbare Möglichkeit, sich auf einen Blick ein Bild darüber zu verschaffen, in welche Richtung der aktuelle Customer Lifetime Value geht und wie lange der aktuelle/potenzielle Customer Lifecycle ist.

5.3.1 Was ist eine Kohorte?

Eine Kohorte beschreibt im Wesentlichen eine Kundengruppe zusammengefasst an einem zeitlich definierten Kriterium. Eine Kohorte ist also beispielsweise die Gruppe aller Kunden, die im Januar 2015 das erste Mal gekauft haben. Oder auch die Gruppe aller Kunden, die in einem bestimmten Zeitraum die Website das erste Mal besucht haben. Auch Google Analytics stellt seit Mitte 2015 solche Kohorten-Reports zur Verfügung.

5.3.2 Wie ist die Kohortenanalyse aufgebaut?

Die Kohortenanalyse, die im CRM hilfreich ist, sieht wie folgt aus: Auf der x-Achse werden – beginnend bei 1 – die Monate nach Erstkauf abgebildet. Auf der y-Achse wird der Lifetime Revenue abgebildet. Nun werden darin die Werte für die einzelnen Kohorten eingezeichnet. Zur Bildung der Kohorten werden die Kunden am Kriterium Monat des Erstkaufs zusammengefasst. Das heißt: Alle Kunden, die im März 2015 zum ersten Mal eingekauft haben, bilden die Kohorte März 2015. Alle Kunden, die im April 2015 das erste Mal eingekauft haben, bilden die Kohorte

April 2015 usw. Am Ende entsteht dann ein Bild wie in Abbildung 5.2 – in der Realität mit natürlich unzähligen Kohorten mehr.

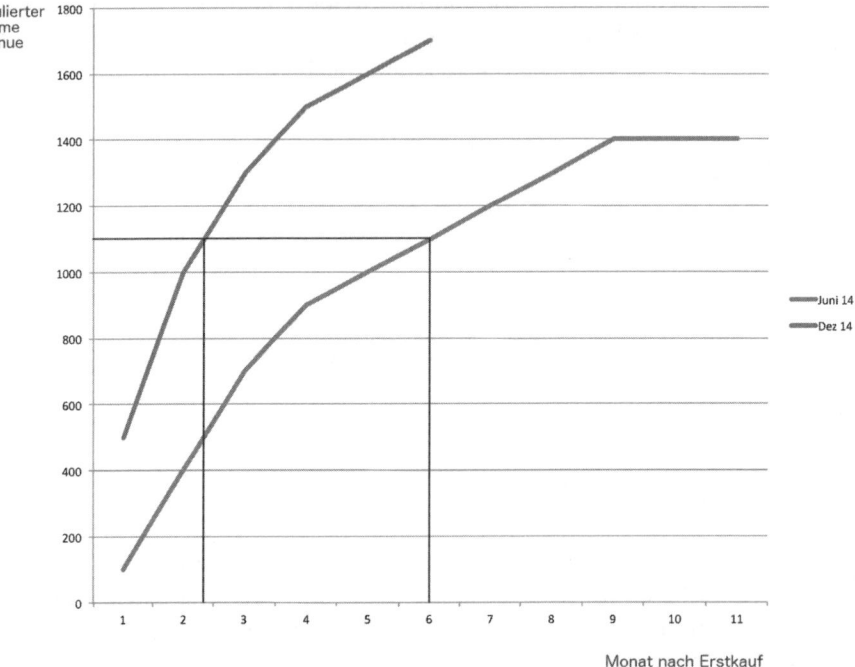

Abb. 5.2: Beispiel einer Kohortenanalyse

Bezüglich des Analysezeitraums muss auch hier wieder abgewogen werden, wie weit man sinnvollerweise zurückgeht. Es empfiehlt sich jedoch, mindestens die letzten drei Jahre in die Analyse einzubeziehen, damit eine tatsächliche Entwicklung sichtbar ist. Besser sind sogar fünf Jahre oder eben auch die gesamte Unternehmens-Lifetime. Damit sieht das Bild dann zwar nicht mehr so übersichtlich aus wie in diesem Beispiel, das spielt weiter aber auch keine Rolle, denn im ersten Schritt kommt es bei der Interpretation gar nicht darauf an, jede einzelne Kohorte anzusehen. Es geht vielmehr um das Gesamtbild.

5.3.3 Was verrät uns die Kohortenanalyse?

Zunächst fällt auf, dass die Linie der Kohorte Juni 2014 nicht mehr weiter steigt. An diesem Punkt hat die Kohorte Juni 2014, die alle Kunden enthält, die im Juni 2014 zum ersten Mal auf der Website eingekauft haben, einen Lifetime Revenue von 1.400 Euro gemacht.

> **Vorsicht**
>
> Hierbei wissen wir nicht, wie viele Kunden sich in dieser Kohorte verbergen und wer in dieser Kohorte für den Lifetime Revenue verantwortlich ist. Es kann also sein, dass alle Kunden innerhalb der Kohorte gleichermaßen an diesem Revenue beteiligt waren, oder aber, dass nur ein Kunde aus der Kohorte dafür verantwortlich ist.

Entscheidend ist an der Stelle, dass die Kohorte neun Monate lang gewachsen ist, danach aber aufhört. Das heißt, keiner der Kunden innerhalb der Kohorte hat weiter Bedarf an den angebotenen Produkten. Da in diesem Bild nur eine dieser Kohorten vorhanden ist, ist das natürlich noch keine Aussage, auf die man sich stützen kann. Hat man jedoch 36, 72 oder mehr Kohorten in der Analyse, so lässt sich schnell ein Muster erkennen, wie lange Kunden heute potenziell am Unternehmen interessiert sind und – bezogen auf das Produktangebot – einkaufen *können*. Dies gibt Aufschluss darüber, wie lange ein potenzieller Customer Lifecycle andauern kann. Umgekehrt gibt die Höhe des erzielten Lifetime Revenues der Kohorten eine Idee davon, in welche Richtung sich der Customer Lifetime Value entwickeln kann, sofern man zusätzlich die Anzahl der Kunden pro Kohorte ermittelt und den Kohorten-Lifetime-Revenue damit dadurch dividiert.

Eine weitere Erkenntnis dieser Kohortenanalyse ist der Grad, wie steil die Kohorten verlaufen. An der Linie in der Abbildung sieht man, dass die Kohorte vom Juni 2014 ganze sechs Monate benötigt hat, um einen Lifetime Revenue von 1.100 Euro zu erreichen. Die Kohorte vom Dezember 2014 hat für den gleichen Lifetime Revenue nur noch knapp über zwei Monate benötigt. Maßnahmen wie z. B. die Erweiterung des Sortiments oder effektive CRM-Maßnahmen waren also erfolgreich. Steiler werdende Kohorten zeugen also von einer positiven Gesamtentwicklung des Geschäftsverlaufs.

Zusammengefasst zeigt uns die Kohortenanalyse auf einen Blick, wie viele Monate wir unsere Kunden bedienen konnten bzw. können, wie lange also das potenzielle Kundenleben andauert bzw. andauern *kann*. Und sie zeigt uns, ob sich neu gewonnene Kunden schneller bzw. positiver entwickeln, als das bisher der Fall war. Der dabei entscheidende Vorteil ist, dass auf diesen *einen Blick* nicht nur der Status quo, sondern auch der zeitliche Verlauf der bisherigen Geschäftsentwicklung sichtbar wird.

5.4 Sortimentsrelevante Analysen

Neben den Analysen zu Status und Qualität Ihrer Kunden sollten Sie sich auch Ihr Sortiment genau ansehen. Entscheidend ist dabei, zu erfahren, welche Produktbereiche aus Sicht Ihrer Kunden elementar sind – also welche stark nachgefragt werden –, aber auch welcher Teil des Sortiments Ihnen Gewinn bringt. Beides ist entscheidend, wenn es später darum geht, Maßnahmen und Kampagnen für die in Kapitel 4 identifizierten Kunden zu konzipieren.

5.4.1 Welche Produkte bilden das Kernsortiment

Jeder Webshop bzw. jedes Geschäft im Allgemeinen verfügt über ein sogenanntes Kernsortiment und ein angrenzendes Randsortiment. Randsortimente müssen oft angeboten werden, um entsprechende Kompetenzen aufzubauen, auch wenn diese hinsichtlich Umsatzvolumen oder Marge für das Businessmodell an sich irrelevant wären. Ein Baby-Shop ohne den Babyschalen-Klassiker der Marke Maxi-Cosi oder ein Sportartikel-Shop ohne die Marke Nike hätte beispielsweise keine Chance am Markt, auch wenn viele Kunden vielleicht zu einem günstigeren Konkurrenzprodukt greifen oder an der Babyschale bzw. den Nike-Artikeln an sich eigentlich gar nichts verdient wird. Neben dem Faktor Kompetenz geht es hierbei oft auch einfach um eine ausreichende Auswahl, die den Kunden angeboten werden muss, um das eigentliche Kernsortiment zu verkaufen. In der Mode werden T-Shirts beispielsweise oft in zwei bis drei Basic-Farben angeboten und dazu in fünf weiteren Trendfarben. Die Top-Seller sind nach wie vor die Basic-Farben. Mitunter aber nur, weil die Trendfarben überhaupt erst die Aufmerksamkeit auf das Shirt gelenkt haben.

Wie auch immer der Sachverhalt in Ihrem Fall ist, es ist wichtig, dass Sie sich darüber im Klaren sind, was Ihr Kerngeschäft bzw. Ihr Kernsortiment ist.

Nun gibt es unterschiedliche Ansichten, was als Kerngeschäft zu definieren ist. Ist es der Teil des Sortiments, mit dem Sie den größten Absatz machen? Oder aber der Teil, mit dem Sie den größten Umsatz generieren? Oder gar eine weitere Variante, nämlich der Teil des Sortiments, mit dem Sie Gewinn machen, was die Betrachtung der Marge bedeuten würde? Für jede der Varianten gibt es Gründe, die dafür oder dagegen sprechen. CRM zählt jedoch nur eine Sichtweise und das ist die der Kunden: Die Definition des Kernsortiments ist also die Betrachtung nach Absatz.

Die entsprechenden Analysen dazu haben wir – in einem anderen Kontext – bereits in Abschnitt 4.4.2 erstellt. Diese können Sie erneut heranziehen und unter dem jetzigen Gesichtspunkt betrachten.

5.4.2 Welche Produkte sind gewinnbringend

Um Kampagnen und Maßnahmen gezielt und wertsteigernd steuern zu können, muss man zunächst wissen, welche Produkte tatsächlich Marge bringen.

Für diese Analyse ziehen Sie zunächst einfach die Produktmarge der einzelnen Artikel heran.

Formel

Produktmarge = Verkaufspreis – Einkaufspreis

Idealerweise exportieren Sie die Auswertungen in der gleichen Form wie in Abschnitt 4.4.2 beschrieben. Das heißt, Sie exportieren die Attribute wie Rang, Produkt-ID und Bezeichnung, Marke bzw. Hersteller, die Produktmarge in Euro sowie die Kategorien, denen die jeweiligen Produkte zugeordnet sind.

Da Produkte mit den höchsten Produktmargen in der Praxis leider oft zu denjenigen Artikeln gehören, die im Abverkauf eher eine untergeordnete Rolle spielen, haben sie kaum einen *realisierten* positiven Impact auf den Erfolg des Unternehmens.

Daher sollten Sie eine weitere Analyse erstellen, die die Top-Produkte hinsichtlich der *umgesetzten* Marge aufzeigt. Da hier zur Dimension Produktmarge noch der Faktor Absatz hinzugezogen wird, zeigt diese Auswertung die Produkte, die *tatsächlich* den größten Einfluss auf den Unternehmenserfolg haben. Denn sie verfügen neben einer guten Produktmarge auch über ein hohes Nachfragevolumen.

Formel

Umgesetzte Produktmarge = (Verkaufspreis – Einkaufspreis) * verkaufte Stückzahl

Interessante Insights bei der Betrachtung der Produkte mit der höchsten umgesetzten Marge

In einer Analyse für einen Kunden gab es ein Kernprodukt mit einer sehr geringen Produktmarge. »Leider« war es genau dieses Produkt, das von den meisten Kunden nachgefragt wurde. Der Rückschluss war: »Schade, dass sich mit einem so stark nachgefragten Produkt kaum Geld verdienen lässt.«

Die Sortimentsanalyse hat jedoch gezeigt, dass dieses Produkt mit einer solch niedrigen Produktmarge tatsächlich unter den Top Ten der Produkte mit der höchsten umgesetzten Marge war.

Der enorme Absatz hat die sehr niedrige Marge also tatsächlich kompensiert. Eine Information, die bisher noch keine Analyse gezeigt hat.

Wenn Sie die Liste Top-Margen-Produkte mit der Liste Ihres Kernsortiments mergen, sehen Sie, welche davon heute schon unter den Top-Absatz-Produkten zu finden sind. Meist sind es nicht viele Artikel, die sich darüber matchen lassen, sie gehören jedoch – wenn Sie so wollen – zu den wertvollsten Produkten in Ihrem Sortiment. Sie finden reißenden Absatz und haben gleichzeitig die höchsten Margen.

Tipp

Die Verknüpfung der beiden Excel-Listen erstellen Sie einfach via Excel-S-Verweis.

Platz zwei in der Rangfolge der wichtigsten Produkte hinsichtlich des Business Value sind diejenigen Produkte mit der höchsten umgesetzten Marge. Sie sind von entscheidendem Wert, da sie in hohem Maße den Bedarf Ihrer Kunden befriedigen und gleichzeitig dem Unternehmen den größten Profit bereiten. Auch diese Produkte sollten Sie stets im Fokus haben.

Das gewinnbringende Sortiment kommt dann zum Einsatz, wenn es darum geht, die Margen einzelner Kunden bzw. Kundengruppen zu erhöhen und diese Sortimente gezielt zu bewerben. Damit dies nicht immer auf Einzel-Produkt-Ebene stattfinden muss, ist es sinnvoll, (Unter-)Kategorien mit den durchschnittlich höchsten Produktmargen werblich in den Vordergrund zu stellen.

## Kapitel 6

Wie lässt sich Kundenqualität berechnen

In Kapitel 4 und 5 haben wir durch diverse Analysen und Methoden den Status quo Ihres Unternehmens eruiert. Kapitel 4 diente dazu, vorhandene Kundengruppen zu identifizieren, Kapitel 5 verschaffte einen Überblick über die Gesamt-Unternehmenssituation im CRM-Kontext. Bisher ging es also um eine Ist-Aufnahme.

Nun ist es an der Zeit, diese auch zu bewerten. Denn wie schon mehrfach beschrieben, ist ein übergeordnetes Ziel im CRM, gezielt den Wert der einzelnen Kundengruppen für das Unternehmen zu steigern und so nach Möglichkeit alle vorhandenen Kunden zu guten bzw. gar sehr guten Kunden zu entwickeln. Vorab muss man sich dafür aber eine entscheidende Frage stellen: Was ist eigentlich »ein guter Kunde«? Welche dann automatisch eine weitere Frage nach sich zieht, nämlich »Wie lässt sich Kundenqualität berechnen?«

6.1   Was ist ein guter Kunde? – Eine Grundsatzentscheidung

Bevor man sich den unterschiedlichen Betrachtungs- und Berechnungsmodellen widmet, sollte man sich zu Beginn einmal darüber klar werden, *was* genau eigentlich für *Ihr Unternehmen* ein guter Kunde ist. Nun werden Sie sagen: »Na ja, ein Kunde eben, der oft und viel kauft, eben viel Umsatz bringt.« Stimmt, würde ich sagen, jedoch ist die Realität – wie so oft – leider nicht so trivial. Zunächst einmal bedeutet viel Umsatz nicht gleichzeitig auch viel Marge, wobei wir wieder beim Thema aus Abschnitt 5.1 wären. Und viel Marge ist auch nicht gleichzusetzen mit viel Gewinn, wenn beispielsweise Logistik-Kosten noch nicht abgezogen wurden. Ebenso gibt es neben den tatsächlich wohl guten Kunden, die oft und viel kaufen, eben noch viel häufiger diejenigen, die oft, aber nur von geringem Wert kaufen, oder diejenigen, die selten oder gar vielleicht nur ein Mal, dafür von hohem Wert einkaufen.

So gilt es also – falls noch nicht geschehen –, spätestens jetzt die Grundsatzentscheidung zu treffen, ob Sie Ihre Kunden nach Marge oder Umsatz bewerten (vgl. Abschnitt 5.1).

Und dann stellt sich eben die Gretchenfrage, welchen Kunden erachten Sie für Ihr Unternehmen als wertvoller, wen beurteilen Sie als besser: Der, der seit einem Jahr regelmäßig einkauft, dabei durchschnittlich 30 Euro ausgibt und bis dato einen Umsatz von 180 Euro oder alternativ – bei einer angenommenen Marge von 20% – 36 Euro Marge hinterlassen hat, oder den Kunden, der vor knapp einem Jahr ein Mal für 300 Euro eingekauft hat und damit eine Marge von 60 Euro hinterlassen hat.

Durch die CRM-Brille, die zunächst die Kundenloyalität in den Fokus stellt, wäre die Antwort wohl Kunde Nummer eins, der bereits loyal ist und »lediglich« noch die ein oder andere Upselling-Kampagne benötigt, um den durchschnittlichen Warenkorb zu erhöhen. Aus Sicht eines Homo oeconomicus würde die Antwort wohl Kunde 2 lauten, da er schlicht den größeren monetären Beitrag zum Unternehmen leistet. Fairerweise müsste man diesem Kunden vom Deckungsbeitrag noch die erhöhten Neukunden-Gewinnungs-Kosten abziehen, die nötig sind, um sich konstant Kunden mit solchen Ein-Mal-Umsätzen »einzukaufen«. Dies lässt sich in der Praxis jedoch kaum umsetzen.

Ein allgemeingültiges »Richtig« oder »Falsch« gibt es in diesem Kontext wohl nicht. Die Antwort wird wohl immer auch von den Unternehmenszielen abhängig sein. Wichtig ist eben, dass Sie die für *Ihr* Unternehmen richtige Antwort finden und sich darauf einigen. Dabei sollten alle relevanten Kollegen im Prozess involviert sein und vor allem auch das Management bzw. die Geschäftsführung mit der Entscheidung d'accord sein. Am Ende ist es häufig die Entscheidung zwischen nachhaltigem (meist langsamerem) Wachstum oder kurzfristiger Umsatz- bzw. Gewinnorientierung.

Ohne eine einstimmige Entscheidung in diesem Fall werden Sie bei der Bewertung aller künftigen CRM-Maßnahmen Probleme haben und immer wieder die gleichen (mühseligen) Diskussionen darüber führen, wer oder was nun ein guter Kunde und welcher Kundentyp nun wertvoller für das Unternehmen ist. Nehmen Sie sich daher einmalig Zeit und diskutieren Sie diese entscheidende Frage so lange, bis Sie zu einer Entscheidung kommen, die Bestand hat.

6.2   Verschiedene Betrachtungsmodelle

Zur tatsächlichen Berechnung der Kundenqualität gibt es verschiedene Modelle, die angewendet werden können. Sie schließen sich dabei auf keinen Fall aus, sondern eignen sich oft sogar sehr gut zur komplementären Anwendung. Bei der Auswahl berücksichtigt werden sollte der Zweck der Berechnung: Dient das Modell zur Beurteilung bzw. zur Analyse der Kundenqualität oder soll es zur Segmentierung von Kampagnen genutzt werden?

6.2.1 RFM-Scoring-Modell

Das wohl bekannteste Scoring-Modell zur Berechnung der Kundenqualität ist das RFM Scoring. Hierbei werden die drei Variablen

- Recency (Wann hat der Kunde zuletzt gekauft?)
- Frequency (Wie oft hat der Kunde gekauft?)
- Monetary Ratio (Welchen monetären Wert hat er dabei generiert?)

im Verhältnis zueinander betrachtet.

Hintergrund zum RFM

Das Modell hat seine Wurzeln im frühen Versandhandel und lässt sich daher sehr gut auf das heutige E-Commerce übertragen. Sein Image hat in den letzten Jahren jedoch stark gelitten, seitdem Predictive-Analytics-Systeme und die Anwendung komplexer, statistischer Modelle zur Vorhersage von Kaufverhalten auf dem Vormarsch sind. Die Kritik: Der RFM-Score sei zu statisch, zu willkürlich und betrachte nur drei Variablen. Das stimmt in gewisser Weise. Es geht hier jedoch auch gar nicht um ein »Entweder – Oder«, sondern vielmehr um ein »Und«. Denn er hat auch entscheidende Vorteile: Er ist einfach, schnell und von jedermann anzuwenden, seine Berechnung ist klar nachvollziehbar und er gibt einen hervorragenden Überblick über die aktuelle Kundenstruktur, d.h. über das aktuelle Verhältnis von guten zu schlechten Kunden.

Recency

Recency beschreibt in der Regel die *Zeitspanne* vom letzten Kauf oder – im Falle von Content-Websites oder Portalen – dem letzten bedeutsamen Kontakt des Kunden oder Nutzers, wie beispielsweise der letzte Website-Besuch oder die letzte E-Mail-Interaktion. Sie wird in der Regel in Tagen ausgedrückt, kann je nach Produkt aber auch in Wochen oder Monaten gemessen werden. Die Recency gibt Auskunft darüber, wie aktiv ein Kunde ist, und trifft damit eine Aussage über seine Wiederkaufswahrscheinlichkeit. Je kleiner die Recency ist, also je kürzer die letzte Trans- bzw. Interaktion zurückliegt, desto aktiver ist der Kunde und desto größer wird die Wiederkaufswahrscheinlichkeit eingeschätzt.

Frequency

Frequency beschreibt die *Anzahl* der Käufe oder Interaktionen, die im gesamten Kundenlebenszyklus bereits stattgefunden haben. Sie drückt in der Regel also aus, wie häufig ein Kunde bereits im eigenen Webshop eingekauft hat. Die Frequency, da sie ein kumulierter Wert ist, ist statisch bzw. *kann* nur größer werden. Dies kann über die Jahre zu einem Problem in der Aussagekraft des Scores führen, was später im Kapitel noch genauer erläutert wird. Um diese Statik jedoch aufzulösen, ist es auch möglich, die Frequency pro Zeiteinheit, also z. B. im letzten Jahr anzugeben. Dann kann der Wert über die Zeit auch wieder sinken, wenn weniger Käufe stattfinden.

Monetary Ratio

Damit wird der monetäre Wert, den der Kunde für das Unternehmen während seines gesamten Kundenlebenszyklus geleistet hat, beschrieben. Gemäß Ihrer Entscheidung, ob diese Bewertung anhand von Umsatz oder Marge erfolgt, sollten Sie hier den einen oder anderen Wert verwenden, wobei die klare Empfehlung nach wie vor auf der Betrachtung der Marge liegt. Spielen Logistik-Kosten in Ihrem Unternehmen eine große Rolle, so sollten Sie diese nach Möglichkeit bereits von der hier herangezogenen Marge subtrahieren. (Sehen Sie hier auch die Berechnung der Lifetime-Marge in Abschnitt 5.2.2.) Nur so gelingt eine valide Aussage. Da bei Verwendung der Lifetime-Marge die Monetary Ratio im Score der gleichen Statik unterzogen ist wie die Frequency, sie also nur wachsen kann, ist es auch hier möglich, den monetären Beitrag pro Zeiteinheit zu betrachten, also beispielsweise die im letzten Jahr erzeugte, kumulierte Marge.

Berechnung

In Büchern und Wissenschaft gibt es unzählige verschiedene Modelle, wie der RFM-Score am Ende berechnet wird. Ein Standard ist das additive Modell, bei dem die Werte für R, F und M addiert werden. Der Vorteil ist, dass es einfach von jedermann zu erstellen und eindeutig nachvollziehbar ist.

Zunächst wird dabei für jeden Parameter Recency, Frequency und Monetary Ratio ein einzelner Score zwischen 1 und 5 vergeben, der dann addiert zu einer maximalen Punktzahl von 15 und einer minimalen Punktzahl von 3 führt.

Recency	Frequency	Monetary	Summe
5	5	5	15
4	4	4	
3	3	3	
2	2	2	
1	1	1	

Tabelle 6.1: RFM-Modell – Parameter Scores

Wie aber erfolgt die Einteilung in die Scores? Dafür exportiert man zunächst die notwendigen Rohdaten. Am Beispiel der Recency wäre das dann eine Liste aller vorhandenen Recencies, ausgedrückt in Tagen seit Letztkauf. Abhängig davon, wie »alt« das Unternehmen ist, wählen Sie wieder einen sinnvollen Zeitraum aus, den Sie betrachten möchten. Das letzte Jahr, die letzten drei Jahre oder die gesamte Unternehmens-Lifetime. In einer weiteren Spalte ergänzen Sie dazu dann die Anzahl an Kunden, die zum aktuellen Zeitpunkt die entsprechende Recency vorweisen. Dazu können Sie in einer weiteren Spalte den prozentualen Anteil der Kunden hinzufügen. Ein Mal pro Recency und ein weiteres Mal kumuliert. Zur Veranschaulichung ein abstraktes Beispiel: ein Unternehmen, das nur die letzten zehn Tage betrachtet und nur 100 Kunden hat, die alle innerhalb dieser Zeit gekauft haben.

Recency in Tagen	Anzahl Kunden	% Kunden	% Kunden kumuliert
10	3	3 %	100 %
9	5	5 %	97 %
8	13	13 %	92 %
7	20	20 %	79 %
6	18	18 %	59 %
5	15	15 %	41 %
4	10	10 %	26 %
3	9	9 %	16 %
2	5	5 %	7 %
1	2	2 %	2 %

Tabelle 6.2: RFM-Modell – Recency Scoring

Nun müssen innerhalb der Recencies die Grenzen gezogen und der Recency-Score vergeben werden. Dafür gibt es verschiedene Herangehensweisen.

Hinweis

Alle Herangehensweisen sind – aus statistischer Sicht – willkürlich. Darauf basiert die eingangs erwähnte Hauptkritik am RFM-Score. Nichtsdestotrotz, der RFM-Score dient dazu, ihn schnell und von jedermann zu implementieren, und ist in der Lage, eine quantitative Aussage über Kundenqualität zu treffen.

Eine ist, die Scores gleichmäßig auf jeweils 20 % der Kunden zu verteilen. Das sähe im Beispiel dann so aus:

Recency in Tagen	# Kunden	% Kunden kumuliert	Recency-Score
10	3	100%	
9	5	97%	1
8	13	92%	
7	20	79%	2
6	18	59%	3
5	15	41%	
4	10	26%	4
3	9	16%	
2	5	7%	5
1	2	2%	

Tabelle 6.3: Vergabe der Recency-Scores nach Gleichverteilung der Kunden

Man zieht in diesem Fall die Spalte der kumulierten prozentualen Kundenvertei-
lung zurate und zieht nach jeweils 20% eine Grenze. Wie das Beispiel hier zeigt,
kann es sein, dass dies nicht ganz exakt möglich ist. In der Gruppe mit dem
Recency-Score 1 befinden sich 21% der Kunden, Gruppe 2 hat genau 20%, Gruppe
3 enthält 18%, in Gruppe 4 befinden sich 25% und die beste Gruppe mit dem
Recency-Score 5 enthält 16% der Kunden. Eine exakte Aufteilung auf 20% würde
eine Aufsplittung der Recency in Tagen bedeuten, also 3,5 Tage und so weiter, was
bezogen auf das Kundenverhalten natürlich keinen Sinn macht. Daher ist die Aufteilung so völlig in Ordnung.

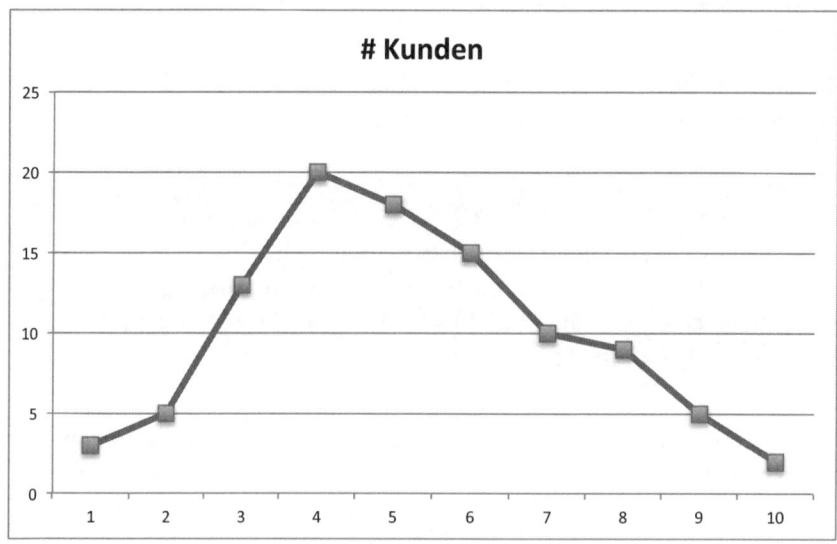

Abb. 6.1: Graph-Darstellung der Recency-Verteilung

Eine weitere, weniger mathematische, jedoch mehr semantische Aufteilung ist das Ziehen der Grenzen nach der Häufung pro Recency. Um die Sprünge in den Häufungen besser zu erkennen, hilft eine Darstellung der Recency-Rohdaten-Tabelle in einem Graphen. Wie Abbildung 6.1 zeigt, sieht man dadurch eher, wann die Gleichverteilung über die Tage seit der letzten Bestellung einen relevanten Sprung macht. Genau an diesen Stellen ist es sinnvoll, die Grenzen zu ziehen.

Die so erstellte Einteilung kann dann noch mal über die prozentuale Verteilung auf Sinnhaftigkeit überprüft werden.

Recency in Tagen	# Kunden	% Kunden	Recency Score
10	3	3%	1
9	5	5%	
8	13	13%	2
7	20	20%	
6	18	18%	
5	15	15%	3
4	10	10%	
3	9	9%	4
2	5	5%	5
1	2	2%	

Tabelle 6.4: Rohdaten-Tabelle zur Graph-Darstellung originär

Recency-Score 1 würden alle Kunden erhalten, deren letzter Kauf neun oder zehn Tage zurückliegt. Im Beispiel wären das die schlechtesten 8 % der Kunden. Score 5 hingegen ginge an alle Kunden mit einer Recency von einem oder zwei Tagen, was im Beispiel die besten 5 % der Kunden beschreibt. Die Verteilung in den mittleren Scores 2 bis 5 fällt dadurch etwas größer aus. Score 2 für Kunden mit einer Recency von sieben oder acht Tagen vereint 33 % der schlechteren Kunden, Score 3 bildet die größte Gruppe mit Kunden, deren letzter Kauf vier, fünf oder sechs Tage zurückliegt. In Summe machen diese Kunden 43 % des gesamten Kundenstamms aus. Score 4 vereint lediglich 9 % der guten Kunden mit einer Recency von drei Tagen.

Da die Gruppe 3 damit nun fast die Hälfte aller Kunden in sich vereint, ist das Ergebnis vermutlich zu undifferenziert und damit wenig aussagekräftig. Um das zu vermeiden, ist es sinnvoll, Kunden mit einer Recency von vier Tagen auch noch den Recency Score von 4 zu verleihen. Damit würde die Recency-Score-4-

Gruppe nicht mehr nur 9%, sondern 19% der Kunden beschreiben und die Gruppe 3 für Kunden mit einer Recency von fünf oder sechs Tagen hätte nur noch 23% der Kunden. Damit scheint die Verteilung, wie Tabelle 6.5 zeigt, gelungen.

Recency in Tagen	# Kunden	% Kunden	Recency-Score
10	3	3%	1
9	5	5%	
8	13	13%	2
7	20	20%	
6	18	18%	3
5	15	15%	
4	10	10%	4
3	9	9%	
2	5	5%	5
1	2	2%	

Tabelle 6.5: Rohdaten-Tabelle zur Graph-Darstellung angepasst

So gehen Sie nun auch für die anderen beiden Parameter Frequency und Monetary Ratio vor. Sind alle Parameter-Score-Vergaben definiert, hat jeder Ihrer Kunden dann eine Punktezahl zwischen 3 und 15.

Tipp

Kunden, die noch nie gekauft haben – im eigentlichen Sinne also Leads –, können Sie entweder ganz außen vor lassen oder mit 0-Scores versehen.

Die Summen aus den Einzel-Scores werden dann wiederum in den finalen RFM-Score übersetzt, der einen Wert zwischen 1 und 5 annehmen kann.

Hinweis

Dies ist im Übrigen das zweite Mal, bei dem aus Statistik-Sicht »willkürlich« Grenzen gezogen werden.

Summe aus Recency, Frequency und Monetary	RFM-Score
15	
14	5
13	
12	
11	4
10	
9	
8	3
7	
6	
5	2
4	
3	1

Tabelle 6.6: RFM-Modell – Score-Berechnung

Vorsicht

Wie eingangs bereits kurz angedeutet, *können* die Werte Frequency und Monetary Ratio nur wachsen. Im Beispiel von Tabelle 6.6 würde ein einst sehr guter Kunde, der F = 5 und M = 5 hatte, seit Jahren aber inaktiv ist und damit R = 1 hat, mit einer Gesamtpunktzahl von 11 also niemals einen schlechteren Gesamtscore als 4 bekommen.

Um solche und andere problematische Konstellationen zu identifizieren, sollten Sie die Ergebnisse Ihrer Berechnung auf jeden Fall mithilfe von Stichproben überprüfen. Sobald also jeder Ihrer Kunden einen RFM-Score hat, sehen Sie sich ein paar Kunden jeder Gruppe im Order-Backend genau an. Hilfreich ist dabei auch die Betrachtung der Parameter-Score-Kombinationen, also die Einzel-Scores für R, F und M, die zu den jeweiligen Gesamt-Scores führen.

Um Konstellationen wie F = 5, M = 5 und R = 1 zu vermeiden, gibt es verschiedene Möglichkeiten. Eine davon ist, wie eingangs bereits angedeutet, die Betrachtung der Faktoren F und M z. B. auf das letzte Jahr zu beschränken. Das heißt, vom Tag der Berechnung werden nur die letzten 365 Tage betrachtet. Damit können auch diese beiden Werte wieder kleiner werden. Die Statik ist damit also aufgehoben.

Eine weitere Möglichkeit ist die Gewichtung der Faktoren R, F und M. Dadurch erhalten Sie die Möglichkeit, den Score an die Eigenheiten Ihres Unternehmens anzupassen. Die Berechnung sähe dann wie folgt aus, wobei r, f und m die Gewichtungsfaktoren sind:

Formel

RFM-Score = (r * R) + (f * F) + (m * M)

Nutzung und Interpretation

In erster Linie dient der RFM-Score dazu, mit nur einer Zahl und anhand objektiv nachvollziehbarer Kriterien zu beurteilen, ob es sich grundsätzlich um einen guten oder schlechten Kunden handelt. Der Score gibt Ihnen so fortwährend einen Überblick darüber, wie Ihre Kundenstruktur diesbezüglich aussieht, und stellt eine großartige Hilfe dar, wenn Sie beispielsweise herausfinden möchten, ob Sie bei Ihren jeweiligen Neukunden-Kampagnen gute oder schlechte Kunden gewonnen haben. Eine Information von unschätzbarem Wert, die sonst häufig nur über aufwendige Analysen und Auswertungen in Erfahrung zu bringen ist.

Natürlich kann der RFM-Score auch zur Segmentierung genutzt werden. Jedoch nur bedingt. Für die Promotion von Weiterempfehlungen, die man idealerweise eher an seine guten Kunden schickt, oder aber um Danke-Kampagnen für gute, treue Kunden zu planen, hilft der RFM-Score wunderbar bei der Segmentierung. Angenommen, Sie möchten jedoch Kunden mit einem schlechten RFM-Score zu einem besseren Kunden entwickeln. Dann ist es für die Konzeption einer geeigneten Kampagne durchaus relevant zu wissen, *warum* der Kunde einen schlechten Score hat. Liegt dies am Faktor Recency oder hat er vielleicht eine gute Recency und Frequency, aber bis dato vielleicht eine zu geringe Marge generiert? In diesem Fall ist es besser, direkt nach Anzahl der Käufe, Aktivität oder Lifetime-Marge zu segmentieren.

Tipp

Legen Sie die Berechnung so an, dass auch die Historie der RFM-Scores pro Kunde gespeichert wird und für Analysen zur Verfügung steht. So können Sie später die Entwicklung der Scores analysieren und auch daraus Learnings ziehen.

Predictive RFM

Der RFM-Score, wie hier beschrieben, betrachtet ausschließlich das in der Vergangenheit liegende Kaufverhalten der Kunden. Es gibt aber auch eine Möglichkeit, die Kaufwahrscheinlichkeit in der Zukunft miteinzubeziehen. Dabei wird eine

Änderung im letzten Schritt der Berechnung vorgenommen. Das heißt, die Vergabe des finalen RFM-Scores erfolgt nicht linear anhand der Gesamtpunktzahl aus den Einzel-Scores R, F und M, sondern abhängig von der Kombination aus diesen drei. Es wird für jede dieser möglichen Kombinationen aus R, F und M – basierend auf den Daten der letzten drei Monate – berechnet, welche Marge Kunden mit der jeweiligen Kombination wahrscheinlich in den nächsten drei Monaten machen werden. Die R-F-M-Kombinationen werden dann absteigend nach der wahrscheinlich zukünftigen Marge sortiert. Innerhalb dieser Liste werden dann die Grenzen für die Vergabe der finalen Scores gezogen.

R-Score	F-Score	M-Score	RFM-Gesamtscore
5	4	4	5
5	1	2	
3	5	4	4
...			

Tabelle 6.7: Einteilung der Einzel-Score-Kombinationen

Der Vorteil dabei ist, dass eben nicht nur der Blick in die Vergangenheit in die Bewertung mit einfließt, sondern auch der Wert, den ein Kunde in Zukunft (wahrscheinlich) bringt, berücksichtigt wird.

Nachteil ist aber – und das ist das Problem bei fast allen Predictive-Modellen: Der Score verliert seine Erklärbarkeit. Wie in Tabelle 6.7 dargestellt, kann es sein, dass die Kombination R5, F1, M2 aufgrund der in der Zukunft voraussichtlich erzielten Marge einen höheren RFM-Score erhält als die Kombination R3, F5, M4, die nach semantischen Gesichtspunkten eigentlich besser daherkommt.

Für welches Modell Sie sich entscheiden, ist meist eine philosophische Frage. Ist es für Sie entscheidender, erklären bzw. nachvollziehen zu können, warum RFM-5-Kunden besser sind als RFM-3-Kunden oder ist Ihr Vertrauen in die Statistik groß genug, dass Sie darauf verzichten können und wollen? Den Hauptzweck, nämlich die Bewertung der Kundenqualität anhand messbarer Kriterien, erfüllen beide.

6.2.2 Customer Lifetime Value

Der Customer Lifetime Value – kurz CLV – ist eine Kennzahl aus der Betriebswirtschaftslehre und versucht, wie der Name schon sagt, zu beschreiben, welchen Wert ein Kunde für ein Unternehmen hat. Er setzt sich aus dem bisher generierten Wert für das Unternehmen zusammen und aus der Prognose, welchen Wert der Kunde in der Zukunft noch für das Unternehmen generieren wird.

Wozu benötigt man den CLV?

Grundsätzlich muss man zwischen zwei Arten von CLVs unterscheiden. Der durchschnittliche CLV eines (beliebigen bzw. jeden) Kunden wird auf Basis von Durchschnittswerten berechnet, die aus den zur Verfügung stehenden Daten *aller* Kunden berechnet werden. Er nennt somit den Wert, den ein Kunde während seines Kundenlebens durchschnittlich stiftet, und gibt damit z. B. unter anderem einen Richtwert, was die Akquise eines Neukunden maximal kosten darf, um noch rentabel zu sein. Im CRM gibt er einen Richtwert vor, welches Budget man sinnvollerweise in Kundenbindungsmaßnahmen investiert, und vor allem den Rahmen, welchen Wert es mindestens von jedem Kunden zu erreichen gilt. Vor allem gibt er aber auch den Wert an, den es über die Dauer der Zeit zu erhöhen gilt. Er ist damit ein entscheidender KPI, der den Erfolg der CRM-Maßnahmen beziffert. Man denke an die genannte Zielsetzung des CRM: »Den Wert der Kunden über den gesamten Lebenszyklus hinweg auszuschöpfen.«

Die zweite Variante des Customer Lifetime Values ist der *individuelle* CLV. Dieser wird auf Basis des individuellen Kundenverhaltens für jeden Kunden einzeln berechnet. Er trifft daher eine Aussage darüber, wie wertvoll jeder einzelne Kunde für das Unternehmen ist. Auf seiner Basis lässt sich entscheiden, wie viel zum Beispiel in Reaktivierungskampagnen bestimmter Kunden investiert werden soll. Für einen Kunden mit hohem Wert lohnt es sich, mehr Aufwand zu betreiben, um eine Abwanderung zu verhindern, wohingegen der Verlust eines Kunden mit niedrigem CLV eher zu verschmerzen ist. Daneben kann er auch in anderen Unternehmensbereichen genutzt werden, wie zum Beispiel im Kundenservice, wenn es darum geht, zu entscheiden, welche Wiedergutmachung ein verärgerter Kunde nach einem Lieferproblem erhält.

Neben den genannten und noch vielen weiteren Vorteilen der granularen Segmentierung nach individuellem Kundenwert gibt es aber einen gewaltigen Nachteil: Der individuelle CLV ist äußerst komplex zu berechnen und damit in der Praxis kaum bis gar nicht anwendbar. Grund hierfür sind zur Berechnung benötigte Angaben, wie die angenommene Dauer der Kundenbeziehung, die bisherigen sowie die erwarteten Einzahlungsströme des Kunden, also Umsätze bzw. Marge, sowie die bisherigen bzw. zukünftigen Auszahlungsströme, also Kosten, die für den Kunden anfallen.

All dies sind Variablen, die allesamt geschätzt werden müssen und damit große Unsicherheiten bzgl. ihrer Validität bergen. Dazu kommt noch der zur Abzinsung notwendige Kalkulationszinssatz, der für die Berechnung notwendig ist. Dieser ist jedoch in der Praxis eigentlich gar nicht zu benennen. Die Berechnung des individuellen CLV basiert damit auf vier Variablen, die sich allesamt kaum vorhersagen bzw. abschätzen lassen.

Aus diesem Grund der schier unmöglichen Berechnung und weil Auszahlungs-ströme, also Kosten für Kunden bzw. Werbekosten, im E-Commerce so gering sind, dass sie kaum ins Gewicht fallen, empfehle ich Ihnen, dass Sie sich im ersten Schritt nicht unnötig mit der Berechnung des individuellen CLV aufhalten. Stellen Sie sich auch die Frage, welchen tatsächlichen Nutzen Ihnen der CLV bringen würde und wofür Sie ihn konkret anwenden würden bzw. könnten.

Wenn es darum geht, den zukünftigen Wert eines einzelnen Kunden zu berechnen, dann beschränken Sie sich eher auf die Marge, die der Kunde in der Vergangenheit gemacht hat, und berechnen Sie basierend darauf die Marge, die er voraussichtlich in Zukunft machen wird – ähnlich wie im Kontext des Predictive RFM beschrieben. Eine solche Berechnung kann von Statistikern meist sehr leicht vorgenommen werden und ist in ihrer Aussagekraft ähnlich wie ein CLV pro Kunde.

Berechnung des durchschnittlichen CLV

Der durchschnittliche CLV kann hingegen deutlich einfacher berechnet werden und basiert weniger auf Schätzwerten als vielmehr auf berechneten, vergangen-heitsbasierten Durchschnittswerten. Er gibt, wie eingangs genannt, Aufschluss darüber, welchen Wert Kunden durchschnittlich dem Unternehmen bringen.

Variablen

- t = durchschnittliche Customer Lifetime in Jahren

  Ist Ihr Unternehmen bereits seit einigen Jahren am Markt, können Sie diesen Wert relativ einfach aus der Datenbasis berechnen. Bei sehr jungen Unternehmen bleibt oft nur die Schätzung. Achtung: Oft wird hier zu optimistisch gedacht. Eine konservativere Schätzung ist hier angebracht.

- e = durchschnittlicher Warenkorb pro Einkauf

  Dieser Wert ist vermutlich bereits Bestandteil Ihrer Standard-Reportings. Je nach Dynamik Ihres Unternehmens können Sie zur Berechnung nur die Käufe des letzten Jahres betrachten.

- p = durchschnittliche Anzahl Käufe pro Jahr

  Auch dieser Wert lässt sich einfach aus der Datenbasis berechnen. Sollte Ihr Unternehmen noch nicht viel älter als ein oder zwei Jahre sein, so können Sie den Zeitraum auch auf ein halbes Jahr verringern. Vorsicht: Das müssen Sie dann auch für die Variable t machen. Sie schätzen die Lebenszeit dann also in halben Jahren.

- m = durchschnittliche Profit-Marge pro Bestellung in Prozent

  Idealerweise ziehen Sie hier die durchschnittliche Gewinnmarge pro Bestellung zurate. Diese ist vermutlich aufwendiger zu berechnen, da Logistik- und sonstige Kosten bereits abgezogen sein müssen. Hilfreich ist es, wenn Sie grundsätzlich den absoluten Wert der Profit-Marge pro Bestellung berechnen und in Ihrer Datenbank wegschreiben.

Die Formel zur Berechnung des durchschnittlichen Customer Lifetime Value ist dann folgende:

Formel

$CLV = t * (e * p * m)$

Wichtig

Dieser Wert ist als durchschnittlicher Richtwert anzusehen. Er beinhaltet nur die vom Kunden erwarteten Einzahlungen und lässt Auszahlungen im Sinne von Marketingmaßnahmen und Werbeausgaben außen vor. Vielmehr können Sie durch diesen Wert ableiten, was die Gewinnung eines Neukunden maximal kosten darf, damit sie noch rentabel ist. Ausgehend von diesem Soll-Wert können Sie dann weiter Ihre Marketingkosten pro Kunde dagegenstellen und sehen, in welchem Verhältnis diese beiden Werte zueinanderstehen. Die wohl größte Unbekannte in dieser Berechnung ist die Variable **t** – die angenommene Dauer des Customer Lifecycle. Dabei wird meist zu optimistisch vorgegangen. Sind Sie hier unsicher, welchen Wert Sie ansetzen sollen, so kann die Berechnung eines Worst-, Best- und Average-Case-Szenarios helfen.

6.2.3 Margenbetrachtung

Ist es die bloße Lifetime-Marge, an der Sie die Qualität eines Kunden festmachen, kann es durchaus sinnvoll sein, auch nur diese allein als Kriterium zur Beurteilung der Kunden heranzuziehen. Das Prinzip folgt dem des RFM-Scores, nur dass eben nur ein Parameter – die Lifetime-Marge – herangezogen wird.

Zur Definition der Grenzen werden – ähnlich wie bei den Parameter-Scores R, F und M – zunächst die Rohdaten, in diesem Fall alle bisher generierten Lifetime-Margen, exportiert. Zur Vergabe der Scores können Sie bei einer fünfstufigen Einteilung wie folgt vorgehen: Die besten 15 % der generierten Margen bilden den besten Score 5. Die schlechtesten 15 % bilden den schlechtesten Score 1. Die 60 % dazwischen können Sie dann gleichermaßen auf die Scores 2, 3 und 4 aufteilen.

Hier ist insofern wieder Vorsicht geboten, als dass die Lifetime-Marge statisch ist und demnach wieder nur wachsen kann. Die Bewertungskriterien, ab welcher Lifetime-Marge ein Kunde als sehr gut, gut etc. bewertet wird, muss somit fortlaufend angepasst werden. Ein realistischer Anpassungszyklus wäre beispielsweise ein Jahr. Unterliegt Ihr Unternehmen einem besonders rasanten Wachstum, so kann er auch auf ein halbes Jahr verkürzt werden.

6.2.4 Kohortenanalyse in einem weiteren Kontext

Die Kohortenanalyse ist bereits aus Abschnitt 5.3 bekannt. Dort wurde sie im Kontext unternehmensspezifischer CRM-Analysen betrachtet. Wenn Sie sich einmal kurz zurückerinnern, so zeigt sie die Entwicklung der jeweiligen Kohorten, die in einem bestimmten Monat gewonnen wurden. Demnach lässt sich von ihr auch ablesen, ob einige Kohorten im Vergleich zu anderen besser oder schlechter sind. Ergo gab es Monate, in denen vielleicht bessere Kunden gewonnen wurden als in anderen? Wenn ja, so gilt es, in die Analyse der jeweiligen Kohorte einmal tiefer einzusteigen und herauszufinden, ob es dafür einen bestimmten Grund wie beispielsweise besonders erfolgreiche Neukunden-Gewinnungs-Kampagnen gab. Die Kohortenanalyse gibt hier also einen entscheidenden Hinweis, an welcher Stelle eine tiefer gehende Analyse sinnvoll ist.

> **Vorsicht**
>
> Die Kohorten zeigen nach wie vor nur den kumulierten Lifetime Revenue, nicht die Anzahl der Kunden, die sich in einer Kohorte befinden. Da in der Regel aber von steigenden Neukunden-Zahlen pro Monat auszugehen ist, spiegelt sie meist steigende Umsätze bei gleichen oder gar mehr Neukunden wider. Nichtsdestotrotz ist bei Erkennen von Auffälligkeiten (im positiven wie auch negativen Sinn) eine detaillierte Analyse der jeweiligen Kohorte notwendig.

6.3 Wann ist welches Modell sinnvoll und für welchen Zweck eignet es sich

Grundsätzlich dienen – bis auf die Kohortenanalyse – alle Modelle dazu, die qualitative Aussage von »guten« oder »schlechten« Kunden in quantitativ messbare Kriterien zu übersetzen. Eine Maßnahme, die zwingend erforderlich ist, um gutes und vor allem messbares CRM zu machen. Für welches Modell Sie sich letzten Endes entscheiden, hängt dabei stark von Ihren Unternehmenszielen und der Entscheidung ab, wann Sie einen Kunden als »gut« einstufen. Kommt es für Sie ausschließlich auf die vom Kunden erbrachte Marge an, so eignet sich die am einfachsten zu berechnende Margenbetrachtung für Sie wohl am besten. Spielen für Sie weitere Faktoren wie Kaufhäufigkeit und Aktivität eine Rolle, so sollten Sie sich auf den RFM-Score fixieren. Sein Vorteil ist, dass er für jeden Kunden individuell berechnet werden kann – und zwar im Gegensatz zum individuellen CLV sehr schnell und einfach. Sein (einziger, aber entscheidender) Nachteil im Vergleich zum individuellen CLV ist, dass er keinen Euro-Wert ausdrückt. Sie wissen also

»nur«, dass ein RFM-5-Kunde ihr bester ist, jedoch nicht, welchen Euro-Wert dieser für Ihr Unternehmen hat. Der durchschnittliche CLV jedoch stellt eine ausgezeichnete Ergänzung zum RFM-Modell dar und dient als Standard-Messgröße für CRM-Maßnahmen. Diesen Wert gilt es, im Durchschnitt anzuheben. Ein – vor allem am Aufwand-Nutzen-Verhältnis gemessenes – ideales Setup könnte daher die Implementierung des RFM-Scores zusammen mit der Betrachtung des durchschnittlichen CLV sein. Die Kohortenanalyse kann dabei als zusätzliche Unterstützung angesehen werden, die auf ggf. auftretende Besonderheiten einzelner Kohorten hinweist und bei detaillierterer Analyse zu neuen Insights führt.

6.4 Kategorisierung der Kundengruppen

Nun, da klar ist, wie sich die Qualität von Kunden faktisch berechnen lässt, kann diese Berechnung einerseits global auf alle Kunden angewendet werden, andererseits aber auch auf jede einzelne, bisher identifizierte Kundengruppe. Das heißt, vor allem die in Kapitel 4 identifizierten Kundengruppen lassen sich nun auch qualitativ bewerten bzw. einordnen. Im Klartext bedeutet dies, dass man z.B. die Gruppe der Getränke-Shopper hernimmt und ihren RFM-Score berechnet. Daran lässt sich dann erkennen, ob dieser bereits sehr wertvoll für das Unternehmen ist, also durchschnittlich bereits einen sehr hohen RFM-Score hat, oder aber ob diese Kundengruppe inhaltlich zwar interessant ist, hinsichtlich der Qualität aber sehr schlecht, sie im Durchschnitt also einen schlechten RFM-Score aufweist.

6.4.1 Positiv/Negativ-Selektion

Nach der Berechnung der Qualität der jeweils identifizierten Kundengruppen geht es nun also darum, zu beurteilen, wie Sie mit den jeweiligen guten, schlechten und mittelmäßigen Kundengruppen umgehen werden.

Es liegt eine Grundsatz-Entscheidung an, welche Kundengruppen Sie künftig weiter ausbauen möchten, welche Sie optimieren möchten und von welcher Sie sich ggf. sogar trennen möchten.

Kundengruppen, die Stand heute schon gut oder gar sehr gut sind, werden wohl zweifelsfrei auch künftig forciert werden. Mittelmäßige Kundengruppen fallen wahrscheinlich in die Kategorie derer, die optimiert werden müssen, das heißt, deren Wert ganz gezielt gesteigert werden muss, um sie ebenfalls zu guten bzw. sehr guten Kunden zu entwickeln. Bei – auf den Unternehmenswert bezogen – schlechten Kunden bleibt ebenfalls zu entscheiden, wie der künftige Umgang aussehen wird. Das heißt, versucht man, diese Kundengruppen durch Cross- und Upselling-Kampagnen zu optimieren, um sie zu guten Kunden zu entwickeln, oder sieht man sie vielleicht trotz ihres mittelmäßigen Kundenwerts als wertvolle Imageträger bzw. Multiplikatoren und möchte sie deswegen weiter halten.

Oder aber der »Schaden«, den schlechte Kundengruppen einbringen, ist zu hoch, als dass es sich lohnt, sie länger zu binden. Der Grund hierfür ist dann meist ein stark negativer Deckungsbeitrag. Sollten Sie solche Kunden unter den Ihren vorfinden, ist nun *Mut zur Wahrheit* gefragt! »Trennen« Sie sich von diesen Kunden, das ist durchaus legitim.

Praxis-Tipp

Wenn

Sie Kunden mit zu stark negativem Deckungsbeitrag haben und kein Potenzial auf Verbesserung sehen,

dann

schließen Sie diese Kunden künftig einfach von sämtlichen Werbekampagnen aus.

Für ganz hoffnungslose Fälle können Sie diese Entscheidung des Ausschlusses getrost direkt treffen. Bei Grenzfällen können Sie sich für ein gewisses Maß an Upselling-Kampagnen entscheiden. Funktionieren diese nicht mit dem erwarteten Erfolg, können Sie die Kunden endgültig aus dem Target eliminieren.

Hinweis

An dieser Stelle sei betont: Man *kann* nicht aus jedem Kunden einen guten Kunden machen. Auch wenn das CRM noch so hervorragend ist.

6.4.2 Was schätzen die jeweiligen Kundengruppen am Unternehmen, was nicht

Der nächste Schritt ist, zu überlegen, wie die jeweiligen Kundengruppen das Unternehmen wohl bewerten würden. Diese Überlegung hilft dabei, eine realistische Sichtweise auf das eigene Unternehmen zu erlangen.

Was mögen gute Kunden an mir

USP – Unique Selling Proposition – ein in der BWL zum Standard gehörendes Buzzword, dessen Definition in jeder Unternehmensstrategie zu finden ist. Wann immer es darum geht, die Vorteile des Webshops oder der Website zu kommunizieren, also auf Landingpages, im Checkout, in Newsletter- oder auf sonstigen Werbekampagnen, werden sie herausgekramt und stolz kommuniziert. Schnelle Lieferung, günstige Preise, kostenloser Versand sind nur einige der oft leider austauschbaren Vorteile. Welche davon tatsächlich von den Kunden wahrgenommen werden und damit auch aus Kundensicht *echte* USPs sind, ist die eigentlich spannende Frage. Denn häufig weichen Selbst- und Fremdbild an dieser Stelle stark voneinander ab.

Wenn Sie sich nun also überlegen, was gute Kunden, deren Eigenschaften, Kaufverhalten und Bedarf Sie ja nun kennen, an Ihrem Unternehmen gut finden, dann stoßen Sie auf die wahren USPs Ihres Produkts.

Die daraus gewonnenen Kenntnisse, die sich auch noch mal über gezielte Kundenumfragen (siehe Kapitel 9) bestätigen lassen, können Sie dann direkt in Ihre Kunden- und Vorteilskommunikation mit aufnehmen, um so künftig mit *echten* USPs zu punkten.

Von den Besten kann man bekanntlich lernen. In diesem Fall lernen Sie von Ihren besten Kunden.

Was mögen schlechte Kunden nicht an mir

Überlegen Sie sich aber auch, was die Schlechten unter Ihren Kunden nicht an Ihnen mögen. Versuchen Sie, sich die Gründe vor Augen zu führen, warum die schlechten Kunden eben auch so »schlecht« sind, dann stoßen Sie auf die Probleme, denen Sie sich Stand heute gegenübersehen. Probleme im Service, im Produktangebot, auf der Website bzw. im Shop oder auch bezogen auf Ihr Markenimage oder Ihre Markenbekanntheit.

Wo Ihnen Ihre beste Kunden also aufzeigen, an welchen Stellen Sie bereits heute gut aufgestellt sind, zeigen Ihnen Ihre schlechtesten, wo Ihre größten Probleme liegen. Ein nicht zu unterschätzender Mehrwert. Denn oft, wenn es darum geht, Optimierungen im Unternehmen vorzunehmen, erfolgt die Priorisierung der Themen anhand persönlicher oder politischer Einschätzungen der Entscheidungsträger, selten jedoch anhand der Priorität aus Kundensicht. Einer der größten Fehler, den Unternehmen heutzutage begehen: Sie verlieren den Kunden aus dem Fokus.

Kennen Sie Ihre größten Schwachstellen aus Kundensicht, wissen Sie direkt, an welcher Stelle die ersten Optimierungen vorzunehmen sind.

6.4.3 Welche Kunden haben Potenzial und wie lässt es sich heben

Abschließend sollten Sie sich überlegen, welche Potenziale die entsprechenden Kundengruppen haben und wie sie sich heben lassen. Dafür nehmen Sie erneut das bereits in Kapitel 4 erstellte Kundenprofil her und ergänzen es zunächst um den berechneten Qualitätsindex. Dann formulieren Sie dementsprechend, welches Potenzial Sie in dieser Kundengruppe noch sehen bzw. wie Sie es heben können. Dabei beziehen Sie auch die Kenntnisse aus der Analyse mit ein, also die Durchschnitts-KPIs (Anzahl Bestellungen, Warenkorb-Items und -Wert) sowie die Verteilung der Kunden mit nur einer, aber auch mit mehr als drei Bestellungen.

Wer	Regular Shopper Getränke
Lebenssituation (=Bedarfsdeckung für)	Familie
Primär-Bedarf	Getränke (Wasser, Bier, Säfte)
Sekundär-Bedarf	Wein, Toilettenpapier, Spülmittel, Küchenpapier, Waschmittel
Motivation	Einkauf erfolgt für die gesamte Familie Es werden in erster Linie Artikel gekauft, die schwer oder zu groß zum Transportieren sind und sich auf Vorrat kaufen lassen
# Kunden	20.000, 20%
Umsatzvolumen	3.000.000 EUR
# Kunden mit 1 Order	8.000, 40%
# Kunden mit >3 Orders	6.000, 20%
Avg. # Orders	3
Avg. Warenkorb Items	8
Avg. Warenkorb Wert	80 EUR
Qualität z.B. avg. RFM-Score	3,8
Probleme	Die ganz treuen Stammkunden fehlen, nur 30% mit >3 Orders

Potenziale	Erhöhung der Kauffrequenz
	    Trigger der Zweit-Order für Ein-Mal-Käufer
	    Trigger der Next-Order für alle Kunden mit nur 2 oder drei Orders
	Erhöhung Warenkorb
	    Wert pro Item
	    Anzahl Items
	Ausweitung der Einkäufe (breiteres Sortiment)
	    Heranführung an das Frische-Sortiment

Abb. 6.2: Erweiterung des Kundenprofils um Qualität, Probleme, Potenziale

Im Falle unseres Beispiels der »Regular Shopper Getränke« sähe das dann so aus, wie in Abbildung 6.2 dargestellt. Unter der Zeile »Qualität«, die hier mit einem fiktiven RFM-Score von 3,8 beziffert ist, finden Sie eine weitere mit der Bezeichnung »Probleme«. Darin können Sie bei schlechten Kundengruppen beschreiben, wo genau die Probleme dieser Kunden liegen. Im Beispiel wäre ein Problem, dass es zu wenige von den ganz treuen Stammkunden gibt (Anteil der Kunden mit über drei Bestellungen liegt lediglich bei 20%).

Danach folgt die Beschreibung der Potenziale. An dieser Stelle ist es zunächst einmal sinnvoll, den Vergleich der Kundengruppe zu den Idealkunden zu ziehen. Dabei sehen Sie auf einen Blick, welches Potenzial hinsichtlich z.B. der Kaufhäufigkeit vorliegt. Bei einem Lebensmittel-Shop dürfte da noch eines zu heben sein. Daher wird die Erhöhung der Kauffrequenz, aber auch eine Ausweitung des gekauften Sortiments als Potenzial festgelegt. Ebenso wird direkt festgehalten, wie diese Potenziale gehoben werden können, in diesem Fall durch das gezielte Triggern der 2nd-Order (für alle Kunden mit nur einer Bestellung, 40%) sowie das Triggern der Next-Order, für alle Kunden, die nur zwei oder drei Mal bestellt haben. Letztere sind zwar nicht explizit aufgeführt, lassen sich aber aus den Kunden mit nur einer bzw. mit mehr als drei Bestellungen berechnen. Ebenso wird die Heranführung der Kundengruppe an das Frische-Sortiment aufgeführt.

## Kapitel 7

Cross Analytics

Eine weitere Hilfe auf dem Weg zu mehr Informationen über Kunden, deren Bedarf und Verhalten ist Cross Analytics oder auch Assoziationsanalyse genannt. Dabei wird in erster Linie versucht, Daten zu normieren. Das heißt, spannende Informationen, die man aufgrund einer langen Historie von einem (meist nur kleineren) Kundenkreis vorliegen hat, an ein Kriterium zu knüpfen, das für alle Kunden vorliegt. Im Umkehrschluss können anhand dieses Kriteriums die spannenden Insights über den einen kleineren Kundenkreis auf die Kundengesamtheit oder zumindest auf einen deutlich größeren Kundenkreis übertragen werden.

7.1   Produkte/Marken mit Indikationen

Die einfachste Möglichkeit ist es, Produkte und Marken zu identifizieren, die gegebenenfalls Auskunft darüber geben, was – bzw. in welchem Preissegment – der Kunde sonst noch gerne kauft. Das heißt Produkte oder Marken, die aufgrund eines sehr günstigen oder sehr hohen Preises darauf schließen lassen, dass der Kunde ggf. auch sonst eher in höheren bzw. niedrigeren Preissegmenten unterwegs ist.

Ähnliches kann beispielsweise auch bei speziellen Lifestyle-Produkten auftreten. Entscheidet sich ein Kunde bei einem Produkt für die Bio-Variante, so trifft dies vielleicht eine Aussage darüber, worauf sein Fokus auch beim Kauf von anderen Produkten liegt. Eine Mama, die im Baby-Online-Shop zur Bio-Nahrung greift, legt damit vielleicht auch im Bereich Kleidung Wert auf Bio-Baumwolle.

Solche potenziellen Abhängigkeiten kommen sehr häufig vor. Stellen Sie sich diese Frage auch in Ihrem Unternehmenskontext. Bei der zielgerichteten Analyse hilft auch hierbei wieder das Bilden von Thesen. Anstelle der Primär- bzw. Sekundär-Produkte benennen Sie das Indikator-Produkt und die daraufhin angenommene Konsequenz. Folgendes Beispiel (Abbildung 7.1) veranschaulicht das:

Shop	Kundengruppe	Lebens- bzw. Familiensituation	Indikator-Produkte	Sekundär-Produkte	Kaufhäufigkeit/Motivation
Lebensmittel	Marken-Shopper	Karriereorientiert	hochpreisige Nahrungsergänzungsmittel	kauft auch sonst nur hochpreisige Markenprodukte	tbd.

Abb. 7.1: Beispiel-These Produktindikator

Auch für die Thesen über mögliche Indikationsprodukte definieren Sie die entsprechenden KPIs. Hierbei tritt oft eine Besonderheit auf, weswegen ich darauf kurz eingehen möchte.

Wie bei der These zum »Regular Shopper Getränke« aus Kapitel 4 müssen auch hier das Indikatorprodukt bzw. die Indikatorprodukte anhand von Produkt-IDs, Marken oder Kategorien definiert werden. Nun aber kommt der spannende Teil. Als Konsequenz wird genannt, dass diese Kunden auch sonst nur zu *hochpreisigen (Marken-)Produkten* greifen. Nun müsste man sich theoretisch hinsetzen und alle »hochpreisigen« Artikel oder Marken definieren. Theoretisch machbar, praktisch aber wenig sinnvoll und dazu sehr subjektiv. Denn was für den einen schon hochpreisig ist, mag für den anderen noch im mittleren Preissegment liegen.

Die Lösung: ein Flagging aller Produkte nach teuer, mittel und günstig. Da dies aufgrund unterschiedlicher Preisspannen pro Produktkategorie nicht über das ganze Sortiment hinweg gemacht werden kann, wird jede Unterkategorie für sich betrachtet. Es wird davon ausgegangen, dass Produkte innerhalb einer Unterkategorie ähnlich genug sind, als sie sich in einer ähnlichen Preisspanne bewegen. Innerhalb einer Kategorie werden nun die 30 % der teuersten Produkte mit dem Flag »teuer« versehen. Die 30 % der günstigsten Produkte dieser Kategorie erhalten das Flag »günstig« und die dazwischenliegenden 40 % werden als »mittelpreisig« gekennzeichnet. Liegen alle Produkte mit einem solchen Flag gekennzeichnet in der Datenbank vor, so ist es ein Leichtes, abzufragen, wie viel Prozent der von Indikationsprodukt-Käufern auch sonst im hochpreisigen Sortimentsbereich einkaufen. Vergleicht man diese Zahl mit dem Durchschnitt über alle Kunden, so erhält man die gewünschte Antwort.

7.2 RFM-Score vs. Postleitzahl

Bei der Überkreuz-Analyse von RFM-Score und Postleitzahl geht es grundsätzlich darum, die Qualität der Kunden von ihrem Wohnort – dem Postleitzahlengebiet – ableitbar zu machen. Hintergrund ist der, dass der RFM-Score, oder allgemein jeder Kunden-Qualitäts-Score nur von Kunden berechnet werden kann, die mindestens ein Mal gekauft haben. Dabei wird der Score aussagekräftiger, je mehr Kauf-Daten, also je mehr Kaufhistorie, zur Verfügung steht.

Toll wäre es jedoch, wenn man nicht erst abwarten müsste, bis Kunden x Mal gekauft haben, um ihre Qualität zu bestimmen, sondern wenn man bereits vorab eine Ahnung hätte, wie sich ein potenzieller Kunde in Zukunft entwickeln wird.

Daher findet der Match des RFM-Scores, der nur für einen Teil der Kunden vorliegt, auf die PLZ statt, die von jedem Kunden vorhanden ist bzw. auch von Personen, die mal zu Kunden werden sollen. Zeigt diese Kreuz-Analyse tatsächlich einen Zusammenhang zwischen PLZ und RFM-Score, so kann man daraus in Zukunft ein gezieltes Targeting ableiten. PLZ-Gebiete, die primär sehr gute Kunden hervorbringen, können dabei stärker in den Fokus der Promotions rücken als PLZ-Gebiete, in denen mehr schlechte Kunden vorzufinden sind.

Vorsicht

Die Selektion der PLZ muss relativ granular erfolgen. Dabei reicht es nicht, in Stadt- und Land-Postleitzahlen-Kreise zu unterteilen wie Berlin mit 10xxx bis 14xxx und sein Umland. Die Unterteilung – z.B. für Berlin – muss pro Stadtteil erfolgen.

Warum reicht die Segmentierung nach Stadt und Land nicht aus? Geht man so vor, wird man feststellen, dass die Verteilung der RFM-Scores 1 bis 5 innerhalb Berlins genauso ist wie im Bundesdurchschnitt, also im Durchschnitt für alle Kunden der Bundesrepublik. Gleiches gilt für das Berliner Umland oder jede sonstige Stadt bzw. jedes sonstige Landgebiet. Wenn man sich Berlin in seinen Einzelbezirken ansieht, wird klar, warum das so ist. Man nehme die Stadtteile Charlottenburg und Marzahn. Ersterer ist wahrscheinlich von sehr kaufkräftigen Kunden besiedelt, Letzterer eher von kaufschwachen Kunden. Zusammen aber bilden sie den Durchschnitt, ebenso wie auch der Durchschnitt aller Kunden. Die Betrachtung nach Stadt enthält daher immer noch besonders gute und besonders schlechte Kunden, sodass am Ende immer ein Durchschnittswert ohne Aussagekraft als Ergebnis dastehen wird.

Eine solche Kreuz-Analyse muss also mindestens auf Stadtteil-Ebene erfolgen.

Praxis-Tipp

Um herauszufinden, ob eine Cross-Analyse zwischen RFM-Score und PLZ in Ihrem Fall zu wertvollen Ergebnissen führt, führen Sie diese Analyse zunächst für ein oder zwei große Städte auf Stadtteil-Ebene durch. Erkennen Sie Zusammenhänge, können Sie die Analyse auf weitere Städte und schlussendlich auch auf Landgebiete ausweiten. Erkennen Sie dabei keine Zusammenhänge, scheint diese Trennung für Ihr Unternehmen nicht relevant zu sein.

7.3   Payment-Scoring vs. Postleitzahl

Eine ähnliche Analyse wie im vorigen Abschnitt beschrieben, lässt sich auch zwischen dem Payment-Score und dem Postleitzahlengebiet erstellen. Dabei erarbeiten Sie dann eher eine Voraussage auf die Bonität der Kunden.

Erkennen Sie an dieser Stelle Zusammenhänge, so können Sie diese auch mit den Erkenntnissen aus der Analyse RFM vs. PLZ verbinden. Damit wird die PLZ Indikator sowohl für Kunden-Qualität als auch für Kunden-Bonität. Abhängig davon können Sie dann entscheiden, welches Werbebudget und welcher Werbeaufwand für welche Kundengruppe sinnvoll ist.

Hinweis

Diese Art des Cross Analytics ist bereits ein sehr fortgeschrittenes CRM. Sie sollten das Thema also erst dann angehen, wenn Sie die übrigen, in den vorangegangenen Kapiteln beschriebenen Analysen durchgeführt und deren Ergebnisse erfolgreich ausgewertet haben.

## Kapitel 8

Churn-Analyse

Als letzte Analyse steht die Berechnung des Churn an. Sie gibt Aufschluss darüber, mit welcher Wahrscheinlichkeit Kunden wiederkaufen, und zeigt deren Aktivität bzw. Inaktivität an. Sie dient hauptsächlich dazu, die richtigen Zeitpunkte für Kampagnen zu berechnen.

8.1 Was bedeutet der Begriff Churn?

Churn ist ein Kunstwort und stammt von den beiden englischen Begriffen »Change« und »Turn« ab. Change, weil der Kunde sich in einem Veränderungsprozess bezogen auf die Auswahl seines Anbieters befindet, und Turn, weil man versucht, den abwandernden Kunden wieder für sich zu gewinnen.

Ursprünglich kommt diese Kennzahl aus dem Vertrags- bzw. Abo-Geschäft. Bevor der Vertrag auslief, hat man versucht, am kritischen Zeitpunkt der potenziellen Abwanderung den Kunden erneut für sich zu gewinnen.

Doch auch im Online-Handel ist das Churn-Management eine geeignete und wichtige Maßnahme, um herauszufinden, wann Kunden drohen, inaktiv zu werden, oder ab wann man überhaupt von der Inaktivität eines Kunden sprechen kann. Viel zu häufig basiert das nämlich auf Basis des guten alten Bauchgefühls oder irgendwelchen Branchen-Durchschnitten, die oft mit dem eigenen Business nichts zu tun haben.

8.2 Berechnung des Churn Trees

Die Berechnung des Churn Trees basiert auf der statistischen Methode des sogenannten Desicion Trees oder zu deutsch: Entscheidungsbaums.

Ausgehend von einem Knotenpunkt – im CRM also einer anhand bestimmter Kriterien eingegrenzten Kundengruppe – zeigt er abhängig von vorhandenen Daten aus der Vergangenheiten eine hierarchische Abfolge von Entscheidungen – in unserem Fall, ob (und mit welcher Wahrscheinlichkeit) der Kunde wieder einkaufen wird.

Ein potenzieller Churn Tree könnte wie in Abbildung 8.1 aussehen.

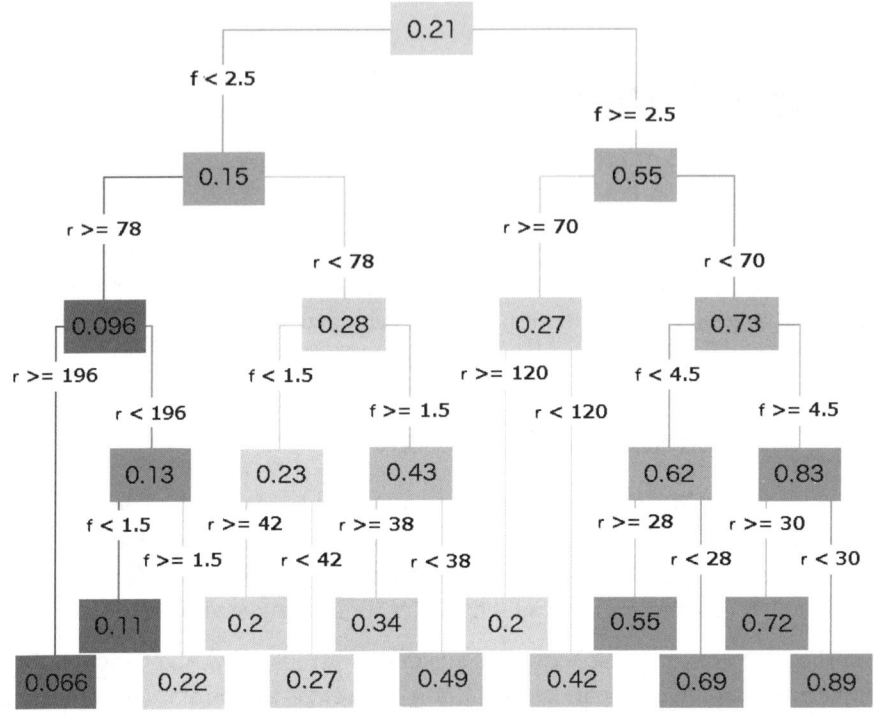

Abb. 8.1: Potenzieller Churn Tree einer Kundengruppe

Dieser Baum beschreibt die Wiederkaufswahrscheinlichkeit für eine gezielte Kundengruppe, also z. B. alle männlichen Kunden zwischen 20 und 30 oder aber alle Kunden, die in Großstädten wohnen. Was immer eben in Ihrem Fall sinnvoll erscheint, der Baum kann auf jede beliebige Kundengruppe angewendet werden. Einzige Voraussetzung: Es müssen genügend Vergangenheitsdaten vorliegen, um eine ausreichend genaue Vorhersage der Wahrscheinlichkeit treffen zu können. Ob das der Fall ist, kann Ihnen Ihr Statistiker oder BI-Experte sagen.

Tipp

Haben Sie inhouse keinen Statistiker und können momentan auch keine weiteren Ressourcen aufbauen? Dann schreiben Sie eine entsprechende Abschlussarbeit oder ein Praktikum an einer Uni Ihrer Stadt aus.

Im Beispiel wurde die Wiederkaufswahrscheinlichkeit anhand der beiden Faktoren R = Recency und F = Frequency berechnet. Der Baum liest sich damit wie in Abbildung 8.2.

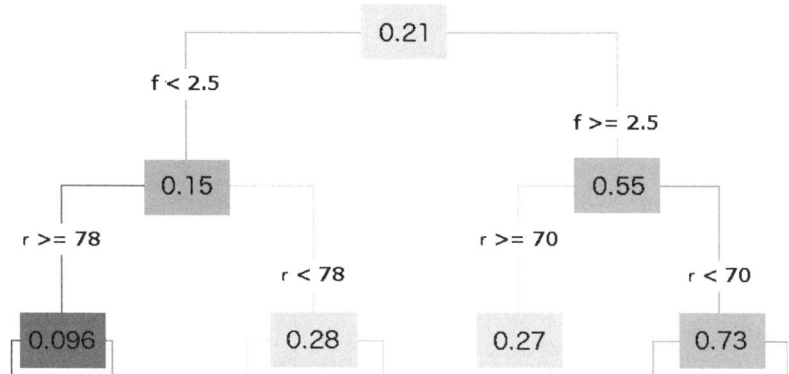

Abb. 8.2: Detail-Ausschnitt Churn Tree

Die gesamte betrachtete Kundengruppe weist im Schnitt eine Wiederkaufswahrscheinlichkeit von 0,21 – also 21 % – auf. Kunden, die in dieser Gruppe bisher nur ein oder zwei Mal (Lifetime) einen Kauf getätigt haben – entspricht der Aussage »f < 2,5« –, haben nur eine Wiederkaufswahrscheinlichkeit von 15 % (0,15). Kunden hingegen, die mindestens drei Mal gekauft haben (f >= 2.5), haben eine Wiederkaufswahrscheinlichkeit von 55 % (0,55). Um in diesem rechten Strang weiterzugehen: Hat der letzte dieser drei Käufe in den letzten 70 Tagen stattgefunden (r < 70), liegt die Wahrscheinlichkeit sogar bei 73 %. Hat er hingegen vor mehr als 70 Tagen stattgefunden (r >= 70), so liegt die Wahrscheinlichkeit eines Wiederkaufs nur noch bei 27 %.

So lässt sich der gesamte Baum durchinterpretieren. Dabei identifizieren Sie die entscheidenden bzw. kritischen Punkte, an denen entsprechend Kampagnen eingesetzt werden müssen.

Der Churn Tree dient also im Wesentlichen dazu, die richtigen Zeitpunkte für Kampagnen zu bestimmen, und gibt Aufschluss darüber, wie viel Ihnen die jeweilige Kampagne wert sein darf.

Wie in Abbildung 8.1 zu sehen ist, zeigt der Churn Tree auch auf, wann ein Kunde als inaktiv bezeichnet werden kann. Das ist der Zweig ganz links. In diesem Beispiel kann 196 Tage nach dem letzten Kauf von Inaktivität gesprochen werden. Das wäre also der späteste Zeitpunkt für eine Reaktivierungskampagne, bevor der Kunde ganz verloren geht. Aber dazu mehr in Kapitel 12, wenn es um die Erarbeitung der Kampagnen geht.

## Kapitel 9

Wenn die Zahlen nicht genug verraten – Kunden fragen

Obwohl wir gesehen haben, welche Macht die Daten mithilfe der richtigen Analyse haben und was wir mit ihrer Hilfe alles herausfinden können und bisher konnten, gibt es manche Fragen, auf die die Analyse keine Antworten geben *kann*. Meistens, weil sie einfach zu semantisch sind, als dass sie von einer Datenbank beantwortet werden könnten. Wenn uns die Kundendaten also keine Auskunft geben können, müssen wir eben die Kunden selbst fragen.

9.1 Online-Umfrage

Zum Glück lassen sich online heutzutage – dank meist kostenloser oder zumindest sehr kostengünstiger Tools – innerhalb kürzester Zeit Umfragen erstellen, versenden und dank ausgefeilter Reporting-Möglichkeiten auch sofort auswerten. Dennoch ist eine (richtige) Umfrage in ihrer Durchführung nicht ganz so trivial, wie man oft annimmt. Wie Sie am besten vorgehen, um hilfreiche Antworten auf Ihre Fragen zu erhalten, ist im Folgenden beschrieben.

9.1.1 Fragen formulieren

Zunächst formulieren Sie jegliche Fragen, die Sie an Ihre identifizierten Kundengruppen bzw. Ihre Kunden im Allgemeinen haben. Überlegen Sie, welche Fragen für Sie zum jetzigen Zeitpunkt aus der Analyse heraus noch nicht beantwortet wurden.

Die Fragen müssen jedoch auf keinen Fall nur kundengruppenspezifisch sein. Sie können jeglichen Geschäftsbereich des Unternehmens betreffen. Also neben der Website oder dem Webshop, Fragen zu Usability etc., auch Fragen zum Sortimentsangebot, zur Lieferung oder zum Kundenservice. Gehen Sie am besten direkt auch auf die verantwortlichen Kollegen aus den angrenzenden Fachabteilungen zu und hören Sie nach, ob es bestimmte Fragestellungen gibt, die aus deren Sicht zu beantworten sind.

Hinweis

Verlieren Sie nicht den Fokus aus dem Auge: Die Umfrage dient dazu, Ihre Kunden besser zu verstehen und kennenzulernen. Die Umfrage dient nicht dazu, das Sortiment oder den Kundenservice im Detail zu beurteilen.

Hinterfragen Sie in der Umfrage auch die aus Ihrer Sicht besonderen Vorteile, die Sie Ihren Kunden bieten. Dies können Ihre USPs sein, Bonusprogramme für treue Kunden oder auch Geschenke etc., die Sie bei der Erstbestellung oder bei Geburtstagen verschenken. Häufig ist man selbst (vielleicht sogar als Ideenstifter) so sehr von bestimmten Maßnahmen überzeugt, dass man diese gar nicht erst infrage stellt. Dabei ist oft nicht klar, ob die Idee beim Kunden auch tatsächlich so gut ankommt, wie sie gemeint ist.

Beispiel

Bei windeln.de gab es anfangs einen gebrandeten Marken-Schnuller als Willkommensgeschenk für Neukunden bei der ersten Bestellung. Jeder war davon überzeugt, den Kunden einen großen Gefallen zu tun und ihnen ein »echtes« Geschenk zu machen. Erst eine groß angelegte Umfrage und das direkte Gespräch mit den Kunden haben gezeigt, dass dem gar nicht so ist. Die Gründe waren interessant: Die meisten haben den Schnuller als billiges Werbegeschenk betrachtet und hätten ihrem Kind niemals »Werbung in den Mund gesteckt«. Andere empfanden einen Schnuller als derart individuell, dass das verschenkte Standardmodell erst gar nicht zur Anwendung infrage gekommen wäre. Daraufhin wurde der Schnuller als Willkommensgeschenk abgeschafft und damit gleichzeitig Kosten eingespart. Kunden werden mittlerweile mit einem persönlichen Willkommensbrief begrüßt.

Wenn Sie vor der Herausforderung stehen, dass Sie für eine Umfrage zu viele Fragen im Kopf haben, gibt es eine einfache, aber effektive Methode, um die wichtigsten Fragen herauszufiltern. Überlegen Sie, welche Handlungsableitung sich durch die Antwort auf die jeweilige Frage ergibt. Fragen, die lediglich nice to know, aber sonst nicht weiter von Bedeutung sind, können Sie direkt von der Liste streichen.

9.1.2 Fragen am Telefon testen

Die zusammengetragenen Fragen gilt es nun zu überprüfen. Und zwar dahin gehend, ob diese Fragen auch tatsächlich die erwarteten Antworten liefern. Denn es passiert häufig, dass man Fragestellung und Antwortmöglichkeiten so wählt, dass die Auswertung der Umfrage immer noch keine Antwort auf die eigentliche Frage gibt – zumindest keine, aus der sich mit ausreichender Wahrscheinlichkeit Handlungsempfehlungen ableiten lassen.

Beispiel

Um beim Beispiel des Willkommens-Schnullers zu bleiben. Die eigentliche Frage war, ob sich die Kunden über das Willkommensgeschenk gefreut haben, ob es also einen bleibenden, positiven Eindruck hinterlassen hat. Initial würde man die Frage zunächst wohl wie folgt formulieren:

1. »Können Sie sich an den Willkommens-Schnuller erinnern?«

2. »Wie hat er Ihnen gefallen?«

Durch die Überprüfung in der telefonischen Umfrage war dann Folgendes festzustellen: Beim Stellen der ersten Frage hörte man am Ende der Leitung größtenteils ein zögerndes »Ähm« und ein darauf folgendes »Ja (ich glaube schon)«. Kunden, die sich also nicht daran erinnern konnten, wurden spätestens mit dieser Fragestellung wieder daran erinnert. Auf die Frage zwei lautete die Antwort meist: »Joa, war okay.« Im persönlichen Gespräch kann man an dieser Stelle natürlich einspringen und erneut nachfragen, warum der Schnuller jetzt keine Begeisterung ausgelöst hat. Eine Online-Umfrage vermag das nicht.

Aus den Learnings einer telefonischen Vorab-Umfrage heraus lassen sich also verschiedene Fragestellungen testen. Diejenige, die funktioniert und tatsächlich eine Antwort auf die eigentliche Frage gibt, kann in der Online-Umfrage verwendet werden.

Ein weiterer Vorteil einer telefonischen Vor-Umfrage ist, dass sich potenzielle Antwortmöglichkeiten eruieren lassen. Geht es zum Beispiel um die Frage: »Was gefällt Ihnen an [Webshop/Website] besonders?«, verfällt man häufig dem Trugschluss und zählt die USPs aus Unternehmenssicht auf. Mit diesen vorgegebenen Antworten beeinflusst man den Kunden bereits und vergibt die Chance, weitere Gründe aus Kundensicht in Erfahrung zu bringen. In einem telefonischen Gespräch hingegen haben Sie die Möglichkeit, auch eine offene Frage zu stellen und den Kunden frei reden zu lassen. Die in den Gesprächen am häufigsten genannten Antworten können Sie dann – ergänzt um Ihre eigenen USPs – in der Online-Umfrage als Antwortmöglichkeiten anbieten.

Zuletzt bringt die telefonische Umfrage noch einen ganz entscheidenden Vorteil: Sie haben die Möglichkeit, offen mit Ihren Kunden zu sprechen. Dies vermittelt Ihnen ganz besondere Insights.

Vorsicht

Für eine telefonische Kontaktaufnahme zum Zwecke einer Umfrage benötigen Sie ein Opt-in des Kunden.

Da dies wohl in den seltensten Fällen vorliegt, empfiehlt es sich, an einen Teil der Kunden eine Art Newsletter zu versenden, der die Form einer persönlichen E-Mail hat. In dieser E-Mail fragen Sie die Kunden nach seiner Bereitschaft zu einer telefonischen Umfrage – oder besser an einem persönlichen Gespräch. Da der Aufwand der Teilnahme deutlich höher ist als die Teilnahme an einer Online-Umfrage, empfiehlt es sich, jedem teilnehmenden Kunden einen Gutschein oder eine andere »Entschädigung« anzubieten. In dieser E-Mail bitten Sie die Kunden, die Interesse haben, schlicht darum, Ihnen eine kurze Antwort-E-Mail mit ihrer Telefonnummer zuzusenden. Damit sind Sie rechtlich auf der sicheren Seite.

> **Tipp**
>
> Um ein ausgewogenes Verhältnis an Kritikern und Befürwortern bzw. an guten und schlechten Kunden zu befragen, selektieren Sie die Empfängerliste nach RFM-Scores. Idealerweise sprechen Sie mit einer ähnlichen Anzahl an Kunden in jeder RFM-Gruppe. So können Sie direkt Unterschiede ausmachen, welche Kunden was von Ihnen denken.

Um ein vernünftiges Ergebnis zu haben, sollten Sie mit ca. 20 Kunden persönlich gesprochen haben. Dies stellt zwar einen vor allem hohen organisatorischen Aufwand dar, der sich aber in jedem Fall lohnt.

9.1.3   Rollout

Liegen alle Fragen in der richtigen Form vor, ist es nun an der Zeit, eine groß angelegte Online-Umfrage zu erstellen. Ein Tool, das sich beispielsweise gut dafür eignet, ist surveymonkey.de. Hier lassen sich Fragen schnell und gut strukturiert anlegen. Zudem bietet das Tool gute Möglichkeiten, die Antworten der Umfrage anschließend auszuwerten.

Eine Frage, die sich bei der Erstellung von Umfragen grundsätzlich stellt, ist die, ob sich offene oder geschlossene Fragen besser eignen. Das kann insofern leicht beantwortet werden, als geschlossene Fragen schlicht exakter auszuwerten sind. Die Nachteile vorgegebener Antwortmöglichkeiten – wie das »In-den-Mund-Legen« von Antworten – lassen sich ausschalten, indem Sie die verschiedenen Möglichkeiten durch die telefonische Vorab-Umfrage eruieren. Diese zusammen mit Ihren eigens ergänzten Antwortmöglichkeiten decken den Großteil der Antworten ab. Dazu können Sie immer noch ein Freitext-Feld anbieten, das Platz für nicht vorhandene Antworten lässt. So verspielen Sie nichts und haben dennoch den Vorteil der exakten Analyse von vorgegebenen Antworten.

Eine weitere bei Umfragen immer wiederkehrende Frage ist, ob und wenn ja, wie häufig Fragen als Pflichtfragen markiert werden sollen oder können. Hierbei ist grundsätzlich das Risiko abzuwägen, dass der Kunde aufgrund zu vieler Pflicht-fragen mitten in der Umfrage abbricht und man so am Ende gar keine validen Antworten hat. Bei Nicht-Pflicht-Feldern hingegen kann es sein, dass Kunden manche Fragen eben einfach überspringen, weil sie spontan keine Antwort darauf haben.

Handelt es sich um Fragen, die mit einem Klick zu beantworten sind, kann man den Kunden durchaus mal durch ein Pflichtfeld »zwingen«, seine Antwort abzu-geben. Geht es aber um aufwendig zu beantwortende Fragen, bei denen viel Text zu lesen ist oder nur ein Freifeld zur Verfügung steht, würde ich von einem Pflichtfeld abraten. Das Risiko, dass der Kunde an dieser Stelle komplett abbricht, ist zu hoch.

Das letzte zu klärende Thema bei einer Umfrage ist das Incentive. Auch das wird häufig diskutiert. Letztendlich ist es aber nahezu notwendig, wenn man einen aus-reichend großen Teilnehmerkreis erreichen möchte. Die Frage ist jedoch die Höhe und die Art des Incentives. Ist es zu hoch, riskiert man eher falsche, unehrliche oder Mehrfach-Antworten, die nur deswegen gemacht werden, um das Incentive zu bekommen. Abhilfe schafft an der Stelle eine Verlosung der Incentives. Dann können sie auch etwas höher sein als bei einem garantierten Incentive durch die bloße Teilnahme. Als Richtwert kann man bei einer Verlosung einen 100-Euro-Einkaufsgutschein nennen. Bei garantierten Incentives für die reine Teilnahme eignen sich Gutscheine in Höhe von fünf bis zehn Euro, die auch gut an einen Mindestbestellwert geknüpft sein können.

Tipp

Welche Art Incentive bei Ihren Kunden besser ankommt und welches zu einer höheren Antwort-Quote führt, können Sie einfach testen. Selektieren Sie dafür 20 % der Umfrage-Empfänger und führen Sie mit dieser Gruppe einen A/B-Test durch. Eine Gruppe erhält dabei den geringeren, dafür aber garantierten Gutschein für die Teilnahme, der anderen Gruppe bieten Sie das Gewinnspiel an. Die Variante, die besser performt, versenden Sie an die übrigen Umfrage-Empfänger.

Der Versand der Umfrage kann dann über einen eigenen Newsletter erfolgen, der die Umfrage und das entsprechende Incentive anteasert. Zusätzlich kann der Link zur Umfrage auch über einen Facebook-Post verbreitet werden. Dabei ist aller-dings zu berücksichtigen, dass die Facebook-Community häufig nicht die gesamte Kundschaft repräsentiert, sondern meist den jüngeren Teil davon.

9.2 Fokus-Gruppe einladen

Nachdem die Ergebnisse der Online-Umfrage vorliegen, werden Sie den Großteil Ihrer Fragen beantwortet haben. Restfragen, die über eine in gewissem Maße standardisierte Umfrage nicht zu beantworten sind, bleiben jedoch. Um diese aber auch noch zu beantworten und um das Bild über die eigenen Kunden noch einmal zu festigen, ist es äußerst sinnvoll, gezielt ausgewählte Gäste einmal einzuladen und mit ihnen zu sprechen.

9.2.1 Die richtige Auswahl der Gäste

Eine ideale Anzahl an Gästen ist drei bis fünf. Damit ist ein persönlicher Rahmen sichergestellt, in dem sich die Kunden untereinander kennenlernen können und in dem auch Sie, also Mitarbeiter Ihres Unternehmens, eine persönliche Beziehung herstellen können. Dass sich die Kunden bei und mit Ihnen wohlfühlen, ist entscheidend für den Erfolg des Workshops. Nur dann erhalten Sie offene, ehrliche Antworten und nur so gelingt es Ihnen, dass die Kunden von sich aus über ihre Eindrücke und Erfahrungen sprechen, ohne direkt von Ihnen danach gefragt zu werden.

Bei der Auswahl der Gäste kommt es auf eine gesunde Mischung an. Das heißt, Sie sollten auf jeden Fall einen Repräsentanten Ihrer besten Kunden einladen. Einen Ihrer größten »Fans« sozusagen, der total begeistert ist von Ihrem Produkt und am liebsten jedem davon erzählen würde. Er hat schließlich die Eigenschaften und Ansichten, die Sie sich von all Ihren Kunden wünschen würden. Und wie bereits erläutert: Von den besten können Sie lernen. Ebenso sollten Sie den Gegenpart einladen, ein Beispiel Ihrer schlechtesten Kunden. Denn – wie ebenfalls bereits erläutert – von ihm lernen Sie, was Sie heute noch nicht wirklich gut machen und wo er Ihre größten Mankos sieht.

> **Hinweis**
>
> Eine Zusage von schlechten Kunden zu erhalten ist schwer. Sie mögen Ihr Unternehmen nicht oder haben schon schlechte Erfahrungen damit gemacht. Daher haben sie natürlich auch kein Interesse daran, Ihnen zu helfen. Aber: Dranbleiben lohnt sich. Gegebenenfalls müssen Sie das Incentive erhöhen.

Außerdem sollten Sie einen durchschnittlichen Kunden zu sich einladen. Jemand, der Sie okay findet, aber weder begeistert noch total abgeneigt ist.

Tipp

Am besten fragen Sie die Kunden aus Ihrer Telefonumfrage, ob Sie gegebenenfalls Lust hätten, an einem solchen Workshop teilzunehmen und ob Sie sie dafür erneut kontaktieren dürfen.

9.2.2 Die inhaltliche Ausgestaltung

Grundsätzlich sollten Sie Ihren Kunden einen schönen Tag bei Ihnen im Haus bescheren. Geben Sie ihnen das Gefühl, in Ihrem Hause willkommen zu sein. Zum Einstieg hilft eine kleine Führung durch das Unternehmen. Das lockert das erste Kennenlernen auf und ist für Ihre Kunden mit Sicherheit total spannend. Danach gehen Sie am besten in einen gemütlichen Besprechungsraum. Mit Kaffee und Kuchen verschwindet dann meist auch das Gefühl von Business und Performance-Druck.

Fragen in offenen Diskussionen

Im Vorfeld sollten Sie sich Ihre Fragen zurechtlegen, die idealerweise so formuliert sind, dass Sie offene Diskussionen entstehen lassen. Achten Sie darauf, dass Sie diese dann aber im Gesprächsverlauf integriert einfließen lassen, damit keine zu förmliche Frage-Antwort-Situation entsteht. Aus diesem Grund sind seitens Ihres Unternehmens am besten zwei Personen anwesend, die das Gespräch führen und sich gegenseitig die »Bälle« zuspielen. Eine dritte Person sollte dabei sein und das Gespräch möglichst unscheinbar dokumentieren. Vor allem interessante und wichtige Antworten und Kommentare der Kunden.

Sie werden merken, wenn sich Ihre Gäste wohlfühlen, werden bald auch interessante Diskussionen der Kunden untereinander entstehen. Vor allem da Sie aufgrund der Gästestruktur, nämlich gute und schlechte Kunden, bereits kontroverse Ansichten am Tisch versammelt haben. Schaffen Sie bewusst Raum für solche Diskussionen und lassen Sie ihnen freien Lauf. Hören Sie dabei einfach nur zu. Das verschafft Ihnen die interessantesten Insights.

Bearbeitung von Use Cases

Neben einem offenen Gespräch können Sie dazu übergehen, die Kunden Use Cases machen zu lassen. Einer davon sollte auf jeden Fall der Standard-Einkauf bzw. die Standard-Nutzung Ihrer Website sein. Das heißt, geben Sie dem Kunden die Aufgabe, seinen ganz normalen Einkauf bei Ihnen zu tätigen und dabei zu kommentieren, was ihm gerade so im Kopf umhergeht. Setzen Sie sich dabei einfach daneben und beobachten Sie den Vorgang. Fragen Sie dabei auch immer wieder nach – wenn der Kunde z. B. direkt zum Produkt und anschließend in den

Warenkorb klickt –, ob er beispielsweise gar keine Banner wahrgenommen hat, die ihn angesprochen haben. Die Antworten darauf werden Sie verblüffen.

Weitere Use Cases könnten sein, dass Sie Ihren Kunden Newsletter-Kampagnen zeigen, die Sie in der Regel versenden, und sie darum bitten, diese zu kommentieren. Ihnen zu verraten, was sie daran gut finden und was weniger.

Mit Sicherheit werden Ihnen unzählige solcher Cases einfallen, die Sie von Ihren Kunden beantwortet haben möchten.

Achten Sie jedoch auch auf die Zeit. Länger als drei Stunden »Arbeit« und vier Stunden Gesamtzeit sollte den Kunden nicht zugemutet werden. Schließlich spenden Ihnen Ihre Kunden ihre wertvolle Freizeit.

Tipp

Als Incentive bzw. Entschädigung bietet es sich an, die Anreise sowie eine Übernachtung in einem Hotel in Ihrer Stadt zu übernehmen.

9.2.3 Die richtige Dokumentation

Um alle diese vielen Eindrücke auch verarbeiten zu können und die Learnings daraus festzuhalten, sollten Sie auf eine saubere Dokumentation dieses Workshops achten.

Use Cases, die am Rechner gemacht werden, können über Screen-Recorder-Programme aufgezeichnet werden. Ebenso wie die Kommentare dazu. Gerade zur Aufzeichnung der Verhaltensweisen auf der Website eignet sich das perfekt.

Die Gespräche werden idealerweise von einer Beobachter-Person mit dokumentiert. Das sollten Sie den Kunden zu Beginn auch so erklären. Sie werden das mit Sicherheit verstehen. Alternativ können Sie auch ein Aufnahmegerät mitlaufen lassen, wobei das häufiger zu Hemmungen führt, da jedes gesagte Wort gespeichert wird.

Direkt nach dem Workshop oder spätestens am darauf folgenden Tag sollten Sie sich dann direkt an die Arbeit machen und Ihre Learnings und Insights dokumentieren. Unterschätzen Sie nicht, was man über die Zeit alles vergisst. Machen Sie die Dokumentation, solange noch alles »frisch« ist.

## Kapitel 10

Eine abschließende Übersicht

Um sinnvoll und strukturiert an das Thema Maßnahmen, Planung, Testing und Umsetzung herangehen zu können, ist es sinnvoll, sich noch mal einen Überblick über alle nun vorhandenen Daten zu verschaffen und vor allem noch einmal deren Zusammenhänge zu verstehen.

Daten aus folgenden Analysen liegen uns vor:

- Kundengruppen (inhaltliche Kundentypen)
- Unternehmensdaten (Make Big Data Small, Kohortenanalysen, Sortiments-analysen)
- Kundenqualität (RFM, Margenbetrachtung, CLV)
- Cross-Analytics-Daten (Produkte/Marken mit Indikationen, PLZ-Cross-Informationen)
- Churn-Analyse (In-/Aktivität, kritische Zeitpunkte)
- Umfrageergebnisse (Learnings aus Umfragen und Fokus-Gruppen)

So weit, so gut. Um nun aber Maßnahmen sinnvoll ableiten zu können, ist der Zusammenhang zwischen den verschiedenen Daten entscheidend. Dieser ist mehrdimensional, weswegen man sich die Daten am besten in Form eines Cubes vorstellt. Ich nenne ihn »CRM Data Cube«.

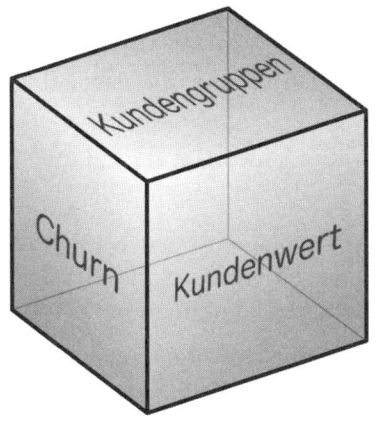
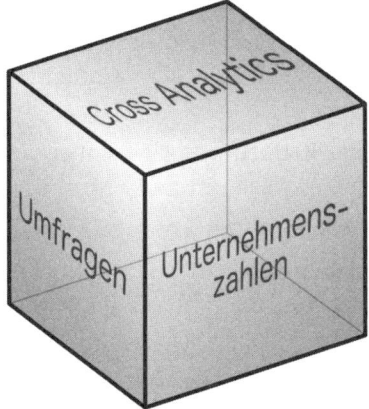

howtoCRM.de

Abb. 10.1: Darstellung des CRM Cubes

Ein Würfel also mit sechs Seiten, wobei jede Seite einen Datenpool oder eine Datengruppe darstellt. Abbildung 10.1 stellt die beiden Ansichten auf den Würfel dar.

Man kann nun hergehen und jede Seite des Cubes für sich betrachten, also eindimensional. Oder aber man kombiniert die Dimensionen und betrachtet die Daten mehrdimensional. Dazu ein Beispiel.

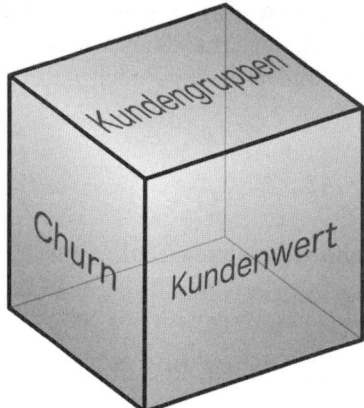

Abb. 10.2: Ausschnitt Cube

Betrachten wir die drei Datendimensionen Kundengruppen, Churn und Kundenwert.

- Eindimensionale Betrachtung
  - Dabei würde man zunächst alleinig die Seite der Kundengruppen betrachten, also z.B. unseren Getränke-Shopper, und weitere Kundengruppen mit ihren jeweiligen Eigenschaften.
  - Als Zweites würde man bei der Betrachtung des Churns die Wiederkaufswahrscheinlichkeiten *aller* Kunden ansehen oder all jene, die dabei sind, abzuwandern.
  - Die dritte Betrachtung läge isoliert auf dem Kundenwert, also *alle* Kunden mit beispielsweise einem RFM von 5 vs. alle Kunden mit einem RFM von 2.
- Mehrdimensionale Betrachtung
  - In der mehrdimensionalen Betrachtung hingegen würde man die Seiten des Cubes und damit die Daten bzw. Informationen kombinieren.

    Also zum Beispiel Kundengruppe und Kundenqualität bzw. Kundenwert. Dann würde man alle Getränke-Shopper betrachten, die z.B. einen RFM-Score von 3, 4 oder 5 haben.

- Gleiches wäre mit den Dimensionen Churn und Kundenwert möglich. Also beispielsweise alle Kunden, die dabei sind, abzuwandern, und einen bestimmten RFM-Score haben.

- Oder aber man kombiniert alle drei der gezeigten Dimensionen, also z. B. die Getränke-Shopper, die dabei sind, abzuwandern, und einen RFM-Score von 4 haben.

Ziel ist es an dieser Stelle sicherlich, dass man in der End-Ausbaustufe des CRM alle sechs Seiten des Data Cubes miteinander verknüpft und darauf entsprechend angepasste Kampagnen erstellt und aussteuert. Vor allem aus Kundensicht ist dies die optimale Variante, da auf alle seine Eigenheiten in einer Kampagne eingegangen wird.

Jedoch muss man sich auch darüber im Klaren sein, dass sich die Komplexität mit jeder Dimension, die zur Betrachtung hinzukommt, deutlich erhöht.

Beispiel

Allein am Beispiel Kundengruppen zusammen mit dem RFM-Score lässt sich das verdeutlichen:

Es gibt die Kundengruppen A, B und C.

Sowie die RFM-Scores 1, 2, 3, 4 und 5.

In der eindimensionalen Betrachtung würde man abstrakt betrachtet acht Gruppen untersuchen und entsprechende Kampagnen erstellen: drei für die jeweiligen Kundengruppen A, B und C und fünf für jede RFM-Score-Gruppe.

In der zweidimensionalen Betrachtung ergäben sich bereits um ein Vielfaches mehr Konstellationen:

Gruppe A, RFM 1

Gruppe A, RFM 2

Gruppe A, RFM 3,

Gruppe A, ...

Gruppe B, RFM 1

Gruppe B, RFM 2

Gruppe B, ...

...

Start Smart

Daher ist es gerade zu Beginn der CRM-Aktivitäten äußerst ratsam, mit der eindimensionalen Betrachtung zu beginnen. Das hat mehrere Gründe:

1. Wie bereits des Öfteren erwähnt, ist eine der größten Herausforderungen im CRM oft die Tatsache, dass man von den unzähligen Datenmengen und möglichen To-dos überfordert ist, den Überblick verliert und am Ende den »Wald vor lauter Bäumen nicht mehr sieht«. Mit der eindimensionalen Betrachtung sind Sie davor sicher, da Sie sich gezielt jeweils auf eine Datenquelle konzentrieren können und entsprechende Maßnahmen bzw. Kampagnen dazu methodisch und Schritt für Schritt ausrollen, testen und analysieren können.

2. Bei eindimensionaler Betrachtung und gezielter eindimensionaler Aussteuerung der Kampagnen lernen Sie isoliert pro Datenquelle, was für die Kunden funktioniert. Wie möchten die Kundengruppen inhaltlich angesprochen werden, damit Conversions und Umsätze steigen? Welche Promotions benötigen Sie, welche Produktangebote etc. Gleiches gilt für die anderen Datenquellen. Was benötigen Kunden zur Reaktivierung (Churn) oder wie lassen sich RFM-Scores steigern? Und so weiter.

3. Haben Sie die Dos und Don'ts der einzelnen Kampagnen erlernt, können Sie damit beginnen, zwei Dimensionen zu betrachten und eine entsprechende Kampagne dazu aufzusetzen und zu testen. Der Vorteil ist dabei, dass Sie diese dann auch gegenüber der eindimensionalen Betrachtung bewerten können und sehen, was am Ende mehr Erfolg hat und wie hoch ein möglicher Uplift ist.

Hinweis

Im Anhang dieses Buches finden Sie eine Schnittvorlage für den CRM Data Cube. Ausschneiden, kurz basteln und ab auf den Schreibtisch. So haben Sie Ihre Datenbasis stets vor Augen ☺.

Teil III

Maßnahmen ableiten

In diesem Teil:

## Kapitel 11

CRM-Roadmap

»Wissen und nichts tun ist wie nicht wissen«

Das hat der Dalai Lama gesagt und will heißen, wenn wir die aus der Analyse gewonnenen Kenntnisse nicht in die Tat umsetzen, ist es so, als hätten wir die Analysen erst gar nicht gemacht. Die Arbeit bisher wäre also umsonst gewesen. In diesem Sinne muss nun auch entsprechend dem aus den Analysen erlangten Know-how gehandelt werden. Es geht darum, das erzeugte Wissen in Kampagnen zu übersetzen und so den Bedürfnissen der verschiedenen Kundengruppen besser gerecht zu werden und so am Ende deren Wert über die gesamte Geschäftsbeziehung hinweg besser auszuschöpfen.

Wie so häufig steht man aber auch an dieser Stelle wieder dem Problem gegenüber: Wo fängt man an? Welche Daten verwendet man wofür und was macht man überhaupt? Was es also zunächst (wieder einmal) braucht, ist ein Fahrplan. Eine Roadmap über alle Themen, die zur Bearbeitung und Umsetzung anstehen, und eine grobe Planung, wann und in welcher Reihenfolge dies geschehen soll.

11.1 Was ist zu tun – ein Überblick

In einem Satz zusammengefasst müssen wir nun aus unseren analysierten Daten Maßnahmen ableiten.

Ergänzend dazu: Da wir im ersten Schritt nur annehmen können, welche Maßnahmen ein Problem lösen oder ein Potenzial heben, liegt vor der Implementierung bzw. fixen Installation von Maßnahmen und Kampagnen der Testing-Prozess.

Am Ende des Buches, in Kapitel 17, werde ich darauf noch einmal genauer eingehen, aber vorab schon einmal kurz:

Der Erfolg von CRM-Maßnahmen hängt davon ab, wie konsequent man Themen testet, was man aus den Testergebnissen lernt und wie man basierend auf diesen Learnings weiter agiert.

Um zu sehen, welche Themen alle auf dem Plan stehen, ist es sinnvoll, den CRM Data Cube noch einmal heranzuziehen.

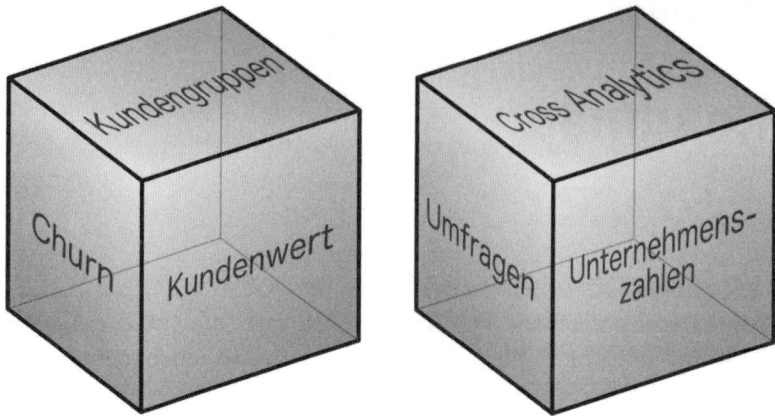

Abb. 11.1: CRM Daten Cube

Im Folgenden zeige ich einen kurzen Überblick über Themen, die aus den jeweiligen Datenanalysen/gewonnenen Insights resultieren können, bevor die Maßnahmen dazu dann im Detail in den nachfolgenden Kapiteln genauer behandelt werden.

- Kundengruppen
  - Individuelle, gezielte Ansprache/Promotions
  - Heben der Potenziale aus dem generierten Kundenprofil
- Churn
  - Triggern von entscheidenden Folgekäufen
  - Verhindern von Kundenabwanderung
  - Reaktivierung inaktiver Kunden
- Kundenwert (je nach Betrachtungsweise)
  - Uplift von Kunden mit RFM 1, 2, 3 zu Kunden mit RFM 4, 5
  - Erhöhung des CLV
  - Erhöhung der Lifetime-Marge
- Cross Analytics
  - Gezielte Ansprache/Promotions auf Basis der Segmentierung nach Identifikationsmerkmalen
- Unternehmenszahlen
  - Potenzial aus Make-Big-Data-Small-Analyse heben
  - Je nach Ergebnis einzelne Kohorten detaillierter analysieren und Learnings auf andere Kunden übertragen
  - Learnings aus Sortimentsanalysen in den jeweiligen Maßnahmen und Kampagnen anwenden

- Umfragen
  - Maßnahmen entsprechend gewonnener Insights umsetzen

Zu allen genannten Themen, die potenziell aus den Analysen resultieren, müssen nun Maßnahmen entwickelt und dann getestet werden.

Auch beim Ableiten der Maßnahmen können Sie den CRM Data Cube als solchen nutzen und – wie in Kapitel 10 erläutert – ein- oder mehrdimensional vorgehen. Das heißt, Sie können entweder die gezielte Ansprache für eine bestimmte Kundengruppe testen und unabhängig davon eine allgemeine Reaktivierungsmaßnahme für alle Kunden, die inaktiv sind, oder aber Sie gehen mehrdimensional vor und testen eine Reaktivierungskampagne für alle inaktiven Kunden dieser speziellen Gruppe.

Praxis-Tipp

Beginnen Sie Top-down: mit eindimensionalen Tests.

So können Sie Schritt für Schritt testen, wie stark Sie segmentieren bzw. individualisieren müssen, um den Wert Ihrer Kunden maximal zu steigern.

Mehrdimensionale Tests direkt zu Beginn verkomplizieren das Thema unnötig. Gehen Sie das Thema in Schritt 2 an – so können Sie dann auch das Uplift-Potenzial zwischen ein- und mehrdimensionaler Segmentierung beziffern.

Hinweis

Bei manchen Dimensionen lässt sich keine 100%ig exakte Trennung vornehmen. Beispielsweise bei Kundengruppen und Unternehmensdaten. Denn die Anzahl der Kunden mit nur einem oder mehr als drei Käufen wurden beispielsweise für beide Dimensionen berechnet.

11.2   Priorisierung der Themen

Um nun eine Priorisierung vornehmen zu können, mit der Sie die Themen angehen, tragen Sie zunächst alle Themen, die Sie betreffen, also identifizierte Probleme, Potenziale und bereits gegebenenfalls erste Maßnahmen zusammen und ordnen diese in eine Art Matrix ein. (Maßnahmen erwähne ich deshalb bereits jetzt, weil sich Ideen für manche Maßnahmen meist schon offensichtlich während der Analyse ergeben.) In der Matrix stellt die x-Achse die potenzielle Wertsteigerung dar und die y-Achse die Realisierbarkeit – sowohl in technischem als auch zeitlichem Sinne. Siehe hierzu Abbildung 11.2.

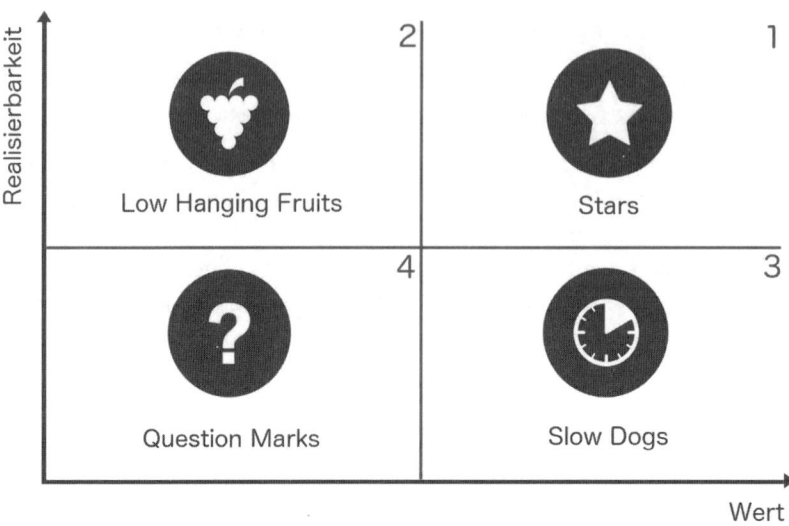

Abb. 11.2: Matrix zur Priorisierung der Themen

Themen, deren Wertsteigerungspotenzial Sie als sehr hoch einschätzen und bei denen eine schnelle Realisierbarkeit gewährleistet ist, sind Ihre absoluten Top-Themen – in Anlehnung an die allseits bekannte SWOT-Analyse also Ihre Stars. Sie werden dem Feld rechts oben zugeordnet und haben die absolute Top-Priorität in der Umsetzung, denn diese kann schnell und ohne großen Aufwand erfolgen und hat dabei (voraussichtlich) einen großen Impact auf den Erfolg des Unternehmens.

Hinweis

Falls Sie sich an dieser Stelle wundern, woher Sie das Wert-Steigerungspotenzial nehmen sollen, so gehen Sie dabei einfach ganz pragmatisch vor.

Angenommen, Sie haben 60% Ihrer Kunden, die bisher nur ein Mal gekauft haben, und eine identifizierte Kundengruppe, die 10% Ihrer Gesamtkundschaft ausmacht und deren größtes Potenzial darin liegt, die Warenkorb-Items zu erhöhen.

So »gewinnt« – was das Wertsteigerungspotenzial angeht – gemessen an Volumen (60% der Kunden vs. 10% der Kunden) und Erfolgschance (es ist wahrscheinlich »einfacher«, einen weiteren Kauf zu triggern, als Warenkorb-Items bei einem Käufer zu erhöhen) das Thema »2nd Order bei allen Kunden triggern« gegenüber dem Thema »Items bei Kundengruppe xy erhöhen«.

Nach diesem Prinzip lassen sich in der Regel alle Themen gemäß ihrem Wertsteigerungspotenzial bewerten.

Themen, die in ihrem Wert geringer eingeschätzt werden, aber ebenfalls sofort bzw. zügig umsetzbar sind, sind Ihre sogenannten Low hanging Fruits. Sie sind ihrem Wert nach meist nicht allzu groß, durch die schnelle und einfache Realisierung und dadurch, dass es davon meist sehr viele gibt, jedoch absolut rentabel. Sie sind mit Priorität 2 umzusetzen. Häufig gehören dazu sogenannte No-Brainer. Also Themen, die zur Umsetzung klar auf der Hand liegen und über die man gar nicht lange nachdenken muss. Sie ergeben sich häufig schon nach den ersten Analysen und können dann auch vor den Stars angegangen werden, nämlich wenn Letztere noch gar nicht identifiziert sind.

Maßnahmen mit einem wiederum hohen Wertpotenzial, aber einer komplexeren bzw. zeitaufwendigeren Umsetzung werden mit der Priorität 3 versehen. Man könnte sie »Slow dogs« (anstelle von poor dogs) nennen. Sie sind in ihrer Umsetzung sehr zeitaufwendig oder komplex, haben nach erfolgter Implementierung jedoch einen hohen Wert. Die Schaffung der technischen Voraussetzungen zur Umsetzung kann jedoch ggf. bereits angestoßen werden, während Sie mit der Bearbeitung der Low hanging Fruits beschäftigt sind.

Bleiben am Ende noch die Themen übrig, die sowohl von ihrem Potenzial gering geschätzt werden als auch lange bzw. aufwendig zu realisieren sind. Diese Themen haben Priorität 4 und können zunächst mit einem Fragezeichen versehen werden. Ihnen sollten Sie sich erst dann widmen, wenn alle anderen »Hausaufgaben« erledigt sind.

Themen, die in der Regel in die Matrix eingeordnet werden, sind:

- Aktivierung Erstkauf – vom Lead zum Kunden
- Aktivierung 2. Kauf
- Lifecycle (enlargement)
- Reaktivierung
- Kunden-Umfrage (diese muss ja schließlich noch gemacht werden und kann daher als CRM-Maßnahme angesehen werden)
- Förderung von Weiterempfehlungen

11.3   Testen, testen, testen – aber richtig

Wie in einem der vorangegangenen Abschnitte bereits erwähnt und abschließend in Kapitel 17 nochmals ausführlicher erläutert, hängt der Erfolg von CRM-Maßnahmen davon ab, wie konsequent man Themen testet, was man aus den Testergebnissen lernt und wie man dann auf Basis dieser Ergebnisse weiter vorgeht.

11.3.1   Testing als zentrales Element im CRM

Testing – und zwar richtig – ist also eines der zentralen Elemente, wenn es darum geht, CRM-Maßnahmen erfolgreich zu implementieren.

Und: Testing will gelernt sein. Denn wie so oft steckt der Teufel auch hier im Detail und nicht selten stellt man *nach* einem Test fest, dass man das ein oder andere vergessen oder nicht beachtet hat und nun die Ergebnisse gar nicht erst verwertbar sind.

Das kostet wertvolle Ressourcen, Zeit und Nerven und verhindert maßgeblich das Vorankommen.

Wichtig ist also, dass das Test-Setup sitzt, und zwar beim ersten Anlauf.

11.3.2 Entscheidender Faktor: Kontrollgruppen bilden

Dabei ist direkt zu Beginn mit einer Art Mythos aufzuräumen, nämlich der impliziten Bedeutung des A/B-Testing. Dieses suggeriert, dass man zwei Varianten, Variante A und Variante B, gegeneinander testet. Dem ist zwar so, jedoch wird dabei ein entscheidender Punkt vergessen: **die Kontrollgruppe** zu diesen beiden Varianten. In aller Regel also die Gruppe der Kunden, die keine Kampagne erhält oder mit der Maßnahme nicht konfrontiert wird.

Tatsächlich werden also nicht zwei sondern drei Gruppen gegeneinander getestet.

Wozu braucht man Kontrollgruppen?

Nur durch eine Kontrollgruppe ist es möglich, den tatsächlichen Uplift/die tatsächliche Wertsteigerung einer Maßnahme zu beziffern.

Warum ist das so entscheidend?

Gerade im Bereich des CRM, in dem man nicht kurzfristig und direkt zu Beginn mit Pauken und Trompeten Umsatzsteigerungen herbeiführt, sondern mittelfristig mit geringeren, aber konstanten und damit nachhaltigen Wertsteigerungen zum Gesamterfolg des Unternehmens beiträgt, taucht in der täglichen Arbeit – gerade seitens des Top-Managements – häufig die Frage auf: »Was bringt uns das CRM überhaupt?« Eine fundierte Antwort mit validen Wertsteigerungsergebnissen ist dann Gold wert. Aber auch für Sie als CRM-Manager ist es wichtig zu wissen, welche Mehr-Werte (im wahrsten Sinne des Wortes) Sie mit Ihrem CRM generieren. Dies ist die Grundlage dafür, zu entscheiden, welche Investitionen in Technologien, Systeme und Tools rentabel sind.

11.3.3 Die richtige Größe der Stichprobe

Ein weiterer entscheidender Punkt beim Testing ist die Größe der Testgruppe, also der Stichprobe. Häufig erscheint eine Gruppengröße ausreichend groß und man testet vergnügt darauf los. Die Testergebnisse sehen prozentual auch gut aus, nur beim Blick auf die absoluten Zahlen stellt man fest, dass eine prozentuale Gewinner-Conversion von 20 % absolut nur vier Transaktionen ausmachen. Bei nur vier Bestellungen ist die statistische Relevanz leider sehr fragwürdig. Eine absolute Conversion im zweistelligen Bereich sollte mit der Testgruppen-

Größe mindestens erreicht werden können. Ausgehend von Ihrer durchschnittlichen Öffnungs-, Klick- und Conversion-Rate lässt sich die Minimum-Gruppengröße leicht berechnen. Die durchschnittlichen Raten sollten dabei von einer möglichst ähnlich gearteten Kampagne herrühren. Liegen Ihnen nur die Werte der One-To-All-Newsletter vor, so verwenden Sie im ersten Schritt diese.

So errechnen Sie die Minimum-Stichprobe für Ihre Testgruppen

Angenommen, Sie haben eine Gruppe von 9.000 Kunden und möchten diese in drei Testgruppen à 3.000 Kunden aufteilen.

Beispiel 1:

Avg. Open Rate 30 %

Avg. Click Rate 6 %

Avg. Conversion 15 %

Mit diesen Rates würden Sie pro Testgruppe absolut 27 Conversions erreichen. Das wäre also mehr als ausreichend.

Beispiel 2:

Avg. Open Rate 20 %

Avg. Click Rate 7 %

Avg. Conversion 4 %

Mit diesen Zahlen wären es nur 8,4 absolute Conversions. Damit wäre die Testgruppe zu klein.

Praxis-Tipp

Wenn

Ihre Testgruppe für eine Dreiteilung in Testgruppe A, B und eine Kontrollgruppe zu klein ist,

dann

gestalten Sie den Test dreistufig. Dabei teilen Sie die Gesamt-Gruppe nur in zwei und haben dabei pro Gruppe eine größere Stichprobe.

1. Test: Testvariante A vs. Kontrollgruppe

2. Test: Testvariante B vs. Kontrollgruppe

3. Test: Testvariante A vs. Testvariante B

11.3.4 Der Einsatz von Testing-Maps

Um Tests nun also künftig ohne Zeit fressende Fehler durchzuführen und so schnell und auf direktem Weg zu Ergebnissen und Learnings zu kommen, hilft eine strukturierte, systematische Vorgehensweise anhand dieser sogenannten Testing-Map, die in Abbildung 11.3 aufgeführt ist.

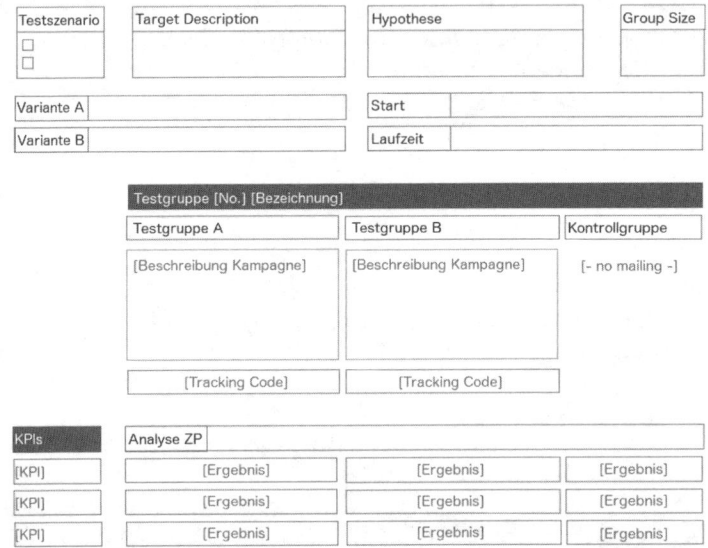

Abb. 11.3: Testing-Map

Ihr wesentlicher Vorteil besteht darin, dass alle relevanten Informationen und Parameter, die für einen Test wichtig sind, vorgedruckt sind und damit nicht mehr vergessen werden können. Sie stellt zum anderen aber auch sicher, dass die Tests zur richtigen Zeit und in der korrekten Form analysiert werden. Denn häufig passiert es in der Praxis, dass voller Euphorie spannende Tests aufgesetzt werden und später bei der Analyse festgestellt wird, dass die Ausgangsfrage mit dem durchgeführten Testszenario gar nicht beantwortet werden kann.

Praxis-Tipp

Wenn

Sie einen Test auf Basis einer Fragestellung (Hypothese) konzipieren,

dann

definieren Sie im Vorfeld – bei Test-Konzeption –, anhand welcher KPIs Sie das Testergebnis bewerten.

Mit der Testing-Map arbeiten Sie dann wie folgt:

Sie definieren zunächst, ob es sich um einen statischen Test handelt, also ob der Versand einer Kampagne einmalig erfolgt, oder aber ob es sich um eine Rolling Campaign handelt, die über einen längeren Zeitraum versendet wird. Im zweiten Feld, der Target Description beschreiben Sie kurz, aber *exakt* die Zielgruppe des Tests.

Beispiel-Formulierung der Target Description

Möchten Sie zum Beispiel eine Kampagne zum Triggern des Zweit-Kaufs testen, dann verwenden Sie im Feld »Target Description« anstelle »alle Ein-Mal-Käufer« die Formulierung »alle Kunden, die in den letzten 365 Tagen nur ein Mal gekauft haben«.

Warum der Zeitraum? Kunden, die vor fünf Jahren ein Mal gekauft haben, in das Target zum zweiten Kauf zu integrieren, macht wahrscheinlich wenig Sinn.

Danach definieren Sie die beiden Testvarianten A und B.

Bei Tests zu individueller Ansprache sowie Cross-Selling- und Upselling-Kampagnen und Kampagnen aus dem Bereich Cross Analytics wird es sich immer um eine Variante mit individueller, kontextbezogener Ansprache handeln, zum Beispiel eine, die Bezug auf die im Erstkauf gekauften Produkte nimmt. Die zweite Variante wird dann zumeist eine generische Kampagne sein, die über den bisherigen Newsletter »Massenversand« bereits sowieso regelmäßig an alle Kunden versendet wird.

Praxis-Tipp

Wenn

Sie Tests mit personenbezogenen individuellen Ansprachen durchführen,

dann

testen Sie immer mit den Gruppen

- Generische Ansprache
- Individuelle Ansprache
- Keine Ansprache (= Kontrollgruppe)

Tests für Reaktivierungen oder gezielte Kundenwert-Steigerungen bestehen meist aus Testvarianten, aus den Varianten unterschiedlicher Themen oder aber den Varianten Content vs. Incentive.

Danach stellen Sie die Hypothese auf, also Ihre erwartete Antwort hinter der Fragestellung, die Sie zu dem Test veranlasst hat. Sie nehmen z. B. an, dass beide Testgruppen im betrachteten Zeitraum besser performen als die Kontrollgruppe. Testgruppe A performt dabei aber noch besser als Testgruppe B.

Als Nächstes beziffern Sie die Gruppengröße. Ob diese für den geplanten Test ausreicht, berechnen Sie wie weiter oben im Abschnitt 11.3.3 »Die richtige Größe der Stichprobe« beschrieben.

Weiter werden zu Beginn Test-Startpunkt und -Laufzeit bestimmt. Ebenso wird der Gesamt-Testgruppe eine Bezeichnung verliehen. Danach erfolgt die prozentuale Einteilung der Testgruppen. Die Aufteilung muss dabei nicht immer in gleich große Segmente erfolgen. Die Kontrollgruppe kann z. B. auch etwas kleiner gewählt werden als die beiden Testgruppen, sofern es die Anzahl an Probanden zulässt. Ein Freifeld gibt Ihnen die Möglichkeit, bereits an dieser Stelle die groben Kampagneninhalte festzulegen und zu dokumentieren.

Ein weiteres Feld ist für die Dokumentation der jeweiligen Trackingcodes vorhanden. Diese sind automatisch der Reminder dafür, dass die jeweiligen Testkampagnen zwingend zwei unterschiedliche Trackingcodes benötigen, da die Ergebnisse – zumindest was den Umsatz angeht – sonst nicht analysiert werden können. Die Festlegung des Analyse-Zeitpunkts ist ebenfalls zugleich ein Reminder, um die Analyse am Ende tatsächlich auch durchzuführen. Abschließend werden bei der Test-Dokumentation noch die KPIs definiert, die zur Erfolgsbewertung des Tests herangezogen werden.

Mit dieser Testing-Map kann nun bis zum Abschluss des Tests gearbeitet werden. Sie mag zu Beginn etwas Mehr-Aufwand generieren, sie diszipliniert jedoch, den Test von Anfang bis Ende durchzudenken und dabei direkt darauf zu achten, ob die Ergebnisse auch tatsächlich die Antwort auf die initiale Fragestellung geben können. Sie dient außerdem dazu, dass alle beteiligten Kollegen mit an Bord sind und jeder weiß, was zu tun ist. Bei Auswertung des Tests, die meist einige Zeit nach der Testkonzeption stattfindet, zeigt sie auf nur einen Blick, was die Intention des Tests war und was die Targets waren.

## Kapitel 12

Kunden (re-)aktivieren und (aktiv) halten

Analysen und Roadmap sind erstellt, nun kann es losgehen mit der Umsetzung der CRM-Maßnahmen. Sie dienen allesamt dazu, Kunden gemäß Ihrer Bedürfnisse zu aktivieren und so lange wie möglich aktiv zu halten, die Customer Lifetime und damit auch den Customer Lifetime Value also möglichst zu maximieren. Kunden, die über die Zeit doch inaktiv wurden, gilt es zu reaktivieren.

12.1 Das richtige Messaging

Kunden mit unterschiedlichen Zielen und unterschiedlichem Bedarf reagieren auf unterschiedliche Angebote, Keywords und Schlüsselsignale in der Kommunikation. Welchen Impact gezieltes Messaging hinsichtlich Content und Aufbereitung auf die Performance Ihrer Kampagnen haben wird, finden Sie über entsprechende Tests heraus. Dabei gilt: Je unterschiedlicher Ihre Kundengruppen sind, desto größer wird der Uplift sein.

12.1.1 Die richtigen Produkte für die richtigen Kunden

Die naheliegendste aller Maßnahmen ist, zunächst einmal den einzelnen Kundengruppen anstelle von generischen Promotions gezielt jene Produkte anzubieten, die ihrem Bedarf entsprechen. Um solche Kampagnen zu konzipieren, nehmen Sie am besten das in Abschnitt 6.4 erstellte Kundenprofil zu Hilfe und leiten daraus entsprechende Kampagnen ab. Sehen wir uns dazu noch einmal in Abbildung 12.1 das Beispiel unseres »Regular Shoppers Getränke« an.

In einer ersten Kampagne für diese Gruppe würde man also zunächst den Performance-Uplift testen, der entsteht, wenn man der Gruppe statt einer generischen Kampagne gezielt Produkte des identifizierten Primär- und Sekundär-Bedarfs anbietet. Da es sich hierbei um einen Test mit gezielter Ansprache handelt, verwenden Sie – wie in Abschnitt 11.3 erläutert – zwei Testgruppen (individuelle Ansprache vs. generische Ansprache) sowie eine Kontrollgruppe ohne Mailing.

Wer	Regular Shopper Getränke
Lebenssituation (=Bedarfsdeckung für)	Familie
Primär-Bedarf	Getränke (Wasser, Bier, Säfte)
Sekundär-Bedarf	Wein, Toilettenpapier, Spülmittel, Küchenpapier, Waschmittel
Motivation	Einkauf erfolgt für die gesamte Familie
	Es werden in erster Linie Artikel gekauft, die schwer oder zu groß zum Transportieren sind und sich auf Vorrat kaufen lassen
# Kunden	20.000, 20%
Umsatzvolumen	3.000.000 EUR
# Kunden mit 1 Order	8.000, 40%
# Kunden mit >3 Orders	6.000, 20%
Avg. # Orders	3
Avg. Warenkorb Items	8
Avg. Warenkorb Wert	80 EUR
Qualität z.B. avg. RFM-Score	3,8
Probleme	Die ganz treuen Stammkunden fehlen, nur 30% mit >3 Orders

Potenziale	Erhöhung der Kauffrequenz
	  Trigger der Zweit-Order für Ein-Mal-Käufer
	  Trigger der Next-Order für alle Kunden mit nur 2 oder drei Orders
	Erhöhung Warenkorb
	  Wert pro Item
	  Anzahl Items
	Ausweitung der Einkäufe (breiteres Sortiment)
	  Heranführung an das Frische-Sortiment

Abb. 12.1: Kundenprofil »Regular Shopper Getränke« aus Kapitel 6

In diesem Test finden Sie dann bereits heraus, ob sich eine solch gezielte Anspra-che bereits dazu eignet, das definierte Potenzial der Erhöhung der Kauffrequenz zu heben, was in der Regel der Fall sein wird. Weiter können Sie einen solchen Test dann getrennt nach Erst-Käufer und Zweit- und Dritt-Käufer auswerten, um zu sehen, für welche Gruppe die Kampagne am besten funktioniert hat.

Diese ersten, relativ einfach zu erstellenden individuellen Kampagnen zeigen Ihnen, wie Ihre Kunden auf gezieltes Marketing reagieren und inwieweit sie bes-ser performen. Hier können Sie sich also zunächst einmal austoben und Ihre Kundengruppen durch Tests besser kennenlernen sowie Ihr Know-how im CRM aufbauen.

Um das an zweiter Stelle definierte Potenzial »Erhöhung des Warenkorbs« zu heben, gibt es zwei Möglichkeiten. Zum einen die Erhöhung der Anzahl Items pro Warenkorb, was in den Bereich des Cross-Selling fällt, sowie die Steigerung des Werts pro Item, was in den Bereich des Upselling fällt.

Cross-Selling

Im Cross-Selling bieten Sie den Kundengruppen grundsätzlich Produkte an, die zu den Primär- bzw. Sekundär-Produkten passen, die sie bereits heute schon bei Ihnen beziehen. Um hier eine fundierte Idee zu bekommen, welche Produkte in Cross-Selling-Kampagnen gehören, nehmen Sie die besten Kunden der jeweiligen Gruppen, also in der Regel die mit mehr als drei Käufen, genauer unter die Lupe. Exportieren Sie die Liste jener Top-Kunden innerhalb der Gruppe und überprüfen Sie deren Kaufverhalten via Stichproben im Kunden-Backend ebenso wie in Abschnitt 4.4.3 beim Erarbeiten der Thesen beschrieben. Darin erkannte Muster können Sie dann für das Cross-Selling der weniger guten Kunden innerhalb der Gruppe verwenden.

Wenn es darum geht, Kunden im Cross-Selling an neue Sortimentsbereiche heranzuführen, die sie bisher nicht bei Ihnen gekauft haben – also wie im Beispiel die Ausweitung des Sortiments durch die Heranführung an das Frische-Sortiment –, kann sich dafür initial auch ein Incentive, also ein Gutschein oder Ähnliches anbieten (siehe hierzu auch Kapitel 13 – »Die Krux mit den Gutscheinen«).

Steht Ihnen eine gute Recommendation Engine mit einer Schnittstelle zum ESP-System zur Verfügung, können Sie auch dieses gezielt einsetzen. Leider sind die »Kunden kauften auch«-Empfehlungen jedoch zu generisch, da sie sich auf die Verbundkäufe aller Produkte im Shop beziehen. An der Stelle wäre es hilfreich, wenn Sie die Bezugs-Grundlage der Recommendation Engine individuell einstellen könnten. Also zum Beispiel nur die Cross-Selling-Produkte anzeigen zu lassen, die Kunden kauften, die Produkt X, Y, Z oder aus Kategorie X gekauft haben. Sprechen Sie hierzu am besten einmal mit Ihrem Account-Manager.

Eine weitere Möglichkeit des erfolgreichen Cross-Selling – vorausgesetzt Ihr Angebot lässt es zu – ist die gezielte Promotion von Zubehörartikeln. Für Kunden, die also ein Key-Product gekauft haben, das über verschiedenes Zubehör verfügt, sollten gezielt Kampagnen aufgesetzt werden, die jenes anteasern.

Tipp

Bevor Sie sich an die Arbeit der Kampagnen-Umsetzung für Zubehörartikel machen, eruieren Sie, wie groß die potenzielle Zielgruppe ist, wie viele Kunden das Haupt-Produkt für das Zubehör gekauft haben. Anhand dessen können Sie Potenzial und Priorität dieser Cross-Selling-Maßnahmen bewerten.

Upselling

Beim Upselling geht es grundsätzlich darum, den Kunden zum Kauf höherpreisiger Produkte zu animieren oder aber die Margen der Kunden zu erhöhen. Dabei muss also nicht zwangsläufig der Verkaufspreis höher sein, entscheidend ist, dass die Marge höher ist.

Das Upselling kann wieder gezielt auf eine Kundengruppe abgestimmt sein, dann wäre das eine Kampagne, die – wenn Sie an den CRM Data Cube denken – einer zweidimensionalen Betrachtungsweise zugrunde liegt: der Kundengruppe und der Kundenqualität.

Für das Upselling lässt sich aber auch die eindimensionale Betrachtung heranziehen, nämlich die alleinige Betrachtung der Kundenqualität. Als Gradmesser bzw. Targeting-Kriterium können Sie dafür – je nachdem, wofür Sie sich entschieden haben – die RFM-Scores der Kunden oder aber deren absolut generierte Marge einsetzen. Ziel wäre bei den Kunden der RFM 1, 2 und 3 dann, diese zu Kunden der RFM 4 und 5 zu etablieren.

Entsprechende Kampagnen wären dabei die gezielte Promotion von – falls vorhanden – hochmargigen Produktkategorien. Helfen können an dieser Stelle wieder Gutscheine, die gezielt nur auf diese Kategorien einzulösen sind.

Eine weitere Target-Group für Upselling-Kampagnen sind die Kunden, die in der Analyse identifizierten Indikator-Produkte oder Marken beziehen. Sie sollten in Kampagnen – unabhängig zu welchen Themen – immer die Produkte vorgeschlagen bekommen, die aus dem hochpreisigen Segment einer Kategorie entstammen (vorausgesetzt, die Marge ist ebenfalls entsprechend hoch).

> ### Tipp
>
> Das faktische Ermitteln vom qualitativen Begriff der teuren bzw. günstigen Produkte wurde in Abschnitt 7.1 erläutert. Wenn Sie diese Analyse initial – für die Umsetzung von Upselling-Kampagnen – einmal mit der Auswertung über Ihre margenstärksten bzw. -schwächsten Produkte vergleichen, erhalten Sie Aufschluss darüber, inwieweit sich hohe Verkaufspreise auch mit einer hohen Marge decken.

12.1.2 Ansprachen zuschneiden

Neben dem richtigen Produkt für den richtigen Kunden ist ein weiterer, unter Umständen wichtiger Punkt die richtige Ansprache für die richtigen Kunden. Um herauszufinden, welche Ansprache zu welcher Kundengruppe passt, erstellen Sie zunächst ein Ziel- bzw. Bedürfnis-Portfolio der einzelnen Targets. Ein solches Portfolio kann wie folgt aussehen:

Beispiel

Sabine, Anfang/Mitte 50

Sicherheit und Zuverlässigkeit sind ihr wichtig.

Sie sorgt für ihren Ehemann und ihre (bereits erwachsenen) Kinder.

Sie will gut vorbereitet sein und kauft daher gerne auf Vorrat.

Sie macht gerne ein Schnäppchen und ist daher immer offen für Angebote.

Thomas, Anfang 50

Sein Job lässt ihm wenig Freizeit.

Er hat eigentlich keine Zeit zum Einkaufen und kauft daher immer letzten Moment ein.

Er kauft ausschließlich nach Bedarf.

Sein wichtigstes Credo: Schnell und reibungslos muss es gehen.

Ausgehend von diesen Beispielen lassen sich nun unterschiedliche Ansprachen ableiten. Angefangen bei der Bildsprache bis hin zu Signal-Begriffen und dem verwendeten Wording.

Geht es im ersten Beispiel des Kundentypus Sabine um Begrifflichkeiten wie »Vertrauen«, »Kümmern« und Schlüsselsymbole wie Prüf-Siegel und Vertrauenszertifikate, zählen beim Kundentyp Thomas eher Keywords wie »schnelle Lieferung«, ein übersichtliches Design und das Angebot bereits gekaufter Artikel, um ihm seinen Einkauf so einfach und schnell wie möglich zu gestalten.

Die Liste an möglichen Zielen, Bedürfnissen und Motivationen, die Ihre analysierten Kundengruppen aufweisen, ist sicher endlos. Fokussieren Sie sich daher auf diejenigen Merkmale, die Ihnen – neben Anpassungen in der Bildsprache – handfeste Anhaltspunkte für eine kundenzentrierte Ansprache geben.

Welche Uplifts mit gezielter Ansprache erreicht werden können, hängt stark von der Zielgruppe an sich ab und – wie bereits schon öfter erwähnt – von deren Heterogenität. Je ähnlicher sich Ihre Kunden sind, umso marginaler werden die Unterschiede sein.

Bei den entsprechenden Tests zu den gezielten Ansprachen ist eines entscheidend: Der eigentliche Inhalt, die Kernaussage der Kampagne also, muss identisch sein. Es darf sich lediglich die Ansprache unterscheiden, das heißt also Formulierung des Betreffs, der Headline, Bild und Text des Einstiegs-Creatives, Wortwahl im Editorial und die Ausgestaltung nachfolgender Aktionen, um den tatsächlichen

Impact zu ermitteln. Wichtig ist außerdem wieder die Kontrollgruppe. Sie haben also auch hier wieder die drei Testgruppen: gezielte Ansprache, generische Ansprache und die Kontrollgruppe ohne Mailing.

Praxis-Tipp

Sehen Sie die Kampagnen mit gezielter Ansprache als weiterführenden Schritt zu den Kampagnen mit den »richtigen Produkten für die richtigen Kunden«. Sie sind – wenn Sie so wollen – der nächste Schritt in der Individualisierung.

Die Uplift-Erfolge für »richtige Produkte« sind in der Praxis meist deutlich höher als die zu den »richtigen Ansprachen«. Letztere funktionieren individuell abhängig vom Geschäftsmodell in manchen Fällen sehr, sehr gut, in anderen wiederum kaum.

Wie viele Gruppen Sie in einem Testlauf challengen können (z. B. wenn Sie verschiedene individuelle Ansprachen testen möchten), hängt von der Anzahl der Kunden ab, die sich in den verschiedenen Segmenten befinden. Wie Sie die Minimum-Größe einer Gruppe berechnen, finden Sie in Abschnitt 11.3.3. Solange die Stichprobe pro Gruppe groß genug ist, gibt es an sich keine Grenzen. Entscheidend ist nur die Segmentierung: Jede Kundengruppe muss zu 50 % mit der spezifischen, zu 50 % mit der generischen Kampagne bespielt werden. Um eine entsprechend korrekte Auswertung vornehmen zu können, ist wieder die Unterscheidung der Trackingcodes ausschlaggebend.

Sehen Sie hierzu die detaillierten Ausführungen zum Thema »richtig testen« in Abschnitt 11.3.

12.1.3 Ideen für erfolgreiche Kampagnen

Ideen für Kampagnen gibt es viele. Ob und wie sie einsetzbar sind, hängt natürlich immer auch vom Geschäftsmodell ab. Die hier aufgeführten Ideen eignen sich besonders gut dafür, Cross-Selling und/oder Upselling zu betreiben. Es bedeutet aber nicht, dass sie nicht auch für (Re-)Aktivierungskampagnen genutzt werden können.

Zubehör-Artikel anbieten

Da es im Cross-Selling darum geht, zusätzliche Artikel, die für den Kunden von Interesse sein könnten, zu verkaufen, ist eine der naheliegendsten Kampagnen das Anbieten von Zubehör-Artikeln. Abhängig davon also, welche Produkte ein Kunde in der Vergangenheit gekauft hat, bieten Sie ihm entsprechendes Zubehör an. Achten Sie dabei jedoch auf die Anzahl des Targets. Häufig ist das nämlich – gemessen an sonstigen Kampagnen – sehr klein.

»Quengel-Artikel« anbieten

Jeder Shop verfügt meist über einen Teil des Sortiments, der als Quengel-Sortiment angesehen werden kann. Kleine Artikel von geringem Preis, die eigentlich jeder Kunde benötigen könnte. Diese Produkte können gezielt in Kampagnen beworben werden oder aber als fester Bestandteil am Ende einer jeder Kampagne eingeführt werden.

Einführung/Vorstellung neuer Marken oder Sortimentsbereiche

Ein schöner »Anlass«, Kunden neue Sortimente schmackhaft zu machen, ist die Neueinführung von Marken und Produkten. Solche Kampagnen können aufmerksamkeitsstark gestreut werden. Keywords wie »NEU bei uns« regen nach wie vor die Neugierde an und haben daher gute Erfolgsaussichten – zumindest für den ersten Schritt, die Öffnung der Kampagne. Inhaltlich können solche Kampagnen mit *interessanten* Informationen zur Marke unterlegt werden. Wenn Ihr Sortiment nicht mehr allzu stark wächst, dann wandeln Sie diese Art der Kampagnen einfach ab in »Kennen Sie schon ...« oder »Levi's bei uns«. Wählen Sie dafür diejenigen Marken aus, die die bevorzugten Sortimentsbereiche der Kundengruppen bedienen. Für gezieltes Upselling stellen Sie den Kunden, die Stand heute vielleicht zur Eigenmarke greifen, die nächst-»höhere« Marke vor.

Testimonials

Auch sie helfen in erster Linie dem Upselling. Wenn Testimonials Produkte, Marken oder Sortimentsbereiche vorstellen, so hat das auf Kunden immer eine besondere Wirkung. Und das nicht nur, wenn diese prominent sind. Auch (echte) Mitarbeiter oder Kunden können Testimonials sein. Haupt-Kriterium für ihre Wirkung ist die Authentizität, die sie vermitteln. Mitarbeiter können Sie dafür wahrscheinlich recht einfach gewinnen. Kunden lassen sich dafür auch gerne begeistern. Schreiben Sie hierzu ein Gewinnspiel aus: »Stellen Sie Ihr Lieblingsprodukt aus Kategorie X, Y vor und gewinnen Sie«. Der Vorteil an Testimonials: Sie lassen sich nahezu für jede Marke und Produktgruppe finden.

12.2 Lifecycle begleiten

Der Lifecycle spielt eine entscheidende Rolle im CRM. Zum einen, weil er bereits in der Definition des CRM steckt – Sie erinnern sich: »Ziel ist es [...] den Wert der Kunden über den *gesamten Lebenszyklus* der Geschäftsbeziehung besser auszuschöpfen [...]« – zum anderen, weil er ein entscheidendes Hilfsmittel dabei ist, die Bedürfnisse der Kunden vorauszusehen und diesen damit proaktiv gerecht zu werden.

12.2.1 Lifecycle identifizieren

Zunächst steht man aber vor der Aufgabe, den Lifecycle zu identifizieren. Das ist je nach Geschäftsmodell bzw. angebotenem Produkt mal sehr einfach oder eben relativ komplex.

Online-Shops oder Webseiten, die sich rund um das Thema Schwangerschaft, Baby und Kind drehen, haben es dabei sehr einfach. Warum? Weil Ihre Kunden innerhalb kürzester Zeit enorme Entwicklungen durchlaufen, die nicht zuletzt davon geprägt sind, dass sich der Bedarf an benötigten Produkten oder Informationen nahezu monatlich grundlegend verändert. Dazu kommt der entscheidende Vorteil, dass dieser Lifecycle – durch die biologischen Gegebenheiten – für alle Kunden in identischer Geschwindigkeit voranschreitet. Einen solchen »Bilderbuch-Lifecycle« gibt es aber leider nur sehr selten.

Doch auch mit anderen Geschäftsmodellen und Kundentypen lassen sich Lifecycle identifizieren. Er kann zum Beispiel in der Saisonalität von Produkten und damit sich ändernden Bedürfnissen liegen.

Es kann aber auch sein, dass sich der Lifecycle anhand von Produkt-Lebenszyklen festmachen lässt. Wenn es zum Beispiel eine Entwicklung vom »Einsteiger-« zum »Profi-Produkt« gibt. Oder aber, wenn der Kauf eines Produktes nach einem bestimmten Zeitraum einen Wieder-Kauf erfordert. Brillen sind hierfür ein gutes Beispiel.

Oder aber, Sie identifizieren Muster, die vom Ein-Mal-Käufer zum Stammkunden führen. Hierbei geht es wieder um das Thema »von den besten kann man lernen«. Gibt es also vielleicht einen erkennbaren Cycle vom Einsteiger-Produkt, der dann zum erweiterten Kauf ähnlicher Produkte führt?

Je langwieriger die tatsächliche Entwicklung eines Kunden hinter einem Lifecycle ist, desto geringer ist die Frequenz, in der sich Kampagnen Lifecycle-spezifisch aussteuern lassen. Ein Fashion Retailer beispielsweise, der drei Kollektionen vertreibt, für Teenager, junge Erwachsene und Damen bzw. Herren gesetzteren Alters, liegen die Lifecycle-spezifischen Schritte – von einer Kollektion zur nächsten – ca. sechs bis zehn Jahre auseinander. Dazwischen geht es eher darum, den Kunden aktiv zu halten, damit der nächste Lifecycle-Schritt überhaupt erst erreicht werden kann. Um das zu bewerkstelligen, geht es darum, die Kunden konstant mit Bedürfnis basierten Kampagnen aktiv zu halten.

Neben dem Ziel, die Kunden in ihrem Lifecycle ideal und proaktiv zu begleiten und deren Wert dabei maximal auszuschöpfen, geht es außerdem darum, den Lifecycle in seiner Länge maximal auszudehnen. Maximal so lange, wie es das Produktangebot zulässt.

Versuchen Sie also auch, für Ihre Kunden einen Lifecycle zu identifizieren.

12.2.2 Lifecycle-Kampagnen ableiten

Ist der Lifecycle definiert bzw. identifiziert, ist der nächste Schritt die Ableitung von entsprechenden Kampagnen. Wie immer gilt: Messaging, Targeting und daraus resultierende Uplifts müssen vor oder spätestens mit Einführung getestet werden.

Der Inhalt von Lifecycle-Kampagnen ergibt sich dabei direkt aus dem identifizierten Lebenszyklus. Da Sie durch den identifizierten Lifecycle den zukünftigen Bedarf Ihrer Kunden kennen, geht es in den Kampagnen in der Regel darum, den Kunden die Produkte, die diesen Bedarf decken, zur richtigen Zeit anzubieten. »Zur richtigen Zeit« bedeutet in diesem Fall, kurz bevor der tatsächliche Bedarf beim Kunden eintritt.

Beispiel

Sie betreiben einen Online-Shop für Baby-Zubehör. Aus der Lifecycle Analyse wissen Sie, dass Kunden einen Hochstuhl kaufen, wenn ihr Baby sechs Monate alt ist. Dementsprechend versenden Sie eine Kampagne für Hochstühle, kurz bevor das Baby sechs Monate alt wird. Somit lenken Sie die Aufmerksamkeit für das Produkt Hochstuhl in Ihrem Shop bereits dann auf sich, wenn der Bedarf entsteht.

Der Versand vor bzw. bei Entstehung des Bedarfs hat zudem eine Erinnerungsfunktion. Das heißt, Sie erinnern den Kunden daran, dass es jetzt an der Zeit für bestimmte Produkte wäre, und unterstützen ihn so also aktiv.

Content-Kampagnen

Um sich von Wettbewerbern abzugrenzen und um der Bedürfnisbefriedigung der Kunden mittel- bzw. langfristig gerecht zu werden, ist neben guten Selling-Kampagnen auch guter Content gefragt, der einen *echten* Mehrwert bietet und sich gerade für Lifecycle-Kampagnen hervorragend anbietet.

Der Content kann entweder gezielt in eigenen Content-Kampagnen veröffentlicht oder aber in Selling-Kampagnen integriert werden. Die Entscheidung hängt von Ihrer Geschäftsphilosophie ab und auch davon, wie sich die Einbindung am besten in die rollierende Kampagnen-Erstellung integrieren lässt. Ein Argument gegen die kombinierte Darstellung ist die These, der Content nehme den Fokus vom Abverkauf. Das ist in Teilen sicherlich korrekt. Inwieweit, werden Ihnen aber Tests genau zeigen. Das Gegenargument für reine Content-Kampagnen ist meist, dass sie keine Conversion bringen. Was auch stimmt – die Bewertung, ob das gut oder schlecht ist, hängt jedoch von der Zielsetzung ab.

Empfehlenswert ist an der Stelle kein »Entweder – Oder«, sondern ein »Und«, jedoch mit einer entsprechenden Gewichtung. Will heißen: Selling-Kampagnen haben den klaren Fokus des Verkaufens und sollten daher lediglich durch ein wenig Content unterstützt werden. Content-Kampagnen hingegen fokussieren das Informieren der Kunden, was natürlich durch entsprechende Produktangebote unterstützt werden kann.

Entscheidend bei Content- oder Content-fokussierten Kampagnen ist zunächst die richtige Erwartungshaltung hinsichtlich der Conversion: Diese wird und kann die Conversion einer Selling-Kampagne nie erreichen. Dennoch muss ein positiver Impact auf das Kundenverhalten nachweisbar sein. Es kommt bei Content-Kampagnen also – mehr als bei keinem anderen Kampagnentyp – darauf an, sie richtig zu analysieren. Statt der Betrachtung der Conversions geht es um die Betrachtung der Assisted Conversions. Siehe dazu Abschnitt 12.4.

Gute Kunden belohnen

Eine Kundengruppe darf man bei all den Kampagnen nicht vergessen: die besten Kunden! Ganz natürlich neigt man dazu, stetig zu optimieren, noch mehr Potenziale zu heben und Umsätze weiter zu steigern. Das ist auch gut und richtig so, nur darf man nicht vergessen, sich um diejenigen Kunden zu kümmern, die gemessen an ihrer Performance heute bereits da sind, wo andere Kunden hinentwickelt werden sollen.

Belohnen Sie Ihre besten Kunden ab und an mit einem kleinen Geschenk, einem ehrlichen »Dankeschön« oder mit einem gezielt ausgewählten Gutschein, der aufgrund der ausgewählten Produktgruppe keine allzu hohen Werbekosten aufweist, für den Kunden aber dennoch einen Mehrwert darstellt. Damit halten Sie Ihre besten Kunden aktiv und sichern sich weiterhin deren Loyalität.

12.3   (Re-)Aktivieren – Churn-Management

Auch mit den besten Kampagnen gelingt es leider nicht, *alle* Kunden stets aktiv zu halten. Diejenigen, die inaktiv geworden sind, gilt es zu reaktivieren. Das sollte jedoch die letzte Möglichkeit sein. Idealerweise setzt man bereits einen Schritt vorher an und versucht Kunden, die dabei sind, abzuwandern und in nicht allzu ferner Zukunft inaktiv zu werden drohen, zu (re-)aktivieren, also sogenanntes Churn-Management zu betreiben.

12.3.1   Die richtigen Zeitpunkte ablesen

Um die richtigen Zeitpunkte für Kampagnen identifizieren zu können, haben wir in Kapitel 8 die sogenannte Churn-Analyse erstellt. Um im Detail aufzuzeigen, wie daraus Kampagnen abgeleitet werden können, sehen wir uns an dieser Stelle noch mal den Ausschnitt des Churn Trees an (Abbildung 12.2).

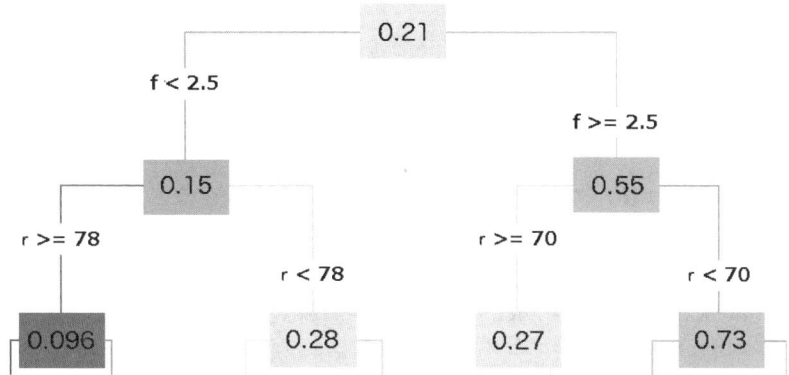

Abb. 12.2: Ausschnitt Churn Tree aus Kapitel 8

Sehen wir uns noch einmal zu Beginn den rechten Strang des Baums an. Alle Kunden der Gruppe haben eine Wiederkaufswahrscheinlichkeit von 21%. Haben Kunden jedoch drei Mal oder öfter eingekauft (siehe f >= 2,5), so steigt die Wiederkaufswahrscheinlichkeit bereits auf 55% an. Hat dieser letzte Kauf dann noch in den letzten 70 Tagen stattgefunden (siehe r < 70), dann steigt sie noch einmal erneut an, und zwar auf 73%.

Für das Kampagnenmanagement bedeutet dies, dass – zugunsten einer hohen Wiederkaufsrate, also um diese Kunden möglichst aktiv zu halten – der dritte Kauf sehr entscheidend ist und dass dieser innerhalb von 70 Tagen nach dem zweiten Kauf stattfinden muss. 50 bis 60 Tage nach dem zweiten Kauf (dann bleibt noch Zeit für einen Resend an Nicht-Öffner) muss also unbedingt eine Trigger-Kampagne versendet werden. Zeigt eine spezifische Kampagne hier keine Wirkung, kann in einem zweiten Schritt auch ein Gutschein als Incentive angeboten werden. Schließlich ist die Wahrscheinlichkeit, dass diese Kunden nach der incentivierten dritten Bestellung freiwillig wiederkaufen, enorm hoch.

Ebenfalls im Baum gesehen haben wir, dass Kunden im Beispiel dieses Churn Trees nach 196 Tagen als inaktiv angesehen werden können. Das heißt, spätestens dann muss mit einer Reaktivierungskampagne gearbeitet werden. Da dies tatsächlich die letzte Chance ist, den Kunden zurückzugewinnen, ist der Einsatz eines Gutscheins hier durchaus angemessen.

Praxis-Tipp

Wenn

Sie solch entscheidende Kampagnen aufsetzen,

> **dann**
>
> können Sie an Kunden, die diese Kampagne nicht geöffnet haben, nach sieben Tagen die gleiche Message mit identischem Inhalt und lediglich einem neuen Betreff erneut versenden. Man nennt dies auch Resend.

12.3.2 Testszenario erarbeiten

Sobald die kritischen Zeitpunkte identifiziert sind, müssen dafür entsprechende Kampagnen konzipiert und anschließend getestet werden. Der klassische Gutschein sollte dabei grundsätzlich immer die letzte Wahl sein. Seien Sie kreativ und überlegen Sie, was dem Kunden sonst noch bei der Entscheidung zum nächsten Kauf helfen kann.

Überlegen Sie daher zunächst, warum die Kunden wohl inaktiv geworden sind bzw. warum sie nach dem ersten, zweiten oder dritten Kauf nicht selbst proaktiv den nächsten Kauf tätigen. Die Antworten darauf hängen wieder sehr stark vom Geschäftsmodell und den angebotenen Produkten ab.

Entwerfen Sie dementsprechend das Messaging, von dem Sie überzeugt sind, dass es den größten Erfolg verspricht, und setzen Sie dann – wie in Abschnitt 11.3 beschrieben – Ihre Testing-Maps auf.

Da es sich hierbei größtenteils um Rolling-Tests handeln wird, automatisierten Kampagnen also, die 50:50 an die entsprechenden Kunden verschickt werden, müssen Sie für den Test einen etwas längeren Zeitraum einplanen. Die Länge wird dabei von der Empfängerzahl bestimmt. Sobald der Test an ausreichend Probanden versendet wurde und diese auch ausreichend Zeit für eine Reaktion auf die Kampagne hatten, können Sie mit der Auswertung der Ergebnisse beginnen.

12.3.3 Ideen für erfolgreiche (Re-)Aktivierungskampagnen

Wie schon in Abschnitt 12.1.3 beschrieben, gilt auch hier, dass die im Folgenden beschriebenen Kampagnen sich zwar besonders, nicht aber ausschließlich für (Re-)Aktivierungskampagnen genutzt werden können. Sie können zum Teil ebenso für Cross-Selling bzw. Upselling genutzt werden.

Triggern des zweiten Kaufs

Eine Möglichkeit, um gezielt den Zweit-Kauf von Kunden zu triggern, ist ein Reminder an das im ersten Kauf erworbene Produkt. Das funktioniert natürlich nur bei Verbrauchsgütern wie beispielsweise Shampoo oder Müsli, nicht jedoch bei einem Kinderwagen. Im Falle des Kinderwagens, also Investitionsgütern, würde sich der Versand einer Zubehör-Mail anbieten.

Bezieht sich die Kampagne tatsächlich ganz konkret auf den Erstkauf und enthält sie sonst weiter keine großen Werbe-Elemente, so gibt das Wettbewerbsrecht

UWG einen gewissen Spielraum, sodass solche Kampagnen unter Umständen auch an Kunden versendet werden dürfen, die kein Opt-in gegeben haben. Prüfen Sie dies am besten mit Ihrem Rechtsanwalt oder dem Datenschutzbeauftragten, um herauszufinden, was in Ihrem Fall möglich ist.

Kampagnen zur Aktivierung

Im Grunde geht es beim Versand von Kampagnen ja immer um ein gewisses Storytelling. Denn im Prinzip enthält jede Kampagne eine Auswahl an im Rahmen der Kampagne »nett verpackten« Produkten, die dem Kunden einen Grund geben, die Kampagne zu öffnen und zu kaufen. Manche Storys funktionieren dabei besser, manche schlechter. Was meist super funktioniert, sind folgende:

1. Top-Seller-Kampagnen

   Der Begriff Top-Seller scheint eine besonders magische Wirkung auf Kunden zu haben. Kampagnen mit dem Titel »Unsere Top-Seller im November« oder »Oder unsere Top-Seller aus der Kategorie Bodylotion« funktionieren meist sehr gut. Ein Vorteil dieser Kampagnen ist, dass sie sich sehr einfach für die verschiedenen Kundengruppen ableiten lassen und so mit einem Kampagnen-Typ alle Kundengruppen in abgewandelter Form bedient werden können.

2. Beste Bewertungen

   Ein zweiter High-Performer sind Kampagnen, die gezielt auf Kundenbewertungen hinweisen. Also solche mit einem Claim à la »Von Kunden mit exzellent bewertet: die Top 10 unter den Flat-TVs«. Auch diese Kampagnen lassen sich ausgezeichnet auf die jeweilig entscheidenden Produktkategorien der unterschiedlichen Kundengruppen anpassen. Die Kampagnen können Sie inhaltlich auch tatsächlich mit den Original-Zitaten der Top-Kundenbewertungen versehen. Die fünf gelben Sterne und ein echtes Kundenzitat bewirken auch an dieser Stelle meist Großes.

Ideen für die Reaktivierung

Den obligatorischen Gutschein erwähne ich an dieser Stelle absichtlich nicht, er ist ohnehin ein Selbstläufer, vorausgesetzt man setzt ihn richtig ein (siehe hierzu Kapitel 13).

Wenn man sich die Gründe für eine mögliche Inaktivität von Kunden überlegt, so tauchen meist zwei häufig auf: Verlorenes Vertrauen seitens der Kunden oder aber der Shop geriet in Vergessenheit und die Konkurrenz ist schlicht präsenter.

1. Trust-Kampagnen

   Um ersteren Grund anzugehen, eignen sich Trust-Kampagnen. Das heißt, man führt dem Kunden gezielt vor Augen, dass er dem Shop vertrauen kann. Dabei helfen Zahlen wie x-tausend zufriedene Kunden, x-tausend versendete Pakete oder TÜV- oder andere Prüfsiegel. Angereichert werden kann eine solche Kampagne mit den USPs Ihres Unternehmens, aber achten Sie darauf, dass Sie Ihre *echten*, von Kunden wahrgenommenen USPs kommunizieren und nicht den Branchen-Einheitsbrei (siehe hierzu Abschnitt 6.4.2). Sehr wirksam ist an dieser Stelle auch der Einsatz von (echten) Kunden-Testimonials, die kommunizieren, was sie an Ihrem Shop so toll finden.

> **Tipp**
>
> Wenn Sie Kunden zur Fokusgruppe einladen (siehe Abschnitt 9.2), fragen Sie sie doch direkt, ob sie als Testimonial zur Verfügung stehen würden.
>
> Sind Sie noch nicht so weit, dass Sie in naher Zukunft eine Fokus-Gruppe einladen, schreiben Sie ein Testimonial-Gewinnspiel auf Facebook aus.

Ohne direkten Anreiz zur Conversion könnte eine solche Kampagne als Vorbereitung zu einer Trigger-Kampagne eine Woche später dienen.

2. Reminder-Kampagnen

   Damit Sie sich bei einem Kunden wieder in Erinnerung rufen, können Sie ihn gezielt über Neuheiten zu Produkten oder Marken informieren, die er einst bei Ihnen gekauft hat. Diese konkreten Trigger im Betreff einer solchen Kampagne führen mit hoher Wahrscheinlichkeit zu einer Öffnung, dem ersten Schritt also zurück zum (aktiven) Kunden. Die gezielt ausgespielten Inhalte darin tun ihr Übriges und geben einen starken Klick-Anreiz. Konkret könnte eine solche Kampagne also zum Beispiel »Levi's – die neue Kollektion ist da« lauten. Oder aber Sie nehmen die (gerade im Modebereich häufig vorhandenen) reduzierten Teile einer entsprechenden Kategorie und erstellen eine Kampagne à la »Sale: T-Shirts bis zu xx% reduziert«. Letzteres können Sie auch dann anwenden, wenn offiziell gerade gar kein Sale ist.

3. Umfragen zur Reaktivierung

   Das mag im ersten Moment komisch erscheinen, kann jedoch sehr wirksam sein. Erstellen Sie eine kleine Umfrage à la »Bewerten Sie uns mit nur 3 Klicks« und verlosen Sie für die Teilnahme einen 100-Euro-Einkaufsgutschein. Im Betreff schreiben Sie dann »100 Euro für Sie – bewerten und gewinnen«. Eine solche Umfrage ist ein starker Trigger und dient im ersten Schritt dazu, das Engagement Ihrer Kunden mit Ihrem Shop oder Ihrer Website wieder anzukurbeln. Im Anschluss daran sollte dann eine entsprechende gezielte Kampagne folgen, die ihren Fokus auf der Conversion hat.

12.4 Erfolge richtig messen

Bei all den Tests dieser Maßnahmen ist am Ende eines entscheidend: die richtige und nachhaltige Erfolgsmessung.

Gerade bei Reaktivierungskampagnen oder allgemein Kampagnen mit Werbe-kosten-Incentives, wie Gutscheinen o.Ä., geht es zwar zunächst um die Conversion, mittelfristig jedoch auch um die weitere Entwicklung der konvertierten Kunden. Das macht ihn schließlich aus, den Unterschied zwischen Gießkannen-Marketing zur Erreichung kurzfristiger Umsatzziele und gezielten nachhaltigen Marketingkampagnen.

Die Entwicklung der Kunden muss also mindestens drei Monate nach Versand erneut analysiert werden. Ideal wäre eine weitere Betrachtung nach sechs sowie nach neun Monaten.

Für contentgetriebene Kampagnen, die den Kunden informieren und ihm dadurch einen Mehrwert verschaffen sollen, fällt die Analyse oft schwerer. Aufgrund verschiedenster Anforderungen des Online-Marketings, vor allem aber aufgrund der Anforderungen im Display-Marketing setzen sich aktuell mehr und mehr Attributionsmodelle in der Webanalyse durch. Das bedeutet, dass eine Conversion nicht mehr nach dem »Last Cookie Wins«-Prinzip bewertet wird, der Erfolg also nicht mehr dem Marketing Channel zugesprochen wird, der den Kontakt zum Kunden hergestellt hat, sondern auch den Touchpoints, die davor stattgefunden haben. In der Regel werden die letzten fünf Touchpoints vor einer Conversion betrachtet. Diese werden dann unterschiedlich gewichtet und erhalten je nach Bewertung einen gewissen Erfolgsanteil an der Conversion. Man nennt sie assisted Conversions. Sie haben also auf dem Weg zur Conversion unterstützt. Das am häufigsten angewandte Attributionsmodell ist das sogenannte »Badewannen-modell«. Dabei wird dem ersten und letzten Touchpoint der größte Anteil an der Conversion zugesprochen, z.B. je 30%. Die restlichen 40% werden auf die mittleren drei Touchpoints aufgeteilt.

Solche Modelle lassen sich mittlerweile sehr gut in Google Analytics abbilden.

Wenn Sie Ihre CRM-Kampagnen hinsichtlich der assisted Conversions analysieren, so werden Sie feststellen, dass diese dort im Vergleich zu generischen Selling-Kampagnen überproportional oft an Conversions beteiligt sind. Die direkten Conversions hingegen werden im Vergleich zu globalen Promotion-Kampagnen immer unterdurchschnittlich sein.

12.5 Erfolgreiche Kampagnen dauerhaft installieren

Am Ende, nach Test und entsprechender Erfolgsbewertung müssen diejenigen Kampagnen, die erfolgreich waren, fix und automatisiert installiert werden.

Um keine wertvolle Zeit zu verlieren, sollten Sie parallel arbeiten. Das heißt, Sie beginnen mit den ersten Tests, werten sie aus, und was erfolgreich war, wird sofort rollierend installiert. Parallel dazu testen und lernen Sie weiter.

Vorsicht

Je mehr automatisierte Kampagnen Sie im Einsatz haben, umso leichter schleichen sich »Kampagnen-Leichen« ein. USPs oder Zahlen, die heute noch stimmen, mögen in sechs Monaten bereits veraltet sein. Gleiches gilt für Design und Anmutung etc.

Den dafür entstehenden Aufwand sollten Sie nicht unterschätzen. Es ist daher zwingend notwendig, dass ein Kollege oder Mitarbeiter die Verantwortung dafür hat und auch über die zeitlichen Ressourcen verfügt, sich um die fortwährende Aktualisierung der Kampagnen zu kümmern.

Tipp

Gerade die Überprüfung automatisierter Kampagnen, deren Überarbeitung und Neu-Gestaltung ist eine wunderbare Aufgabe für einen Praktikanten.

## Kapitel 13

Die Krux mit den Gutscheinen

Gutscheine sind seit jeher ein probates Mittel, Conversion-Ziele zu erreichen. Damit verknüpfte Mindestbestellwerte sollten vor allzu hohen Werbekosten schützen. Das hat auch eine Zeit lang sehr gut funktioniert, bis Gutschein-Portale wie Pilze aus dem Boden schossen und Nutzer die Gewohnheit etablierten, kurz vor Abschluss des Kaufes noch schnell einen Gutscheincode zu »googeln«. Damit war die Werbewirkung dahin. Was blieb, waren die enormen Werbekosten.

13.1 Wann und wie oft sollte man Gutscheine überhaupt einsetzen

Es stellt sich daher oft die Frage, ob sich Gutscheine überhaupt lohnen, wann sie idealerweise eingesetzt werden, und vor allem auch, wie oft.

13.1.1 Vorteil Erfolgsgarantie

Ihr seit jeher existierender Vorteil: Gutscheine funktionieren. Und zwar *immer*. Egal, welche Art von Kampagne Sie testen, wann immer eine Gutschein-Variante im Spiel ist, sie wird gewinnen. Kampagnen mit Gutscheinen werden außerdem immer die höheren Conversions und Umsätze hervorbringen als Kampagnen ohne.

Mit Gutscheinen lassen sich also im ersten Schritt definitiv erhebliche Umsatzsteigerungen herbeiführen – nicht zuletzt, um vielleicht kurz vor Ende eines Monats die geplanten Ziele doch noch zu erreichen.

Aber: Können Gutscheine auch langfristig erfolgreich sein?

13.1.2 Nachteil (mangelnde) Kundenqualität

Auf lange Sicht haben Gutscheine – neben den Werbekosten – nämlich zwei erhebliche Nachteile.

Kommen sie allzu regelmäßig zum Einsatz, entsteht binnen nicht allzu langer Zeit ein Gewöhnungseffekt. Kunden wissen: Der nächste Gutschein kommt bestimmt. Sie warten mit ihrer nächsten Bestellung daher gezielt auf einen neuen Rabatt und kaufen erst dann wieder ein. Die Käufe ohne Gutschein werden seltener, KPIs von nicht rabattierten Kampagnen sinken und KPIs von Kampagnen mit Gutscheinen erscheinen damit noch besser. Und schon sind Sie gefangen in der Rabatt-Spirale. Dort wieder auszubrechen ist eine echte Herausforderung.

Der zweite gravierende Nachteil ist häufig die Qualität der Kunden, die über zu viele Gutscheine gewonnen und »gebunden« wurden. Viel zu oft sind es nämlich die wahren Schnäppchenjäger, die man lockt. Sie kaufen nicht nur ausschließlich mit Gutscheinen ein, sondern greifen dann zusätzlich zu den ohnehin schon günstigen, margenschwachen Produkten. Zu den viel zu hohen Werbekosten kommen also auch noch die geringen Margen. Von der Loyalität solcher Kunden ganz zu schweigen, denn die einzigen Kriterien bei der Entscheidung für oder gegen einen Anbieter sind zumeist ein niedriger Preis und zusätzliche Rabatte.

13.2 Grundlagen der Anwendung von Gutscheinen

Gutscheine deswegen nun aber gänzlich zu verbannen, wäre der falsche Ansatz. Der Schlüssel zum erfolgreichen Einsatz von Gutscheinen liegt im gezielten Einsatz. Worauf ist dabei also zu achten?

13.2.1 Individuell oder generisch?

Grundsätzlich gibt es zwei Arten von Gutscheinen.

Generische Gutscheine sind für alle Kunden oder Nutzer identisch. Das heißt, jeder erhält den gleichen Code und damit auch den gleichen Vorteil. Diese Gutscheine sind es auch, die am Ende oft auf den Gutscheinportalen landen und für jedermann einlösbar sind. Sie kommen daher immer seltener zum Einsatz oder sind weiteren Einschränkungen unterlegen. Sie gelten beispielsweise nur für Neukunden. Damit ist immerhin sichergestellt, dass man die Werbekosten nicht wahllos in Bestandskunden investiert, die vielleicht auch ohne Gutschein gekauft hätten.

Individuelle Gutscheine hingegen sind – wie ihr Name schon sagt – für jeden Kunden individuell angelegt. Sehr professionelle Systeme haben den Code sogar im Backend direkt am Kunden hinterlegt, sodass Kunde x tatsächlich auch nur den für ihn vorgesehenen, individuellen Gutscheincode einlösen kann. So weit muss man in der Regel aber gar nicht gehen, zumal der technische Aufwand dafür sehr hoch ist. Es ist bereits völlig ausreichend, die individuellen Gutscheincodes so anzulegen, dass sie nur ein einziges Mal eingelöst werden können. Selbst wenn ihn also ein Kunde nicht für sich nutzt und in einem der Portale postet, »riskiert« man pro Code maximal einen »Missbrauch«. Wichtig bei individuellen Gutscheinen ist jedoch, dass sie pro Kampagne ein einheitliches Präfix bzw. Suffix haben. So lassen sich die Ergebnisse im Anschluss umfassend und kampagnenspezifisch analysieren.

13.2.2 Gutscheine testen

Um die genannten Nachteile auszuhebeln, ist ein gezielter Einsatz von Gutscheinen entscheidend. Conversion und Qualität der erreichten Kundengruppe hängen dabei stark von Art des Gutscheins, der Targets und der Versandhäufigkeit bzw. des Versandzeitpunkts ab.

Um zu verhindern, dass vor allem für Bestandskunden ein Gewöhnungseffekt aufkommt, müssen genau die Zeitpunkte und Kundengruppen ermittelt werden, an denen der Einsatz von Gutscheinen sinnvoll ist. Dies kann das Triggern des Erstkaufs sein, wenn man zu viele Leads hat, die nicht »freiwillig« zu Kunden werden, oder aber das Triggern des zweiten Kaufs, wenn der Anteil an Erstkäufern zu hoch ist. Welche Zeitpunkte entscheidend sind, entnehmen Sie der Churn-Tree-Analyse. Diese nutzen Sie dann für Ihre ersten Tests.

Neben dem Zeitpunkt und der Performance eines Gutscheins muss jedoch vor allem auch die Kundenqualität der Konvertierer getestet und ausgewertet werden. Schließlich ist es nur dann sinnvoll, wertvolles Marketing-Budget zu investieren, wenn man damit gute Kunden nachhaltig für sich gewinnen kann.

Zusammenfassend müssen also folgende Aspekte einem Test unterzogen werden:

- Zielgruppen bzw. Segmente
- Versandzeitpunkte
- Gutschein-Typen
  - Versandkostenfrei
  - 5-Euro-Gutschein
  - 10-Euro-Gutschein
  - Gratiszugabe
  - Rabatt-Gutscheine
- Erzeugte Kundenqualität

Um auch die Höhe des Uplifts durch Gutscheine erkennen zu können, sollte eine Testvariante immer aus einer generischen Content-Kampagne bestehen.

Für valide Testergebnisse ist außerdem der unbedingte Einsatz von individuellen Gutscheinen entscheidend, die sich pro Testgruppe über Präfixe identifizieren lassen.

13.2.3 Gutscheine richtig analysieren

Am Ende eines Tests gilt es, die Ergebnisse auszuwerten. Dabei ist darauf zu achten, dass tatsächlich die richtigen Metriken zur Bewertung des Erfolgs herangezogen werden.

Zunächst einmal geht es um die Conversion. Sie wird oft als einzige KPI herangezogen, da ihre Erhöhung zumeist auch der ausschlaggebende Punkt für den Einsatz von Gutscheinen ist.

Wenn es um die Erfolgsbewertung von Gutschein-Arten geht, wird zudem noch der durchschnittliche Warenkorbwert zur Bewertung herangezogen.

Tipp

Versandkostenfrei-Gutscheine haben auch bei Online-Shops, die standardmäßig ab Erreichen einer bestimmten Versandkostenfreigrenze einen kostenlosen Versand anbieten, eine überdurchschnittliche (psychologische) Wirkung. Sie generieren eine überdurchschnittliche Conversion, auch wenn bei der Bestellung aufgrund der erreichten Versandkostenfreigrenze ohnehin keine Versandkosten angefallen wären. Eine Gutscheinart mit großen Erfolgen und sehr geringen Werbekosten.

Um den aus CRM-Sicht *eigentlichen* Erfolg von Gutscheinen aber zu bewerten, zählt eine andere Zahl, nämlich die **Kundenqualität** der gewonnenen oder aktivierten Kunden. Um diese zu ermitteln, eignet sich die Abfrage der RFM-Scores jener Kunden oder die Betrachtung der Marge aus den generierten Bestellungen. Oft stellt sich dabei heraus, dass niedrige Conversions durch eine hohe Kundenqualität ausgeglichen werden.

Neben der kurzfristigen Qualitätskontrolle ist jedoch auch die mittel- bis langfristige Entwicklung dieser Kunden zu beobachten. Ein Kundenqualitäts-Check nach drei, sechs und neun Monaten empfiehlt sich. Das erfordert zwar etwas Disziplin, ist aber die einzige Möglichkeit, den Erfolg nachhaltig zu messen.

Tipp

Am besten tragen Sie alle Analysezeitpunkte in die Testing-Map ein und speichern sich Reminder im Kalender ab. Die Test-Map ist dabei wieder ein ideales Hilfsmittel, sich nach drei bzw. sechs oder neun Monaten Inhalt und Zweck des Tests wieder in Erinnerung zu rufen.

Gerade beim Einsatz von Reaktivierungsgutscheinen wird es immer einen Teil der Kunden geben, die noch genau ein weiteres Mal bei Ihnen einkaufen, und zwar mit dem Rabatt des Reaktivierungsgutscheines. Ein weiterer Teil aber wird Ihr Ziel der Reaktivierung erfüllen und auch nach der Bestellung mit dem Reaktivierungsvorteil wieder regelmäßig und ohne Gutscheine bei Ihnen einkaufen. Ob eine

Reaktivierungskampagne also erfolgreich ist oder nicht, hängt davon ab, wie groß jeweils diese beiden Gruppen sind, das heißt, wie viele Kunden Sie damit *tatsächlich* reaktivieren können. Ist das Ergebnis im ersten Schritt nicht zufriedenstellend, können Sie weitere Tests mit anderen Gutscheintypen oder zu anderen Versandzeitpunkten durchführen.

13.3   Mit gezieltem Einsatz zum Erfolg

Der Einsatz von Gutscheinen kann und darf also nicht pauschal verteufelt werden. Auf die Art der Anwendung kommt es an. Das grundsätzliche Problem, das hinter dem globalen, nicht segmentierten Einsatz von Gutscheinen steht, ist, dass man wertvolles Marketing-Budget an diejenigen Kunden vergibt, die ohnehin gekauft hätten, dass man die Kunden zu sehr an die Gutscheine gewöhnt und dass sich der Erfolg nur kurzfristig, aber nicht nachhaltig einstellt.

Durch gezielte Segmentierung derjenigen Kunden aber, die gerade an einem kritischen Punkt ihres Kunden-Lebenszyklus stehen, schaltet man die »Gefahr«, ohnehin treue Kunden zu incentivieren, größtenteils aus. Durch diesen punktuellen Einsatz ist ebenfalls gewährleistet, keinen Gewöhnungseffekt entstehen zu lassen. Für den nachhaltigen Erfolg sorgen Tests, die die Kundenqualität der Gutschein-Konvertierer nachhaltig überwachen.

Nicht zu vergessen, der gezielte Einsatz hinsichtlich der Gutschein-Art. Will heißen, es müssen nicht immer »10 % Rabatt auf das gesamte Sortiment sein«, ein Gutschein hat auch dann noch eine stark incentivierende Wirkung, wenn er nur auf ausgewählte Sortimentsbereiche einlösbar ist. Damit können Sie den Kunden gezielt steuern. Gerade bei Cross-Selling- oder Upselling-Kampagnen verhindern Sie so, dass Ihr Kunde den Gutschein wieder nur für seine stets gewohnten Produkte verwendet, anstatt – wie von Ihnen forciert – auch mal ihm neue Sortimentsbereiche ausprobiert. Die gezielte Ausgestaltung der Gutschein-Art kann damit sogar dabei helfen, Margen zu erhöhen, indem Sie den Gutschein auf Margen-starke Sortimentsbereiche eingrenzen.

Möchte man noch einen Schritt weitergehen, so kann man den Gutschein selbst auch an eine Kaufbedingung knüpfen. Eine Promotion könnte dann lauten: »Beim Kauf von x erhalten Sie einen Rabatt auf y.« x und y können dabei einzelne Produkte, aber auch gesamte Kategorien, Marken oder Sortimentsbereiche sein.

Um an dieser Stelle aber unabhängig zu sein, ist es wichtig, in der technischen Erstellung der Gutscheine möglichst flexibel agieren zu können. Idealerweise verfügen Sie über ein Tool, in dem Sie jegliche Art von Gutscheinen selbst und damit im Tagesgeschäft ohne IT erstellen können.

howtoCRM.de

Checkliste für die Anforderungen an ein Gutschein-Tool

☐ Rabatt-Art frei wählbar (Euro-Betrag, Prozentsatz, versandkostenfrei ...)

☐ Rabatt-Bereich – worauf gilt der Rabatt – frei wählbar (auf Produkt-ID-Ebene, Kategorie-Ebene 1, 2, ..., Brand-Ebene etc.)

☐ Erfüllungskriterien – welche Artikel müssen im Warenkorb liegen, damit der Gutschein gültig wird – frei wählbar (auf Produkt-ID-Ebene, Kategorie-Ebene 1, 2, ..., Brand-Ebene etc.)

☐ Mindestbestellwert frei wählbar

☐ Gültigkeitsdauer frei wählbar

☐ Präfix/Nummernkreis frei wählbar

## Kapitel 14

Weiterempfehlungen fördern

Nichts schätzen wir privat mehr als eine ehrliche Empfehlung von einem guten Freund. Aus Sicht eines Online-Händlers oder Website-Betreibers ist damit keine Werbung wertvoller als die Weiterempfehlung guter Kunden.

14.1 Online-Empfehlungsprogramm

Als Pendant des klassischen »Kunden-werben-Kunden«-Programms des einstigen Versandhandels haben sich heute Online-Empfehlungsprogramme etabliert. Sie basieren auf dem einfachen Prinzip, dass der Empfehlungsgeber einen Vorteil – meist einen Einkaufsgutschein – erhält, sobald der durch ihn geworbene Kunde seinen ersten Einkauf erfolgreich getätigt hat. Dabei erhält der Geworbene ebenfalls einen Gutschein. Entweder direkt für den ersten Einkauf oder für seinen zweiten Kauf, den Folgekauf.

Hinweis

Je nach Zielsetzung kann der erste Kauf des Geworbenen incentiviert werden oder aber das bloße Anlegen eines Nutzer-Accounts.

Größtes Problem solcher Online-Empfehlungsprogramme ist oft, dass sie werblich sehr stiefmütterlich behandelt werden, das heißt, kaum sichtbar und damit wenig erfolgreich sind.

Ein zweites Problem liegt außerdem in der Anwendung. Die Kontaktdaten der Freunde vorliegen zu haben, die man werben möchte, ist für den Werbenden ein echter Organisationsaufwand. Das ist wahrlich ein Conversion-Killer.

Ein gutes Beispiel für die Umsetzung eines Online-Empfehlungsprogramms ist der Möbel-Shopping-Club Westwing.

Hinweis

Als Shopping-Club liegt die Zielsetzung von Westwing natürlich im Generieren von Usern, also im Einladen von Freunden. Das Incentive von zehn Euro wird also bereits beim Anlegen eines Nutzer-Accounts seitens des Geworbenen gewährt. Die grundsätzliche Mechanik funktioniert allerdings wie bei allen Online-Empfehlungsprogrammen.

Abb. 14.1: Teaser Empfehlungsprogramm im Header auf www.westwing.de

Das Programm wird zunächst konstant in der oberen Headernavigation angezeigt, direkt neben dem persönlichen Login des Kunden. Es ist damit omnipräsent auf jeder Seite für die Kunden erreichbar. Zur gleichen Zeit ist – ebenfalls zu jeder Zeit sichtbar – das Incentive mit angegeben, das der werbende Kunde erhält.

Abb. 14.2: Einladungsmöglichkeiten des Westwing-Empfehlungsprogramms

Um Freunde einzuladen, bietet Westwing drei Möglichkeiten an. Zunächst die klassische Variante per E-Mail. Da – wie eingangs genannt – häufig die Problematik besteht, dass Kunden die E-Mail-Adressen ihrer Freunde nicht auswendig parat haben, wird hier sogar die Möglichkeit geboten, E-Mail-Adressen aus dem Mail-Client-Adressbuch zu importieren. (Hierbei bleibt jedoch die Frage, wie viele Kunden dies hinsichtlich Datenschutz- oder Privatsphäre-Gründen tatsächlich in Anspruch nehmen.)

Die zweite Variante, die angeboten wird, ist ein spezieller Link, der ganz einfach in jede E-Mail, Facebook-Message oder über ein sonstiges Medium an Freunde versendet werden kann. Über Copy & Paste kann jeder Kunde seine Freunde auf dem gewohnten Weg kontaktieren und die Einladung so vornehmen. Dies ist für alle Beteiligten wohl der einfachste und nützlichste Weg: Die technische Umsetzung sollte relativ einfach sein und die Anwendung für den Kunden ebenso. Und hier, ohne Datenschutz oder Privatsphäre in irgendeiner Form zu gefährden.

Der dritte Weg ist der direkte Post auf der eigenen Facebook-Wall. Der ist zwar sehr offensiv, bietet aber eine gute und vor allem einfache Möglichkeit, viele Freunde gleichzeitig einzuladen. Ein Vorteil für Westwing, aber auch für den Werbenden, der so schnell und einfach viele Incentives einsammeln kann.

Dem Kunden stehen also aus Usability-Sicht drei einfache Möglichkeiten zur Verfügung, Freunde einzuladen und von dem Incentive zu profitieren. Zehn Euro sind dabei außerdem ein guter Anreiz, das Programm auch tatsächlich zu nutzen.

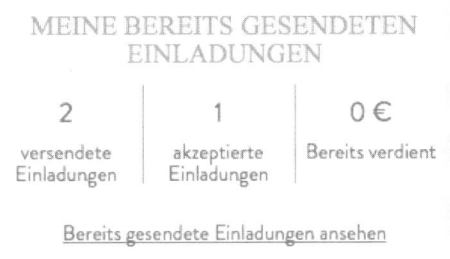

Abb. 14.3: Übersicht über bisherige Einladungs-Aktivitäten

Eine Übersicht über versendete und akzeptierte Einladungen sowie die bereits verdienten Gutscheine wirkt zudem motivierend für die Kunden, weiter an dem Thema dranzubleiben.

Ein gutes Online-Empfehlungsprogramm sollte also folgende drei Gesichtspunkte erfüllen:

- Einfach in der Anwendung
- Starke Präsenz
- Starkes Incentive

14.2 Print-Gutscheine für Freunde

Eine weitere Möglichkeit, um Weiterempfehlungen zu fördern, ist – neben dem klassischen Empfehlungsprogramm – der Versand von Print-Gutscheinen »zur Weitergabe an Freunde«. Um die Kosten in Schach zu halten, lassen sich diese Gutscheine auch einfach den Versand-Paketen beilegen.

Der kreativen Ausgestaltung sind dabei keine Grenzen gesetzt. Gebündelt in einem Umschlag, zusammen mit einem netten Brief ergeben sie ein gutes Gesamtpaket. Bei der Auswahl des Printformats der Gutscheine ist zu beachten, dass diese klein sind und sich leicht – z. B. im Portemonnaie – mitnehmen lassen, damit sie beim nächsten Treffen mit Freunden auch zur Hand sind. Aber auch kreativere Lösungen sind denkbar. Den Gutschein verpackt auf der Rückseite einer Postkarte mit einem tollen Motiv nach dem Motto »Für die beste Freundin der Welt«. Damit schafft man einen natürlichen Anreiz zur Weitergabe. Thema und Ausgestaltung müssen dabei natürlich der Zielgruppe angepasst sein.

Da es sich bei dieser Art von Gutscheinen mehr um ein »Geschenk« an Freunde handelt, das ohne ein Incentive für den Werbenden auskommt, ist die Conversion meist relativ gering. Die Qualität der geworbenen Kunden ist jedoch umso höher, denn die Motivation der Weitergabe ist uneigennützig und basiert somit auf einer *ehrlichen* Empfehlung.

Um diesen Erfolg tatsächlich messbar zu machen, gilt es, die Qualität der über diese Gutscheine neu gewonnenen Kunden in regelmäßigen Abständen und über einen längeren Zeitraum zu analysieren. Der Abstand von drei bis sechs und neun Monaten nach Erstkauf eignet sich dabei wieder sehr gut.

14.3 Das richtige Targeting

Wenn es um die Aussteuerung solcher »Gutscheine für Freunde« geht oder darum, das Online-Empfehlungsprogramm aktiv zu bewerben, so kann das richtige Targeting einen entscheidenden Vorteil bringen.

Kunden, die von Ihnen und Ihrem Produkt begeistert sind, werden zum einen deutlich besser konvertieren, sie werden Sie zum anderen aber auch mit Sicherheit in einem positiveren Kontext weiterempfehlen. Kunden, die mit der Leistung und dem Angebot Ihres Unternehmens bisher nicht zufrieden waren, haben schließlich keinen Grund, eine Empfehlung auszusprechen.

Um Ihre »Fans« zu targeten, nutzen Sie einfach den zuletzt abgegebenen Net Promoter Score (NPS – siehe Abschnitt 1.3.1). Ihre Promoter, also alle, die eine 9 oder 10 abgegeben haben, bilden dabei auf jeden Fall Ihr Zielsegment. Sie können außerdem noch alle Kunden mit einem Ergebnis von 7 und 8 hinzuziehen.

Ein solches Targeting reduziert außerdem die Fraud-Wahrscheinlichkeit. Das heißt Kunden, die gegebenenfalls Fake-Profile anlegen, die sie dann werben und dafür das Incentive entgegennehmen.

Tipp

Nehmen Sie die Anzahl erfolgreicher Empfehlungen in Ihre (segmentierbaren) CRM-Daten mit auf. Das erlaubt Ihnen, gute Kunden mit wenig Empfehlungen erneut gezielt und vielleicht etwas höher zu incentivieren, wenn es um Weiterempfehlungen geht.

Kunden mit vielen, erfolgreichen Empfehlungen können Sie dafür belohnen und so gezielt dazu ermutigen, weiter Freunde einzuladen.

## Kapitel 15

Aus Online werde Print

Als reiner Online-Pure-Player denkt man oft gar nicht daran, Kampagnen auch über Printmedien auszusteuern. Häufig, weil man mit Print kaum Berührungspunkte bzw. Erfahrungen hat, und oft auch, weil die Kostenstrukturen einer Printkampagne deutlich über den gewohnten Ausgaben von Online-Werbekampagnen liegen.

15.1   W(D)arum ist ein Printmailing sinnvoll

Warum sich also doch dem Print widmen? Ausschlaggebender Grund ist vor allem der, dass man auch Kunden gezielt erreichen kann, die kein Opt-in für den Newsletter gegeben haben. Voraussetzung ist nur, dass sie bereits ein Mal bestellt haben. In der Regel trifft das (leider) auf die Mehrheit der Kunden zu. Natürlich sind die Kosten deutlich höher und eine Print-Kampagne damit deutlich riskanter, dennoch kann es sich lohnen.

Um das Risiko eines Tests jedoch so gering wie möglich zu halten, empfiehlt es sich, Printkampagnen nur dann zu testen, wenn der Kampagnentyp und das entsprechende Segment bereits online via E-Mail erfolgreich war. Außerdem sollte der erste Test mit einer Kampagne erfolgen, deren Impact Sie für besonders wertvoll erachten. Kunden, die also infolge der Printkampagne kaufen, sollten Ihnen schon einen längerfristigen Mehrwert verschaffen.

Das beachtet, kann der Einsatz von Print-Medien, klassischerweise eines Mailings, sehr erfolgreich sein.

15.2   Versandart wählen

Als Online-Händler, der physisch Produkte versendet, haben Sie mehrere Möglichkeiten, das Mailing zu versenden.

15.2.1 Postversand

Die klassische Versandart ist der Postversand. Die Organisation dafür übernimmt idealerweise direkt die von Ihnen gewählte Druckerei. Diese haben meist gut verhandelte Konditionen und ersparen Ihnen damit außerdem einen großen organisatorischen Aufwand. Allerdings sind die Portokosten auch der größte Kostenblock bei einer Print-Kampagne.

> **Vorsicht**
>
> Nicht zu unterschätzen sind im Übrigen auch die Kosten für die Konfektionierung des Mailings. Günstige Online-Flyer-Druckereien bieten diese oft nur zu horrenden Preisen an. Für ein klassisches Post-Mailing wenden Sie sich daher am besten an eine traditionelle Druckerei, die bereits im Katalog-Zeitalter aktiv war. Dort sind die Kostenstrukturen und damit die Preise häufig deutlich günstiger.

15.2.2 »Versand« im Paket

Der Versand eines Mailings im Paket ist dagegen deutlich günstiger, weil die Versandkosten ja bereits durch die Bestellung getragen werden. In einem ersten Versuch können Sie sich daher auch für den Versand im Paket entscheiden.

Das heißt, Sie legen Ihr Mailing einfach gezielt Paketen bei. Das wiederum heißt aber, dass Sie im Targeting Ihrer Empfänger relativ eingeschränkt sind. Der Versand einer Reaktivierungskampagne lässt sich darüber logischerweise nicht abbilden.

Ein weiterer Nachteil ist die eingeschränkte Aufmerksamkeit, die dem Mailing zukommt. Inmitten der bestellten Artikel und ggf. sonstiger Paketbeileger kann ein Mailing schon mal untergehen.

15.3 Empfänger definieren

Neben dem Setup des Mailings müssen Sie als Nächstes die Empfänger definieren.

15.3.1 Targeting nach bestimmten Kriterien

Die Auswahl erfolgt dabei entsprechend der bereits erfolgreich getesteten Online-Kampagne. Wichtig ist, dass die Empfänger *kein* Newsletter-Opt-in haben, denn diese können Sie eben auch kostengünstiger via E-Mail erreichen. Auch wenn das Mailing im Inhalt das gleiche ist, können anhand der Auswahl der Zielgruppe Tests durchgeführt werden. Wenn Sie z. B. eine Vorab-Segmentierung vornehmen, so können Sie unter den Empfängern jeweils eine gleich große Gruppe an RFM-Scores targeten und so testen, ob sich ein Printmailing ggf. besonders für die ein oder andere Kundengruppe eignet. Ein solcher Test hat keinen negativen Einfluss auf die Kosten, kann aber sehr spannende Ergebnisse generieren.

Hypothesen formulieren

15.3.2 Flagging

Um die Testergebnisse aber auch auswerten zu können, ist das Flagging der Test-gruppen in der Kundendatenbank entscheidend. Da bei einem Printmailing – im Gegensatz zum E-Mailing – keinerlei Tracking darüber erfolgt, wer welche Kampa-gne erhalten hat, ist es elementar, den Kunden in der Datenbank ein entsprechen-des Kennzeichen zu geben, zu welcher Testgruppe sie gehören.

Das gilt auch für die Kontrollgruppe, die *kein* Printmailing erhält. Sie ist besonders wichtig, da die Höhe des Uplifts die Kosten der Printkampagne tragen muss. Sie darf daher nicht vergessen werden und muss ebenso wie die Testgruppen mit einem Kontrollgruppen-Flag gekennzeichnet werden.

15.4 Hypothesen formulieren

Noch wichtiger als bei einem Online-Kampagnen-Test ist das Formulieren von Hypothesen über die Testergebnisse. Da ein Print-Kampagnen-Test um einiges langwieriger und kostenintensiver ist als ein Test per E-Mail, ist es umso wichtiger, Ziele und Hintergründe des Tests zu dokumentieren. Sie verschaffen sich außer-dem Klarheit darüber, welche Testszenarien am erfolgversprechendsten sind, und geben Anhaltspunkte, in welcher Reihenfolge vorgegangen werden muss.

Es empfiehlt sich, zunächst mit nur einem Test zu beginnen. So verhindern Sie, wertvolles Budget zu verschwenden, und können antesten, wie Print-affin Ihre Kunden sind. Zum Start reicht zudem ein relativ simples Mailing, das in der Umsetzung sehr günstig ist. Aufwendige Klappkarten etc. dienen maximal dem Branding. Haben Sie dafür kein Budget, reicht ein einfacher Brief.

Tipp

Wenn Sie den Umschlag des Mailings möglichst formell halten, erhöhen Sie die Öffnungsrate.

## Kapitel 16

One-to-one-Marketing – wirklich der richtige Ansatz?

Diese Headline mag in einem Buch über CRM verwundern, schließlich ist One-to-one oder personalisiertes/individualisiertes Marketing ja genau das, worum es bisher im Buch ging. Dennoch darf und sollte man es zumindest auch einmal kritisch betrachten.

16.1   Ein Test ohne Ergebnis – was nun?

Im Laufe der Implementierung von ersten Maßnahmen und Kampagnen bzw. dem Durchführen erster Tests werden Sie feststellen, dass – so gut Ihre Testvorbereitung und die vorangegangenen Analysen auch waren – die heiß ersehnten Testergebnisse keinerlei Antworten auf die Fragestellung geben, im Gegenteil sogar noch mehr Fragen aufwerfen, als Sie ohnehin schon hatten.

Aber wie kann das sein? Was ist schiefgelaufen?

16.1.1   Die Gefahr der richtigen Stichprobe

Der häufigste Grund für ein fragwürdiges bzw. kein Testergebnis sind Fehler im Targeting, also in der Auswahl der Segmente.

Gehen wir von folgendem Test aus: Angenommen, man ist davon überzeugt, dass eine gezielt männliche Bild- und Ansprache für männliche Kunden und eine weibliche Ansprache für die Damen unter den Kunden deutlich besser performt als ein generischer Kompromiss, der alle Kunden ein bisschen anspricht. Man erarbeitet das Testszenario, segmentiert, kreiert die Kampagnen nach bestem Wissen und Gewissen und stellt im Ergebnis fest: Es spielt keine Rolle, welche Bild- und Ansprache man verwendet.

Dieses Beispiel ist besonders anfällig für Fehler in der Segmentierung. Man würde dabei zunächst wahrscheinlich wie in Abbildung 16.1 vorgehen.

Die Hälfte der weiblichen Kunden würden die feminin anmutende Kampagne bekommen (Testgruppe A), die Hälfte der männlichen Kunden würden die maskulin anmutende Kampagne erhalten (Testgruppe B). Der Rest der Kunden würde die generische Kampagne erhalten (Testgruppe C).

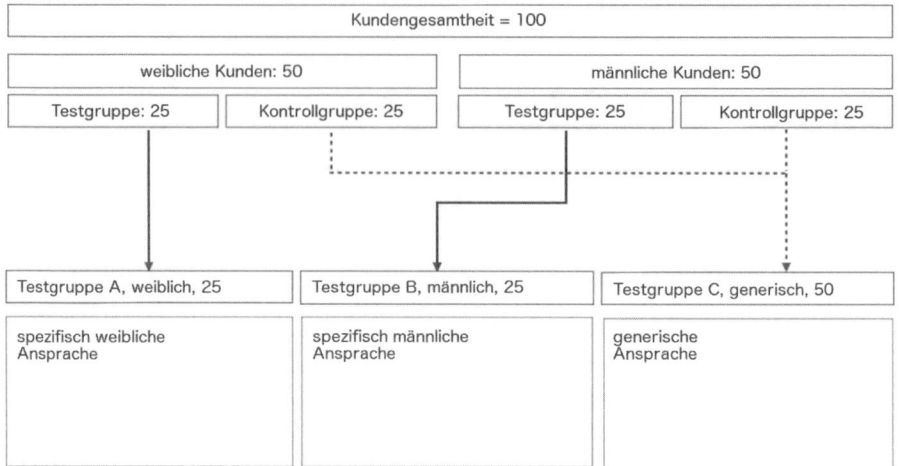

Abb. 16.1: Segmentierungsbeispiel zum Test geschlechtsspezifischer Ansprache einer Kampagne

Hinweis

Eine Kontrollgruppe wäre in diesem Fall nicht notwendig, da der Test ausschließlich unter allen Newsletter-Empfängern stattfindet. Keine Kampagne zu versenden ist daher keine Option. Daher übernimmt Testgruppe C bereits die Rolle einer Kontrollgruppe.

Wobei liegt darin nun der Fehler? Die Performance der Testgruppe C beschreibt das Verhalten von Frauen *und* Männern, wohingegen die anderen beiden Testgruppen jeweils nur Männer oder nur Frauen abbilden. Es kann also sein, dass eine Geschlechtergruppe per se eine bessere Conversion aufweist, sagen wir, es wären in diesem Fall die Männer. Dann könnte die spezifische Kampagne der Frauen bzgl. der Conversion nie gegen den generischen Teil ankommen, da darin ja die per se besser performenden männlichen Kunden enthalten sind. Ein korrektes Testszenario wäre also das in Abbildung 16.2 gezeigte.

In diesem Fall werden die exakt gleichen Zielgruppen (Frauen und Männer) jeweils mit zwei Varianten bespielt, die dann eins zu eins miteinander verglichen werden können. Es gilt also der altbewährte Grundsatz, Äpfel nicht mit Birnen zu vergleichen.

Finden Sie am Ende eines Tests also kein oder ein unwahrscheinliches Ergebnis vor, so prüfen Sie genau, ob in der Auswahl der Stichproben eventuell ein Fehler vorliegt.

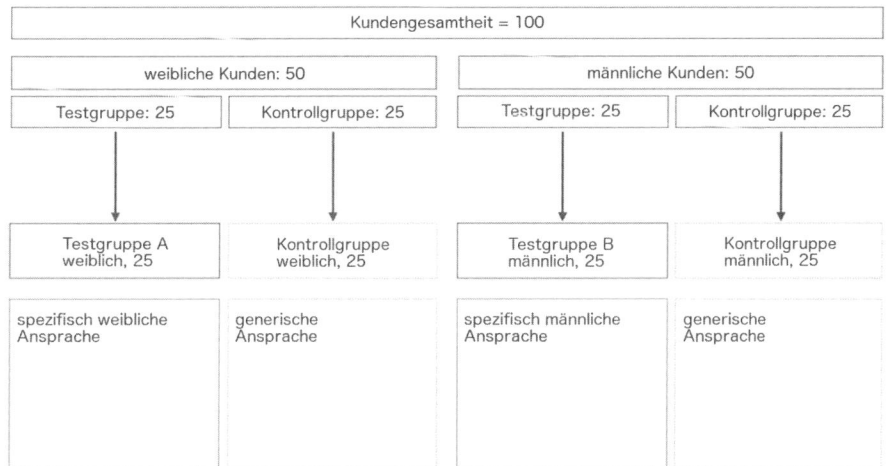

Abb. 16.2: Soll-Segmentierung für den geschlechterspezifischen Ansprachen-Test

16.1.2 Kein Ergebnis ist auch ein Ergebnis

Können Fehler im Test-Setup ausgeschlossen werden, so muss man jedoch akzeptieren, dass beispielsweise ein Test zwischen einer generischen und einer individuellen Ansprache kein Ergebnis liefert, es also unerheblich ist, welche der beiden Kampagnen man den Kunden zusendet.

Das ist zugegebenermaßen nicht immer einfach. Denn stellt man im eben genannten Beispiel fest: Es spielt keine Rolle, welche Bild- und Ansprache man verwendet, und das kann durchaus etwas deprimierend sein. Aber, und das ist das Entscheidende, kein Ergebnis ist eben in diesem Fall doch ein Ergebnis. Es ist in diesem Fall schlicht irrelevant, ob Sie die Kampagnen für Ihre männlichen und weiblichen Kunden gezielt feminin oder maskulin gestalten. Ein gut gemachter Kompromiss, der auf beide passt, reicht aus.

Da wir uns eingangs bereits darauf geeinigt haben, im CRM Entscheidungen nicht (mehr) auf Bauchgefühl zu stützen, sondern nur noch datenbasiert zu treffen, müssen eben auch solche Ergebnisse akzeptiert werden. Nur dann macht Testen auch Sinn.

Um sicherzugehen, ist es in solchen Fällen jedoch ratsam, noch ein bis zwei weitere Testläufe durchzuführen und zu prüfen, ob sich das Ergebnis verändert oder so bleibt.

16.1.3 Auch ein unpopuläres Ergebnis ist ein Ergebnis

Kann ein Fehler im Setup bzw. in der Umsetzung ausgeschlossen werden und wurden ein bis zwei Wiederholungsläufe durchgeführt, gilt es jedoch, ein Ergebnis so zu akzeptieren, wie es nun mal eben ist. Auch wenn es entgegen der persönlichen Vorstellung oder Idee ist.

Nehmen Sie das Ergebnis an und leiten Sie die entsprechenden nächsten Schritte ab.

16.2 Segmentierung vs. Effizienz

Ob One-to-one-Marketing am Ende also sinnvoll ist, hängt von dem Grad der Steigerung der KPIs – letztendlich also des Umsatzes bzw. der Marge ab, die segmentierte Kampagnen mit sich bringen.

Stellen Sie in manchen Tests also fest, dass Steigerungen im Outcome nur marginal oder gering sind und damit in keinerlei Verhältnis zum Aufwand der Segmentierung stehen, geht Effizienz vor Segmentierung. In solchen Fällen scheint das Gießkannen-Prinzip (noch) rentabler. »Noch« deswegen, weil sich dieser Sachverhalt bei steigender Kundenzahl verändern kann. Je mehr Kunden Sie haben und je heterogener, also je unterschiedlicher ihre Bedürfnisse sind, umso sinnvoller und wertsteigernder ist segmentiertes Marketing.

Wie hoch der Aufwand für Segmentierungen und die Erstellung von individualisierten Kampagnen ist, hängt auf der anderen Seite aber auch davon ab, mit wie viel manuellem Aufwand dies verbunden ist, das heißt, wie gut das technische Setup und die Automatisierungsmöglichkeiten sind.

Allgemein gilt das Credo: Effizienz in der täglichen Arbeit und die Steigerung relevanter KPIs wie Conversion, Umsatz und Marge müssen in einem gesunden Verhältnis zueinander stehen. Sehen Sie Erfolge in der Segmentierung, ist jedoch der manuelle Aufwand noch zu hoch, so ist der nächste richtige Schritt der Ausbau der technischen Infrastruktur. Sind keine Erfolge sichtbar, ist es an diesen Stellen ggf. auch sinnvoller, mit dem One-to-all-Prinzip fortzufahren und segmentierte Tests dann erneut zu starten, wenn die Customer Base gewachsen ist.

Wichtig

Die absolute Wertsteigerung durch gezielte Maßnahmen wird isoliert pro Kundengruppe betrachtet selten einen sehr großen Effekt haben. Der Gesamterfolg im CRM ergibt sich aus den vielen kleinen Umsatz- bzw. Margensteigerungen aller Kundengruppen. Die Masse an individuellen Kampagnen macht am Ende also den Erfolg aus.

Teil IV

Die richtige Herangehensweise und ein kleiner Ausblick

In diesem Teil:

## Kapitel 17

Die richtige Herangehensweise ans Thema CRM

Ein Grundproblem in der Profession des CRM liegt in der Natur der Sache – dem Customer Relationship *Management*. Ehrlicherweise kümmern wir uns dabei ja auch nicht wirklich um die »Relationship«, also die tatsächliche »Beziehung« zu unseren Kunden, sondern vielmehr darum, dass sich die Kunden so verhalten, wie wir das von ihnen erwarten. Genau genommen versuchen wir die *Kunden* (in ihrem Verhalten) zu *managen*, was im Wesentlichen wiederum nichts anderes bedeutet, als dass wir versuchen, sie zu *manipulieren*. Und zwar in der Form, dass sie uns geben, was wir von ihnen wollen, nämlich mehr Umsatz, eine höhere Kauffrequenz, den Konsum hochmargiger Produkte usw.

Darüber einmal bewusst nachgedacht, werden Sie feststellen, dass dies eine denkbar ungünstige Prämisse für ein erfolgreiches CRM darstellt: Menschen mit gezielten Werbekampagnen manipulieren zu wollen. Will heißen, mit dieser Idee *können* wir eigentlich nur scheitern.

Entscheidend für den Erfolg im CRM ist also die richtige Herangehensweise.

17.1 Bottom up oder warum CRM so oft scheitert

Man muss sich darüber im Klaren werden, mit wem oder was man es im CRM zu tun hat. In der täglichen Arbeit sind es größtenteils Daten, Analysen und Auswertungen. *Tatsächlich* aber sind es Personen, Menschen und Individuen. Und in aller Regel handelt es sich dabei nicht um Kleinkinder, die erzogen werden wollen, sondern um erwachsene, mündige Bürger, die meist sehr genau wissen, was und wann sie es wollen.

Einem Veganer ein Stück Steak zu verkaufen wird nicht funktionieren, egal was Sie anstellen.

Man darf sich also nicht der Illusion hingeben, Menschen und ihre Bedürfnisse mit ein paar Werbekampagnen manipulieren zu können. Wann immer man es mit Menschen – mit Kunden – zu tun hat, geht es *im ersten Schritt* erst mal darum, zu *verstehen*, welchen Bedarf sie haben, wie sie ticken. Daraufhin kann man ihnen dann verschiedene Services, Leistungen und Kampagnen anbieten, um zu lernen, welche davon als hilfreich angesehen werden, auf welche sie besser reagieren, welche besser funktionieren. Nur so lernt man, was Kunden wirklich wollen, was ihnen tatsächlich einen Mehrwert verschafft und welche Kampagnen sie annehmen. Das steht jedoch häufig im Gegensatz dazu, was landläufig gemacht wird, nämlich Kampagnen à la: »Schau her, lieber Kunde, das ist mein Angebot, kauf jetzt bitte (endlich!)«

Ein wesentliches Grundprinzip des CRM ist also: Erst zuhören, dann abliefern.

Da wir als Website, Portal oder Online-Shop jedoch nicht wie ein Kellner in einem Restaurant in der Lage sind, unseren Gast nach seinen Wünschen zu fragen und diese entsprechend zu servieren, bedarf es einiges an Know-how, um von Online-Kunden zu lernen und dieses Learning entsprechend in erfolgreiche Maßnahmen zu übersetzen.

Und genau an dieser Stelle passiert der häufigste Fehler: Anstatt in den Aufbau dieses Know-hows zu investieren, Daten zu sammeln, zu analysieren, Maßnahmen abzuleiten und zu testen, davon weiter zu lernen, geht die Entscheidung, »jetzt aber endlich mal mit CRM zu beginnen« in der Praxis oft damit einher, eine hochkarätige CRM-Software oder ein Tool mit hochkomplexen Algorithmen zu integrieren. Dann werden die Mitarbeiter geschult, wie man die Software oder das Tool bedient, und dann wird davon ausgegangen, dass diese nun auch automatisch zu hochkarätigen CRM-Marketers geworden sind.

Aber nein, dem ist nicht so. **Die Annahme, dass eine ausgezeichnete CRM-Software automatisch einen ausgezeichneten CRM-Marketer macht, ist schlicht falsch.** Man ist ja auch kein ausgezeichneter Autofahrer, nur weil man in einem Ferrari sitzt.

Dabei tritt übrigens ein interessanter Widerspruch auf: Man vernachlässigt den Aufbau von personellem Know-how, um zu verstehen, wie man von Kunden lernt, investiert aber gleichzeitig in ein Learning-Based-System.

Was also ist zu tun? Ein Richtungswechsel! Anstatt Top-down vorzugehen und mit der (Zeit-, Ressourcen- und Geld-intensiven) Integration einer hochfortschrittlichen CRM-Software oder eines Tools zu beginnen, starten Sie Bottom-up. Beginnen Sie, den Kunden zuzuhören – übersetzt also: die Daten zu analysieren. Reagieren Sie mit entsprechenden Maßnahmen auf diese Learnings. Testen Sie Maßnahmen und prüfen Sie, mit welchen Sie erfolgreich waren. Lernen Sie weiter. Analysieren Sie weiter. Testen Sie weiter. So lange, bis Sie herausgefunden haben, was Ihre Kunden benötigen. Was für sie funktioniert. Eben genau so, wie im Buch bisher beschrieben.

Für manche mag sich das vielleicht nach dem manchmal etwas »planlosen« Trial-and-Error-Prinzip anhören. Ist es aber nicht, wenn man strukturiert und mit der richtigen Einstellung an das Thema herangeht, *konsequent* aus den Test-Ergebnissen lernt und entsprechend die nächsten, daraus folgenden Schritte ableitet. Jeder Test »ohne« Ergebnis und jede Kampagne, die *nicht* funktioniert, wird initial oft als Enttäuschung, Versagen, Fehler oder verschwendete Zeit angesehen. In Wahrheit zeigt es Ihnen aber ganz konkret, was für Ihre Kunden eben nicht funktioniert, und führt Sie so Schritt für Schritt – analog dem Ausschlussverfahren – näher an die Maßnahmen, die funktionieren werden. Erfolgreiche Kampagnen zeigen Ihnen, dass Sie mit der Kampagne genau richtig lagen und in dieser Richtung weitermachen müssen.

Haben Sie dann den Punkt erreicht, an dem die Schlüssel und Trigger gefunden sind, wie Sie den Wert Ihrer Kunden steigern können, ist es an der Zeit, diese Maßnahmen zu skalieren und in ein entsprechendes technisches Setup zu investieren. Erst dann sind Sie nämlich auch in der Lage, genau zu spezifizieren, welche Eigenschaften und Funktionen Ihr System haben muss, damit Sie erfolgreich damit arbeiten können.

Dieser Bottom-up-Ansatz ist auch der Grund dafür, dass Sie im Buch nichts über ausgefuchste CRM-Software oder -Tools finden, sondern alle Analysen und Maßnahmen mit »Handarbeit« und einem Minimum-Setup auskommen, das in jedem Unternehmen bereits meist schon vorhanden ist.

17.2 Die Rolle des Top-Managements

Das vorhin beschriebene Grundprinzip des CRM – nämlich erst zuhören, dann liefern – beschreibt zugleich eine Grundeigenschaft, die Investments im Bereich CRM mit sich bringen: Die Höhe des Return on Invests ist ausschließlich davon abhängig, *was* man dabei lernt und wie man darauf reagiert. Und was man dabei lernt, ist so individuell und unvorhersehbar wie die Kunden, mit denen man es zu tun hat.

Das impliziert, dass man im Vorfeld, bevor man also mit dem CRM beginnt, nicht evaluieren *kann*, welchen Benefit man davon haben wird. Das heißt, die klassische Kosten-Nutzen-Rechnung wird es vorab im CRM nicht geben. Die Überzeugung, dass es zu Umsatz- und Wertsteigerung des Unternehmens beiträgt, muss vorhanden sein. Wann und in welcher Höhe sie eintritt, lässt sich jedoch nicht vorhersagen.

Nun widerspricht dies in höchstem Maße den betriebswirtschaftlichen Grundsätzen, auf deren Basis ein Management seine Entscheidungen normalerweise trifft. Dass diese Argumentationskette also beim Management so nicht funktioniert, ist irgendwie nachvollziehbar, wenn man sich vorstellt, einen Top-Manager um die Freigabe von Ressourcen und Budget zu bitten und auf die Frage, was das Investment denn monetär einbringen wird, mit »Ich weiß es nicht, das hängt davon ab, was ich dabei lernen werde, während ich es umsetze« antwortet.

Das ist jedoch direkt ein weiterer Grund dafür, das Thema Bottom-up anzugehen. Zu Beginn ein personelles Know-how aufzubauen, das mit einem technischen

Minimum-Setup – so wie im Buch beschrieben – startet und so lernt und eruiert, welche Wertsteigerung mit welchen Maßnahmen für welche Kunden möglich sind. Das heißt, die Investionen zu Beginn so klein wie möglich zu halten und später, aufbauend auf die dabei erzielten Learnings und Erfolge – sozusagen rückwirkend –, einen Business Case aufzustellen, der gemessen an bisherigem Success und dem vorhandenen Skalierungspotenzial eine Kosten-Nutzen Rechnung für künftige Investitionen vor allem in Systeme aufzustellen.

Auch wenn die Investition am Anfang also nicht allzu hoch ist bzw. sein muss, bedarf es nichtsdestotrotz einer gewissen Risikobereitschaft seitens des Top-Managements, um das Thema anzugehen. Denn es ist und bleibt ein Investment, bei dem nicht ganz klar ist, wie hoch die Wertsteigerung sein wird und wann sie eintritt.

Es ist wichtig, dem CRM-Team Zeit und Ressourcen zur Verfügung zu stellen und Vertrauen entgegenzubringen, dass es das Richtige tut, um erfolgreich CRM zu implementieren und durchzuführen. Die Rolle des Top-Managements ist also eher die des unterstützenden Venture-Capitalists als die des knallharten Finanz-Analysten. Was hilft und wichtig ist, ist ein regelmäßiger Austausch über Learnings aus Analysen, getesteten Maßnahmen, ersten Erfolgen, aber auch ersten Misserfolgen und ein Ausblick auf die Maßnahmen, die basierend auf den bisherigen Ergebnissen und Learnings als Nächstes ergriffen werden. Damit sitzen alle im selben Boot und sehen gemeinsam Fortschritte, die gemacht werden.

Ohne Unterstützung seitens des Top-Managements also, die Implementierung eines erfolgreichen CRMs als gemeinsamen Lern-Prozess zu verstehen, bei dem die Ergebnisse nicht vorhersehbar sind, wird eine Umsetzung im Alltag schwierig.

17.3 Die richtige Erwartungshaltung an das CRM

Ein weiterer Erfolgsfaktor im CRM ist die richtige Erwartungshaltung. Häufig lautet die Frage, wie lange es denn dauert, ein funktionierendes, erfolgreiches CRM aufzusetzen.

Darauf lässt sich keine allgemeingültige Antwort geben. Denn CRM ist sehr Kontext-spezifisch. Das heißt, es ist so individuell wie Ihr Geschäftsmodell und Ihre Kunden. Was für Tesco oder Target funktioniert, mag für ein Unternehmen wie Apple das Gegenteil bewirken. Es hängt vom Involvement ab, das Kunden mit dem Produkt haben, davon, wie sie es nutzen und wie oft, also in welchen Zeitabständen.

Letzteres, also die Frequenz, in der Ihr Produkt genutzt wird, ist vor allem entscheidend dafür, wie schnell Sie überhaupt lernen können. Ein Online-Shop, der Möbel vertreibt, hat dabei deutlich längere Test- und Lernzyklen als ein Online-

Shop, der Produkte aus dem FMCG-Umfeld anbietet, niemand braucht schließlich jede Woche eine neue Couch.

All das muss bei Zielsetzung und Erwartungshaltung an das CRM berücksichtigt werden, um am Ende den Erfolg zur richtigen Zeit richtig zu bewerten.

CRM ist also kein Ad-hoc-Thema zur sofortigen Steigerung der Umsätze, wie das vielleicht bei einer Rabattaktion am Ende des Monats ist, um schnell noch den Zielumsatz zu erreichen. CRM zielt auf eine nachhaltige, kontinuierliche monetäre Ausschöpfung des Kundenwerts ab. CRM ist ein (Lern-)*Prozess*, der im Wesentlichen darin besteht, herauszufinden, inwieweit Kunden auf individuell angepasste CRM-Maßnahmen besser, schlechter oder gleich reagieren wie auf das generische Marketing, das bisher betrieben wurde. Sie müssen evaluieren, welchen Mehrwert Sie für Ihre Kunden durch Ihre Maßnahmen wirklich generieren.

Denn eines ist ganz wichtig: CRM funktioniert auf einer bilateralen Ebene. Wenn Sie versuchen, den Wert ausschließlich für Ihr Unternehmen zu steigern, und dabei vernachlässigen, worin der Mehrwert für Ihre Kunden liegt, wird Ihr CRM nicht erfolgreich werden.

Wichtig im CRM

Mehrwerte schaffen!

17.4 Die personelle Ausstattung

Ausschlaggebend für den Erfolg ist zunächst also weniger das technische Setup als vielmehr die personelle Besetzung des Themas.

Zwei Funktionen gilt es dabei zu besetzen: eine Person, die das CRM verantwortet, in der Lage ist, die Kunden zu verstehen, und das Thema inhaltlich vorantreibt – also Ihr CRM-Manager. Und eine weitere Person, die die Daten versteht, das Data Warehouse im Griff hat und in der Lage ist, Ihre Analysen zu erstellen und Scores und Kaufwahrscheinlichkeiten zu berechnen – einen BI-Analysten also mit sehr guten Statistik-Skills.

17.4.1 Die Aufgaben des CRM-Managers

Der CRM-Manager ist in erster Linie für das Thema als Ganzes *verantwortlich*. Er muss das Thema inhaltlich und zeitlich vorantreiben und macht eigentlich genau das, was das Buch beschreibt.

Inhaltlich ist sein Job, zunächst die Kundengruppen zu identifizieren, also die Thesen zu erstellen, die Webanalyse zu machen, Stichproben vorzunehmen und Analyse-Briefings für die BI zu erstellen. Er gibt inhaltlich vor, was es zu analysieren gilt. Sind Kundengruppen, Probleme und Potenziale definiert, ist er für die Umsetzung und Implementierung der Maßnahmen verantwortlich.

So weit die inhaltlichen To-dos. Die größte Gefahr im CRM liegt aber darin, dass es im Stress und in der Hektik des Tagesgeschäfts untergeht. Denn eines ist sicher, ad hoc wird es immer Themen geben, die gerade wichtiger sind als der nächste CRM-Test. Sei es die Promo-Newsletter-Kampagne für den nächsten Tag, bei der kurzfristig noch was geändert werden muss, oder eine Aktion, die dringend online gehen muss. Und da im CRM – wie beschrieben – ja zu Beginn auch nicht klar ist, wie hoch der Wert ist, der bei einzelnen Kampagnen erzielt werden kann, wird die CRM-Kampagne in der Priorisierung mit anderen Themen immer hinten anstehen. Daher ist eines gefragt beim CRM-Manager: Durchhaltevermögen und Konsequenz, sich gegen Prioritäten des Tagesgeschäfts durchzusetzen. Aus diesem Grund ist es auch wichtig, dass die CRM-Stelle Vollzeit geschaffen wird und dass diese Person kein Tagesgeschäft hat, um das sie sich kümmern muss.

Eine der Hauptaufgaben des CRM-Managers ist es, die verabschiedeten bzw. geplanten Maßnahmen und Tests konsequent durchzuführen. Dabei erfordert gerade fortwährendes, nachhaltiges Testing ein großes Maß an Disziplin. Gerade bei Tests, die über mehrere Monate gehen, muss die Disziplin vorhanden sein, sie auch dann auszuwerten, wenn sie jeder andere bereits vergessen hat. Daher sind die im Buch beschriebenen Testing-Maps auch so wichtig. Ebenso wie das oft erwähnte Progress-Dokument. Denn CRM ist ein Lern-Prozess, der je nach Geschäftsmodell auch durchaus langwierig sein kann, daher ist es elementar, Learnings und Erkenntnisse zu dokumentieren, um sich nicht darin zu verlieren.

Dabei muss der CRM-Manager eine Person sein, die zwar Zahlen- und Daten-affin ist, die aber in der Lage ist, Kunden zu verstehen, sich in sie hineinzuversetzen. Sie muss in der Lage sein, Daten und Analysen in Maßnahmen für Kunden zu übersetzen.

17.4.2 Die Rolle der Analysten

Ohne Daten und Analysen gibt es auch kein CRM. Daher ist der zweite personelle Baustein im CRM ein Business-Intelligence-Analyst. Dies muss keine Vollzeit-Stelle sein, es sollte aber eine Person sein, die bei Bedarf primär für CRM-Themen abgestellt ist. Erfahrungsgemäß ist die BI nämlich stets das Bottleneck, welches das Vorankommen im CRM blockiert. Auch da ist der Grund meist der, dass aufgrund der im Vorfeld nicht abzuschätzenden Umsatzsteigerung und der Mittelfristigkeit des Themas andere Themen oft immer wichtiger sind. Das sollte durch vorab geklärte Prioritäten vermieden werden.

Inhaltlich ist der BI-Analyst der, der in erster Linie die Daten versteht. Dabei entsteht zu Beginn oft eine Verständnislücke zwischen ihm (der die Daten versteht) und dem CRM-Manager, der die Kunden versteht. Aus diesem Grund ist es so wichtig, Analyse-Briefings so konkret und zahlenbasiert wie möglich zu erstellen, damit dem Analysten klar wird, was man eigentlich wissen möchte. Umgekehrt sollte man sich genauso viel Zeit dafür nehmen, den Analysten die Ergebnisse erklären zu lassen, und zwar so lange, bis man sie auch wirklich verstanden hat.

Neben dem reinen Verständnis für Daten, Datenbankabfragen und Analysen sollte auch ein Statistik-Background vorhanden sein, der es ermöglicht, Churn-Analysen zu erstellen und Wiederkaufswahrscheinlichkeiten zu berechnen.

17.5 Tipps für den CRM-Alltag

Abschließend zu diesem Kapitel möchte ich noch ein paar Tipps aus dem CRM-Praxisalltag mitgeben.

17.5.1 Die richtige Planung

Eine gute Planung hilft fast immer, im CRM ist sie jedoch besonders entscheidend. Der Grund liegt in der Natur des Themas. Wie bereits weiter vorn im Kapitel deutlich gemacht, ist das Thema CRM in erster Linie ein Lern-Prozess, und zwar ein äußerst dynamischer. Das heißt, die Schritte, die nacheinander folgen, lassen sich nicht allzu weit im Voraus festlegen, weil sie meist von vorangegangenen Ergebnissen abhängig sind. Hinzu kommt, dass das Thema vor allem zu Beginn und in Anbetracht der riesigen Datenmengen häufig zu unüberschaubar erscheint und man am Anfang oft nur eine Frage im Kopf hat: »Wo fangen wir an?«

Entscheidend für eine erfolgreiche Implementierung des CRM ist daher die richtige Planung. (Auch wenn das Buch bereits Schritt für Schritt erklärt, wie man das CRM idealerweise anpackt, möchte ich das an dieser Stelle noch mal auf einer etwas übergeordneten Ebene zusammenfassen.)

Schreiben Sie zunächst alle Themen auf, die Ihnen spontan dazu einfallen, und trennen Sie diese nach den zwei Bereichen Analyse und Kampagnen bzw. Maßnahmen. Auch wenn Letztere eigentlich erst auf die Ergebnisse der Analyse folgen, so gibt es sogenannte No-Brainer, Aktionen oder Maßnahmen also, deren Umsetzungsnotwendigkeit schlicht auf der Hand liegt.

Ist alles aufgeschrieben, vergeben Sie Prioritäten. Dabei beginnen Sie in der Analyse dort, wo die größte Unsicherheit herrscht, denn an der Stelle muss Klarheit geschaffen werden. Bei den Maßnahmen bzw. Kampagnen haben diejenigen oberste Priorität, bei denen Sie vom größten Revenue Impact ausgehen.

Aus den priorisierten Themen erstellen Sie dann eine konkrete To-do-Liste für die nächsten drei Monate. An dieser Stelle können Sie wieder ein Scoring-System zu Hilfe nehmen. Ähnlich wie bei der Erstellung der CRM-Roadmap in Abschnitt 11.1

bewerten Sie die anstehenden Themen hinsichtlich geschätztem Revenue Impact (für Kampagnen) und Grad der Ungewissheit (für Analyse-Fragen) sowie der Realisierbarkeit in der Umsetzung.

Eine analytische Fragestellung, bei der Sie absolut im Unklaren darüber sind, wie ein Ergebnis aussehen könnte, würde für den Grad der Ungewissheit also zehn Punkte bekommen. Da die Analyse dafür relativ einfach wäre, werden für die Realisierbarkeit acht Punkte vergeben. Beide Werte multipliziert ergeben eine Gesamtpunktzahl von 80. Eine Kampagne, deren Revenue Impact als relativ hoch eingeschätzt und damit mit acht Punkten versehen wird, die in ihrer Umsetzbarkeit aber relativ komplex ist und daher nur vier Punkte für die Realisierbarkeit erhält, würde nach Multiplikation der beiden Werte und einem Ergebnis von 32 erst nach der Analyse stattfinden. Mit einem solchen Scoring lassen sich all die anstehenden Themen einfach in eine Reihenfolge bringen.

Mit den Top-Themen auf Ihrer Prio-Liste planen Sie nun die nächsten drei Monate. Eine längere Planung kann und sollte man aufgrund der Dynamik des Themas nicht vornehmen. Außerdem werden Ergebnisse aus Analysen und Kampagnen mit Sicherheit die ein oder andere Priorität für nachfolgende Schritte und Maßnahmen beeinflussen.

Steht die To-do-Liste für die nächsten drei Monate, also ein Quartal, so kann es losgehen. Dabei sollten Sie in einem monatlichen Status-Review die Themen und ihren Status besprechen, damit ein kontinuierlicher Fortschritt sichergestellt ist und alle Beteiligten über etwaige Probleme, Erfolge oder Sonstiges Bescheid wissen. Am Ende der drei Monate erfolgt ein Abschluss-Review, und ein Folge-Plan für die nächsten drei Monate wird nach dem gleichen Prinzip erarbeitet.

So strukturiert vorgegangen kann eigentlich kaum mehr etwas schiefgehen.

17.5.2 Perfektion – die größte Hürde

Eine der größten Hürden in der täglichen CRM-Arbeit ist der Anspruch an Perfektion. Häufig tritt das Problem auf, wenn es darum geht, bestimmte Kampagnen zu testen. Viele neigen dazu, einen Test nicht durchzuführen oder ihn als sinnlos zu erachten, nur weil man beispielsweise mit einer Kampagne – aufgrund einer unvollständigen Datenbasis – nicht 100 % des relevanten Segments erreicht, sondern vielleicht nur 70 %. Oder aber Marketers zerbrechen sich den Kopf darüber, wie man mit Kunden umgeht, die die E-Mail-Adresse ihres Accounts geändert bzw. sich ein neues Kundenkonto angelegt haben.

An dieser Stelle lautet das klare Credo: 80 % sind besser als 0 %. Verabschieden Sie sich davon, alles immer zu 120 % für 100 % Ihrer Kunden umsetzen zu wollen. Das wird nicht funktionieren. Arbeiten Sie mit dem, was Ihnen zur Verfügung steht, und machen Sie die Dinge, die Sie tun, richtig.

Wenn Sie fortwährend der 120%igen Lösung nachlaufen, werden Sie den Anschluss verpassen. Denn während Sie damit beschäftigt sind, die niet- und nagelfeste Super-Lösung zu suchen, sind andere schon lange dabei zu testen, Maßnahmen umzusetzen und zu *lernen*. Angenommen, Sie finden eines Tages die 120%-Lösung, bis Sie anfangen, mit ersten Gehversuchen Ihre Kunden kennenzulernen, sind Ihnen andere schon meilenweit voraus. Durch das Streben nach Perfektion verpassen Sie den Anschluss.

Wann immer Ihnen die Perfektion also in die Quere kommt, rufen Sie sich bewusst in Erinnerung, dass 80 % in der Praxis schon so viel mehr sind, als nach 120 % zu suchen und dabei 0 % umzusetzen.

17.5.3 Less Talking – more doing

Wir Menschen neigen ja generell dazu, lieber über Dinge zu sprechen, als sie tatsächlich zu tun. Man denke nur einmal an die Diät, die man sich jedes Jahr zu Silvester aufs Neue vornimmt, oder an den Vorsatz, jetzt dann wirklich mal regelmäßig Sport zu treiben. Bevor wir jedoch damit anfangen, kaufen wir lieber erst mal ein passendes Buch dazu, das wir bequem vom Sofa aus lesen, um uns vorab auch gut informiert zu wissen. In Unternehmen ist dieses Verhalten ganz ähnlich zu beobachten. Bevor man damit beginnt, ein Thema tatsächlich umzusetzen, werden zuerst mal fleißig Meetings anberaumt. Dazu kommt, dass es gerade in Unternehmen – so scheint es jedenfalls – eine besondere Häufung dieser Artgenossen zu geben scheint, die in erster Linie viel lieber über Dinge sprechen, als sie tatsächlich umzusetzen.

Dieses Verhalten müssen Sie unterbinden. Denn was neben dem Streben nach Perfektion der zweite Killer für ein erfolgreiches CRM ist, sind unzählige Meetings, in denen man Ideen, Fragestellungen, Kampagnen, Tests etc. in einer nicht enden wollenden Dauerschleife hin und her diskutiert.

Dieses Phänomen tritt vor allem meist dann auf, wenn sich zu viele Personen für das Thema verantwortlich fühlen. Denn klar ist, dass jeder eine Meinung hat – gerade zum Thema CRM, das zunächst ja mal mehr Fragen als Antworten aufwirft. Je mehr Personen in Entscheidungs- und vor allem Planungsprozessen involviert werden, umso mehr Meinungen müssen diskutiert werden. Und während Sie damit beschäftigt sind, all diese mühseligen Diskussionen zu führen, sind andere schon längst dabei, Kampagnen umzusetzen, Analysen durchzuführen und zu lernen, was funktioniert.

Das Geheimnis lautet – um Nike zu zitieren – Just do it. CRM wird nicht besser, je länger man darüber spricht. Im CRM zählen Taten. Ausprobieren, Testen, Analysieren, Lernen.

Um solch endlose Diskussionen und Meetings zu vermeiden, hilft zunächst einmal die klare Regelung der Verantwortlichkeiten. Wer hat den Hut auf, wer entscheidet am Ende? Und dann hilft die klare Planungsstruktur wie in Abschnitt 17.5.1 beschrieben. Wenn sich der CRM-Manager und sein Vorgesetzter daran halten, so gibt es zum Thema CRM jeweils ein längeres Meeting pro Quartal für die Planung der nächsten drei Monate und monatlich ein kürzeres zur Status-Review.

Um Diskussionen, die bereits dennoch im Gange sind, abzukürzen, hilft eine einfache Überlegung: Was kann bei Umsetzung von Möglichkeit A, B oder C im Worst Case passieren? Die Antwort darauf lautet meist: »Nichts«. Warum also länger warten (und diskutieren) und nicht einfach machen?

## Kapitel 18

CRM-Zukunft

Wie geht es weiter in Ihrem CRM, wenn es Ihnen gelungen ist, über die im Buch genannten Schritte und mit dem Medium E-Mail herauszufinden, wie Sie den Wert Ihrer Kunden durch gezielte CRM-Maßnahmen steigern können? Darum geht es in diesem Kapitel. Es soll Ihnen einen schemenhaften Überblick darüber geben, was die nächsten Schritte in Ihrer CRM-Zukunft sind. Dabei geht es primär um den Rollout auf weitere Marketing-Kanäle und um den ein oder anderen Trend und dessen Bewertung, der gerade im CRM-Umfeld kursiert.

18.1 Rollout auf weitere Kanäle

Wie bereits in Kapitel 3 zum Thema E-Mail erläutert, gibt es neben all den Vorteilen einen entscheidenden Nachteil der E-Mail: Sie erreicht nur User oder Kunden, die ein aktives Opt-in gegeben haben. Ein Teil der Kunden bleibt also unerreicht. Daher ist der nächste logische und notwendige Schritt der Rollout erfolgreicher CRM-Kampagnen, Maßnahmen und Segmentierungen auf weitere Kanäle.

18.1.1 Ads – Facebook, Google, Display

Entsprechend der Anwendung der CRM-Maßnahmen im E-Mail-Marketing kann und sollte die Segmentierung der Kunden sowie die entsprechend gezielte Aussteuerung von Kampagnen auch im Ad-Bereich seine Anwendung finden.

Facebook bietet dafür das Feature der Custom Audience. Dabei lassen sich Listen von E-Mail-Adressen uploaden, die mit den an Facebook-Profilen hinterlegten E-Mail-Adressen abgeglichen werden. So lassen sich beliebige CRM-Segmente innerhalb Facebook bilden, die man dann mit entsprechenden Ads bespielen kann. Der Prozess ist dabei recht manuell, da zunächst Segmente inhouse gebildet und exportiert werden müssen, um sie dann im Facebook-Backend wieder hochzuladen. Da die Segmente samt E-Mail-Adressen aus dem E-Mail-Marketing jedoch bereits vorliegen und nur noch diejenigen ohne E-Mail-Opt-in hinzugefügt werden müssen, ist das durchaus machbar. Entscheidender Vorteil ist an dieser Stelle, dass Sie direkt mit dem Rollout loslegen können und keine weiteren Anpassungen in Systemen oder Ähnlichem erfolgen müssen.

Ein ähnliches Feature wurde September 2015 auch von Google gelauncht. Es nennt sich Custom Match. Auch dabei lassen sich E-Mail-Listen eigens definierter

Kundensegmente hochladen und dann mit entsprechenden Google Ads versorgen. Anwendbar ist diese Art des Targeting auf die Search, Youtube und Gmail – vorausgesetzt natürlich, der getargete Kunde hat auch einen Gmail-Account.

Im Display-Bereich lässt sich zunächst weniger mit den eigenen gebildeten Segmenten arbeiten. Es geht dabei vielmehr darum, ähnliche Segmente über das Ad-Targeting nachzubauen und entsprechend zu bewerben. Das kann in manchen Fällen leicht möglich sein, in anderen wiederum kaum machbar – wenn man nur mal an unseren »Regular Shopper Getränke« denkt. Sinnvoll wäre es daher, die eigenen CRM-Daten in der Segmentierung der Display-Ads zur Verfügung zu haben. Gelingt das, so ergeben sich vor allem für den RTB-Bereich (Real Time Bidding) spannende Szenarien. Gebote auf eine Anzeige eines sehr guten (wertvollen Kunden gemäß des RFM-Scores) können dann deutlich höher ausfallen als die Gebote auf schlechte Kunden, um nur ein Beispiel zu nennen. An Ideen und Anwendungsszenarien mangelt es hier sicherlich nicht. Herausfordernd ist dabei die technische Umsetzung, die definitiv nicht trivial ist. Zunächst sollten also auch hier Möglichkeiten geschaffen werden, manuelle bzw. punktuelle Tests durchführen zu können, um die wertsteigernden Impacts zu evaluieren. Abhängig von diesem Erfolg und von dem, was Sie dabei lernen, lassen sich dann Zeit und Ressourcen ableiten, die dafür investiert werden wollen.

> **Wichtig**
>
> Die Learnings aus den E-Mail-Kampagnen dienen im Rollout als entscheidender Indikator, an welcher Stelle angesetzt werden sollte und hinter welchen Maßnahmen das größte Potenzial steckt. Dennoch funktioniert kein Kanal identisch, weswegen auch im Rollout Maßnahmen Schritt für Schritt getestet werden müssen, um den konkreten wertsteigernden Impact beziffern zu können.

18.1.2 Shop/Website

Der zweite entscheidende und konsequente Rollout ist der auf die eigene Seite bzw. dem eigenen Webshop.

Die grundsätzliche Idee ist dabei diejenige, Besucher und deren Segment zu identifizieren, dem sie angehören. Dementsprechend werden dann Elemente und Bestandteile der Seite gezielt angezeigt. Das kann von der Reihung der Hauptkategorien über die Reihenfolge, in der Produkte innerhalb einer Kategorie angezeigt werden, oder die Auswahl, welche Banner an welcher Stelle ausgespielt werden, gehen. Letztere können z. B. die klassischen Stage-Banner auf der Homepage sein. Anstelle der generischen, gerade aktuellen Promotions werden individuelle Werbebanner ausgespielt. So werden zum Beispiel unserer identifizierten Kundengruppe »Regular Shopper Getränke« Angebote zu Getränken und anderen Vorratsprodukten angezeigt. Dem »Regular Shopper Komplettbedarf« werden hingegen an selber Stelle aktuelle Frische-Angebote gezeigt. Alternativ werden gezielt Promotions ausgesteuert, die in den vorangegangenen Tests via E-Mail in den jeweiligen Segmenten erfolgreich waren. Das schon mehrfach erwähnte Fitness-Portal kann mit unterschiedlicher Bildsprache und verschiedenem Wording arbeiten, je nachdem, ob es dem Besucher um Abnehmen oder Bodybuilding geht. Die Möglichkeiten dabei sind schier grenzenlos.

Die größte Herausforderung ist an dieser Stelle die technische Umsetzung, die zunächst damit beginnt, dass die Nutzer bzw. Kunden auf der Seite erkannt werden müssen, um sie den entsprechenden Kundengruppen zuordnen und gezielt ansprechen zu können. Dafür gibt es verschiedene Möglichkeiten. Cookies sind eine davon, sie haben jedoch den Nachteil, dass ihre Laufzeit maximal oft nur 30 Tage beträgt und dass sie, wie eingangs im Buch bereits beschrieben, vom Nutzer gelöscht werden können. Außerdem bezieht sich ein Targeting nach Cookies immer auf ein Device statt auf den Kunden. Die daher bessere Alternative ist das Login des Nutzers, das ihn als solchen eindeutig identifiziert. Hier liegt die Herausforderung aber darin, dass sich der Kunde schon beim *Besuch* einloggt und nicht erst im Check-out. Ebenso ist entscheidend, dass er dies bei jedem Besuch macht oder alternativ der »remember me«-Funktion zustimmt, sodass er immer eingeloggt bleibt. Blogs oder Content-Seiten, wie das genannte Beispiel des Fitness-Portals, die oft gar keinen Login-Bereich haben, können den Interessensbereich der User über einen Layer, der wenige Sekunden nach Öffnen der Seite auftaucht, abfragen. Zum Beispiel: Wofür interessieren Sie sich: Abnehmen, Fitness, Bodybuilding etc.

Neben der Erkennung der Kunden liegt die zweite Herausforderung im Content-Management. Je mehr unterschiedliche Kundensegmente Sie haben, desto mehr Kampagnen und Banner gilt es zu steuern. Das will zeitlich und organisatorisch geplant sein und erfordert ein entsprechendes Content-Management-System mit den entsprechenden Möglichkeiten.

Tipp

Auch hier gilt wieder: Bevor Sie sich an die Investition eines Shop- oder CMS-Systems wagen, das diese Themen in der Lage ist umzusetzen, sollten Sie an einzelnen Beispielen den Impact testen. Dafür eignen sich meist vorhandene A/B-Testing-Tools. Abhängig von Ihren Ergebnissen lassen sich die Ressourcen dafür ermitteln, die in ein entsprechendes System investiert werden sollten.

18.2 CRM-Trends – und wie sie zu bewerten sind

Abschließend möchte ich noch auf zwei Trends eingehen, die im Bereich des CRM kursieren. Warum es nicht ratsam ist, dem Trend zu folgen, sich zu Beginn der CRM-Aktivität erst mal eine aufwendige CRM-Software zuzulegen, habe ich bereits in Kapitel 17 erläutert, darauf werde ich hier also nicht weiter eingehen.

18.2.1 Social-CRM

Häufig findet man auf Flyern oder Veranstaltungen das Buzzword »Social-CRM«. Dahinter verbirgt sich unter anderem die Verknüpfung der CRM-Daten der Kunden mit deren Social Media – also z.B. mit dem Facebook-Profil. Was im ersten Schritt spannend klingt, nämlich zu wissen, welche Interessen die Kunden privat haben, welche Künstler sie mögen, also mit »gefällt mir« markiert haben, welche Seiten sie gelikt haben, welche Marken ihnen gefallen, ob sie verheiratet oder in einer Beziehung sind, welchen Schulabschluss sie haben und so weiter.

Inzwischen gibt es einige Anbieter, mit deren Hilfe sich die Kundendaten mit den Facebook-Profilen anreichern lassen.

Jedoch gibt es dabei zwei entscheidende Punkte zu beachten: Zum einen muss man sich die Frage stellen: »Und was macht man dann damit?« Denn wenn ich beispielsweise weiß, dass 5 % meiner Kunden die Beatles »liken«, was bringt das? Oder aber dass 10 % meiner Kunden Ferrari gelikt haben? Was macht man mit dieser Information?

Vor allem wenn man bedenkt – und damit sind wir beim zweiten Punkt –, wie ehrlich User beim Umgang mit ihren Facebook-Likes sind. Schaut man sich einmal das Like-Verhalten der eigenen Facebook-Freunde an und vergleicht deren gelikte Seiten mit den tatsächlichen Interessen, dann stellt man oft sehr schnell fest, wie viele davon Ferrari, Prada und Co. liken, ohne je auch nur ein Mal ein Teil einer solchen Brand gekauft zu haben. Dazu kommt, dass Seiten-Likes häufig »veralten«. Will heißen, die wenigsten Facebook-User (wenn es sie überhaupt gibt) pflegen gewissenhaft ihre Facebook-Likes. Überprüfen also regelmäßig, ob sie auch wirklich noch die Interessen haben und ob ihnen auch noch alle Seiten gefallen, die sie als solche markiert haben. Es kann also durchaus sein, dass ein Facebook-Tokio-Hotel-Fan heute gar keiner mehr ist, deren Seite aber heute noch irgendwo in den Tiefen der gelikten Pages herumschwirrt.

In den allermeisten Fällen also hört sich dieser Trend aufregender an, als er tatsächlich ist. Ich will ihn nicht als gänzlich unsinnig deklarieren. Bevor Sie sich aber die Nutzung von Social-Media-Profilen teuer einkaufen, prüfen Sie gründlich, ob und in welcher Form Ihnen diese Daten wirklich einen Mehrwert verschaffen.

18.2.2 Third Party Data

Ein weiterer Trend sind sogenannte Third Party Data. Dabei erkauft man sich Cookie-Daten – also meist Online-Bewegungsdaten – von (den eigenen) Nutzern, die Dritt-Seiten, also andere Websites von ihm gesammelt haben.

Man kann sich also Cookie-Daten und damit zusätzliche Informationen über seine eigenen Kunden kaufen, die von anderen Anbietern gesammelt wurden. Auch hier wieder ein an sich sehr spannender Ansatz. Jedoch stellt sich auch dabei wieder die Frage: »Was mache ich nun damit?« Zalando wüsste nun, dass sich Nutzer A für einen All-inclusive-Urlaub auf Teneriffa interessiert. Welchen Mehrwert schafft das für Zalando? Auch hier ist es mit Sicherheit so, dass es ein paar Fälle geben wird, in denen eine solche Information von Dritt-Anbietern sinnvoll sein kann. Ob sich dafür jedoch die doch relativ zeit- und kostenintensive Anbindung einer DMP auszahlt, bleibt zu klären.

Dazu kommt, dass immer noch der Großteil der digitalen Unternehmen nicht in der Lage ist, seine eigenen über den Kunden vorhandenen Daten in vollem Umfang zu nutzen. Warum also den Berg der Daten noch weiter anhäufen, wenn man noch nicht einmal die vorhandenen Daten richtig zu nutzen weiß?

Erster Schritt ist also: Hausaufgaben erledigen und *lernen*, wie man aus den eigenen Daten die richtigen und entscheidenden Informationen herausfiltert.

Schritt zwei: Lernen, wie man mit diesen gewonnenen Informationen umgeht und daraus richtige Handlungen ableitet und erfolgreich umsetzt, sodass tatsächlich eine Wertsteigerung daraus resultiert.

Sind Sie dann an einem Punkt angekommen, an dem Sie nicht mehr wissen, was Sie noch weiter tun können, dann können Sie darüber nachdenken, noch weitere Daten einzukaufen. An diesem Punkt können Sie dann aber auch qualifiziert abschätzen, ob es Ihnen helfen wird, Informationen über die Nutzung weiterer Dritt-Seiten zur Verfügung zu haben.

18.3 Schlusswort

Am Ende des Buches hoffe ich nun, dass ich Ihnen zeigen konnte, wie Sie sich ohne ein großartiges Investment in Systeme und mit einem sehr pragmatischen, aber effektiven Ansatz an das Thema CRM heranwagen können, um es erfolgreich in Ihrem Unternehmen zu implementieren.

Arbeiten Sie die im Buch erläuterten Schritte nacheinander ab und lernen Sie so, wie CRM für Ihre Kunden am besten funktioniert.

Starten Sie noch heute (und stellen Sie sich ggf. kurz die Frage, warum Sie noch länger warten sollten). Denn so einfach ist es:

1. Prüfen Sie Ihre Datengrundlage.

2. Erstellen Sie sich Ihren ersten Drei-Monate-Fahrplan: Wo möchten Sie in drei Monaten stehen?

3. Analysieren Sie Ihre Daten. Beginnen Sie mit Ihren Kundengruppen und den CRM-spezifischen Analysen im Unternehmenskontext.

4. Setzen Sie erste Maßnahmen auf, testen und lernen Sie!

Ich wünsche Ihnen dafür viel Erfolg und vor allem viel Spaß dabei!

Über Fragen, Anregungen und Kritik zum Buch und zum Thema CRM im Allgemeinen freue ich mich unter infozumbuch@howtocrm.de.

Und denken Sie daran, alle Vorlagen, Briefings und To-do-Listen etc. stehen Ihnen auf www.howtocrm.de zum Download zur Verfügung.

Die richtige Vorbereitung des CRM als Start-up

Spielt man als junges Start-up mit dem Gedanken, in zwei bis drei Jahren auch CRM machen zu wollen, gibt es eigentlich genau zwei entscheidende Dinge beziehungsweise Themen, die dafür beachtet werden müssen.

1. Daten sammeln
2. Daten richtig speichern: aggregiert in *einem* DWH
3. (optional) Auswahl eines geeigneten ESP

Zum Ersten ist dies das Etablieren einer dafür geeigneten Business-Intelligence-Struktur. Das heißt, der Aufbau eines Data Warehouse, das in der Lage ist, die im Buch genannten Daten und Informationen abzufragen bzw. zu analysieren. Dabei können im Vorfeld Basis-Datentabellen bereits so angelegt werden, dass sie sich später direkt ohne weitere Anpassungen für die Analysen eigenen. Das heißt, dass zum Beispiel in der Kundendatenbank im DWH direkt Informationen wie Anzahl Bestellungen, Datum erste Bestellung, Datum letzte Bestellung, Lifetime-Umsatz, Lifetime-Marge etc. abgespeichert werden. (Siehe hierzu entsprechend die Definitionen im Quick-Check am Ende des 3. Kapitels.)

Ebenso können Sie bereits zu Beginn gewisse Grundsatzentscheidungen treffen, z. B. wie Sie Erfolge und woran Sie gute Kunden messen: an Marge oder Umsatz (siehe Abschnitt 5.1). Das hilft Ihnen, direkt zielgerichteter zu agieren und Reportings und Analysen entsprechend aufzubauen.

Den zweiten Punkt, den Sie in Vorbereitung bereits richtig machen können, ist das Sammeln notwendiger Daten. Sie können sich bereits im Vorfeld überlegen, welche Daten oder welche Information Sie von Ihren Kunden als entscheidend ansehen, um später im CRM zielgerichteter agieren zu können. Diese Information – wie zum Beispiel das Alter des Kindes auf einem Baby-Shop oder Portal – können Sie direkt ab Tag 1 Ihrer Unternehmung abfragen und entsprechend speichern. (Sehen Sie dazu Abschnitt 1.3.3 bzw. Kapitel 2.)

Damit einher geht dann auch die Implementierung des NPS, die ich Ihnen ebenfalls ab Tag 1 dringend empfehlen würde. Je etablierter der NPS ist, das heißt, je mehr Werte Sie haben, umso wertvoller ist er für Sie in der Aussagekraft (siehe hierzu Abschnitt 1.3.4).

Ein dritter zu überlegender Punkt ist die Auswahl des E-Mail-Service-Providers. Hier ist die Empfehlung nicht ganz so eindeutig. Denn bei Gründung einer Firma reichen oft kleine oder gar Freeware-Tools aus, um einfach einen Newsletter-Verteiler aufzubauen und E-Mails zu versenden. Das ist zu Beginn entscheidend, daher sollten bzw. müssen Sie sich zu diesem Zeitpunkt noch keine Gedanken über die im CRM-Kontext auftretenden Anforderungen an den ESP machen. Dafür ist es ausreichend, zu gegebener Zeit einen geeigneten Anbieter zu suchen. Sind Sie aber direkt zu Beginn auf der Suche nach einer lang- bzw. längerfristigen Lösung für Ihr ESP-Setup, so sollten Sie die entsprechenden im CRM auftretenden Anforderungen direkt berücksichtigen (siehe dazu Kapitel 3).

Grundlagen des Datenschutzes

Ein Thema, das gerade im CRM immer wieder aufkommt und zu Fragen führt, ist der Datenschutz. Was ist erlaubt? Was darf man mit Daten anstellen, inwieweit ist Personalisierung erlaubt? Inwieweit ist Datenaggregation erlaubt? Die Reihe an Fragen ist lang, schier unendlich. Nun bin ich bei Weitem kein Experte auf diesem Gebiet und kann, darf und will hier natürlich auch keine rechtlichen Angaben machen und Auskünfte geben, was zu tun und was zu lassen ist. Grundsätzlich ist es daher ratsam, einen rechtsverbindlichen Ansprechpartner oder Datenschutz-beauftragten zu haben, den man diesbezüglich kontaktieren kann und von dem man rechtsverbindlich beraten wird.

Tipp

Konsultieren Sie bei Fragen und Bedenken zum Datenschutz grundsätzlich einen spezialisierten Anwalt oder Datenschutzbeauftragten.

Ein paar grundsätzliche Themen möchte ich aber dennoch ansprechen.

Ein Grundsatz im Datenschutz ist der sogenannte Zweckbindungsgrundsatz (§ 14 Bundesdatenschutzgesetz). Der besagt, dass Daten nur zu dem Zweck benutzt und weiterverarbeitet werden dürfen, zu dem sie erhoben worden sind. Dieser Grundsatz macht es z.B. möglich, dass man für Transaktions-Mails, also Bestell-bestätigungen und Co. kein Opt-in benötigt, für Werbe-E-Mails aber schon. Die E-Mail-Adresse wurde im Bestellprozess erhoben und darf daher für die Ausfüh-rung der Bestellung genutzt werden, was den Versand einer Bestellbestätigung beinhaltet. Bei der Anmeldung zum Newsletter muss daher auch – meist im Kleingedruckten – gesagt werden, dass nach der Anmeldung der regelmäßige Ver-sand von Promotion-E-Mails folgt.

Gleiches gilt für die Erhebung der Adresse. Diese darf nur dafür verwendet wer-den, die Bestellung auszuliefern, nicht jedoch dafür einen Bonitäts-Score im Laufe des Bestellprozesses zu berechnen. Die Einführung eines solchen erfordert daher explizite Zustimmung des Kunden, die meist im Rahmen der Zustimmung oder Kenntnisnahme von AGB und Datenschutzbestimmungen eingeholt wird.

Das führt zu einem weiteren Grundsatz im Datenschutz: die Einwilligung. Ohne die Einwilligung des Nutzers oder Kunden darf mit Daten gar nichts gemacht werden. Daher werden AGB und Datenschutzbestimmungen auch immer länger. Wie die Einholung der Einwilligung konkret erfolgen muss, ist unterschiedlich und hängt vermutlich mit der Verhältnismäßigkeit der Datennutzung zusammen. So reicht es mittlerweile nicht mehr aus, die Anwendung von Cookies auf einer Website in den AGB oder Datenschutzbestimmungen zu nennen. Seit einiger Zeit muss konkret beim Öffnen der Seite darauf hingewiesen werden.

Das im Datenschutzgesetz verankerte Trennungsgebot ist – wenn man so will – eine Erweiterung des Zweckbindungsgrundsatzes. Es besagt, dass Daten, die zur Erfüllung des Auftrags angegeben wurden, auch nur dafür verwendet werden dürfen. Daten, die zu Werbezwecken angegeben wurden, dürfen nur dafür verwendet werden. Das heißt, selbst wenn es sich um ein und denselben Kunden handelt, müssen die Daten getrennt voneinander gespeichert und genutzt werden. Das ist wohl der Grund dafür, warum es umstritten ist, ob es nun rechtskonform ist, die allseits beliebte »Lieber Kunde, du hast folgende Artikel in deinem Warenkorb vergessen«-Kampagne mit den einzelnen im Warenkorb liegenden Artikel auszustatten oder nicht.

Nun kann man natürlich den Einwand erheben, dass wir im CRM bzw. in jeglicher Form der personalisierten Werbung Kaufdaten dafür nutzen, um einzelne Kunden gezielt zu bewerben. Das stimmt natürlich, jedoch wurde – damals noch – Direktmarketing bereits 1976 vom BDSG erlaubt. 1990 wurde dann hinzugefügt, dass man als Kunde das Recht hat, dem zu widersprechen, was bis heute Bestand hat.

An sich war das Thema Datenschutz schon immer sehr komplex und recht undurchsichtig. Das hat sich jedoch mit der exponentiellen digitalen Entwicklung und der flächendeckenden Nutzung von Facebook & Co. noch mal deutlich verstärkt.

Häufig bestehen Bedenken im Datenschutz vor allem dann, wenn es darum geht, die eigenen Kundendaten an Dienstleister oder Software-Anbieter weiterzugeben. Zwar werden vertraglich Vereinbarungen getroffen, die Datenverarbeitung und -nutzung auf Anbieterseite regeln, dennoch bleibt ein Restrisiko. An dieser Stelle ist zu empfehlen, dass Sie bei der Anbieterauswahl darauf achten, dass die physischen Daten-Server des Unternehmens in Deutschland stehen. Das bedeutet nämlich, dass die darauf gespeicherten Daten auch dem deutschen Datenschutzgesetz unterliegen. Es ist Ihnen also ein deutlich sensiblerer Umgang mit Ihren Daten garantiert als beispielsweise bei einer Company, die ihre Server in den USA stehen hat.

Literatur- und Quellenangaben

Brandeins: Das alles und noch viel mehr. Der Kunde ist ein unangenehmer Geselle. Und das ist gut so. Sagt der Handelsexperte Gerrit Heinemann, Interview 2014

Digitalization Think Lab, Marketing Center Münster/Roland Berger Strategy Consultants: German Digitalization Consumer Report, Münster 2014

Diligenz, Customer-Data-Plattform, Interne Unterlage zum Thema Big Data. Springer, Hamburg 2012

ECC Studie, Cross-Channel 2020 – Smart Natives im Fokus, Köln 2014

Gupta et al.: Modeling Customer Lifetime Value. In: Journal of Service Research, Harvard 2006

Hassler, Marco: Web Analytics, Heidelberg, 2013

Heinemann, Gerrit: Der neue Online-Handel, Geschäftsmodell und Kanalexzellenz im Digital Commerce, Wiesbaden 2006

Haag, Dr. Nils Christian: Datenschutz bei CRM-Systemen: Ein Widerspruch? https://www.datenschutzbeauftragter-info.de/datenschutz-bei-crm-systemen-ein-widerspruch/, Hamburg 2013

IDC Studie: The Digital Universe in 2020: Big Data, Bigger Digital Shadows and Biggest Growth in the Far East. http://germany.emc.com/collateral/analyst-reports/idc-the-digital-universe-in-2020.pdf, Frankfurt 2012

kissmetrics: Calculating Lifetime Value, a case study. www.blog.kissmetrics.com/how-to-calculate-lifetime-value/?wide=1, San Francisco 2015

Kollmann, Tobias: E-Business, Grundlagen elektronischer Geschäftsprozesse in der Net Economy, Wiesbaden 2013

Maklan, Dr. Stan et al.: Why CRM Fails – and How to Fix It. In: Research Feature Magazine Summer 2011, http://sloanreview.mit.edu/article/why-crm-and-how-to-fix-it/, Cranfield 2011

Marketingteacher, Business Strategy and CRM. http://www.marketingteacher.com/business-strategy-and-crm/, 2014

Nefiodow, Leo A.: Der fünfte Kontradieff, Wiesbaden 1990

Reinecke, Sven/Keller, Jens: Strategisches Kundenwertcontrolling. In: Reinecke, Sven/Tomczak, Torsten (Hg.): Handbuch Marketingcontrolling, Wiesbaden 2006

Steinle, Thomas: Datenschutz beim Einsatz von CRM Software. http://www.it-rechtsanwalt.com/datenschutz/datenschutz-beim-einsatz-von-crm-software-3924.php, Karlsruhe 2013

Der CRM Data Cube

Zum Ausschneiden, Basteln und auf den Schreibtisch stellen ☺

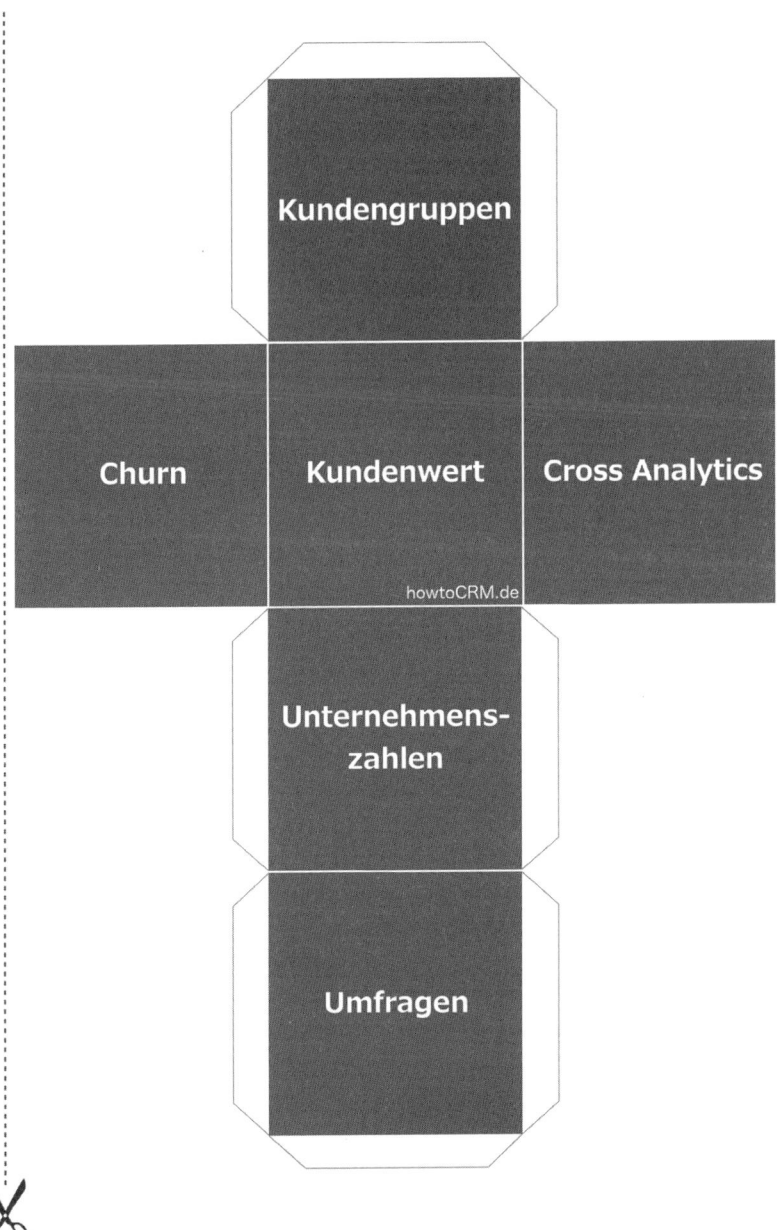

Stichwortverzeichnis